JOSÉ AGNALDO GOMES 37,50

DO TRABALHO PENOSO

CB142589

Ministério do Trabalho e Em...

À DIGNIDADE NO TRABALHO

CARTEIRA DE TRABALHO E PREVIDÊNCIA SOCIAL

O itinerário de canavieiros no enfoque da psicologia do trabalho

DO TRABALHO PENOSO À DIGNIDADE NO TRABALHO

O itinerário de canavieiros no enfoque da **psicologia do trabalho**

José Agnaldo Gomes

DO TRABALHO PENOSO À DIGNIDADE NO TRABALHO

O itinerário de canavieiros no enfoque da ***psicologia do trabalho***

EDITORA
IDÉIAS & LETRAS

Diretor editorial:
Marcelo C. Araújo

Copidesque:
Camila de Castro Sanches dos Santos

Editor:
Márcio Fabri dos Anjos

Revisão:
Lessandra Muniz de Carvalho

Coordenação editorial:
Ana Lúcia de Castro Leite

Diagramação:
Rafael Felix

Consultor editorial:
Paulo Suess

Capa:
Sidney S. G. Santos

© Editora Idéias & Letras, 2012

Editora Idéias & Letras

Rua Diana, 592, Conj. 121, 12º andar
Perdizes -São Paulo-SP
CEP 05019-000
Tel. (11) 3675-1319
vendas@ideiaseletras.com.br
www.ideiaseletras.com.br

Dados Internacionais de Catalogação na Publicação (CIP)
(Câmara Brasileira do Livro, SP, Brasil)

Gomes, José Agnaldo. Do trabalho penoso à dignidade no trabalho: o itinerário de canavieiros no enfoque da psicologia do trabalho / José Agnaldo Gomes. - Aparecida, SP: Idéias & Letras, 2012.

Bibliografia

ISBN 978-85-7698-152-7

1. Dignidade humana 2. Psicologia do trabalho 3. Psicologia social 4. Teoria crítica 5. Trabalhadores rurais 6. Trabalho – Aspectos psicológicos 7. Trabalho canavieiro I. Título.

12-09827 CDD-302

Índices para catálogo sistemático:
1. Trabalho penoso no canavial : Psicologia social 302

Aos ex-colegas
dos canaviais de Maracaí e Cosmópolis
com os quais partilhei sonhos e indignação –
memória e gratidão.

Sumário

Siglas e abreviaturas 11

Introdução geral 13

1. O contexto canavieiro e seu envolvimento global 19

1.1. Lugar físico, social e legal do cortador de cana 20

1.2. Bastidores do trabalho penoso: políticas econômicas e agronegócio 28

1.3. Horizontes e caminhos: a dignidade questiona o trabalho penoso 35

1.4. Fundamentação teórica: Teoria Crítica 39

2. Reconstrução do itinerário histórico do canavial 53

2.1. As origens do engenho de açúcar 55

2.2. Trabalho escravo indígena no canavial e outros atores sociais 69

2.3. Trabalho escravo do negro no canavial 82

2.4. O engenho de açúcar e seus senhores 88

2.5. Do engenho de açúcar à usina de álcool 94

3. Gênese, estrutura e conceitos em vista da nova morfologia do trabalho 101

3.1. Meandros da nova morfologia e aproximação conceitual ao trabalho 103

3.2. Trabalho pré-industrial e pré-capitalista 116

3.3. Capitalismo e trabalho industrial: fordismo e Estado de bem-estar social 121

3.4. Do Estado de bem-estar social ao Estado de mal-estar utópico 132

3.5. Reestruturação do trabalho: toyotismo e Estado mínimo 137

4. À escuta das narrativas dos canavieiros 151

4.1. A usina de álcool na reestruturação do trabalho 153

4.2. O canavial como necessidade 161

4.3. Produção, remuneração, adoecimento....172
4.4. Intervenções e propostas....184
4.5. Respaldo político....195

5. Saídas no canavial e do canavial: a psicologia do trabalho no eito interdisciplinar....203
5.1. "Humanizar" o trabalho canavieiro....205
5.2. Dignidade humana no trabalho....214
5.3. Disparidade entre o legal e o real....228
5.4. Do consentimento à desconstrução....238
Considerações finais....249
Referências bibliográficas....267

Siglas e abreviaturas

ABRA	Associação Brasileira de Reforma Agrária
ANTD	Agenda Nacional de Trabalho Decente
BNDES	Banco Nacional de Desenvolvimento Econômico e Social
CFP	Conselho Federal de Psicologia
Cima	Conselho Interministerial do Açúcar e do Álcool
CLT	Consolidação das Leis do Trabalho
Contag	Confederação Nacional dos Trabalhadores na Agricultura
Crepop	Centro de Referência Técnica em Psicologia e Políticas Públicas
DNER	Departamento Nacional de Estradas e Rodagem
Embrapa	Empresa Brasileira de Pesquisa Agropecuária
EPI	Equipamento de Proteção Individual
Faesp	Federação da Agricultura do Estado de São Paulo
FAF	Federação da Agricultura Familiar
FAO	Food and Agriculture Organization of the United Nations
Fase	Federação de Órgãos para Assistência Social e Educacional
Feraesp	Federação dos Empregados Rurais Assalariados do Estado de São Paulo
Funai	Fundação Nacional do Índio
IAA	Instituto do Açúcar e Álcool
IBGE	Instituto Brasileiro de Geografia e Estatística
LER	Lesão por Esforço Repetitivo
Mapa	Ministério da Agricultura, Pecuária e Abastecimento
MDA	Ministério do Desenvolvimento Agrário
MDS	Ministério do Desenvolvimento Social e Combate à Fome
MEC	Ministério da Educação e Cultura
MPT	Ministério Público do Trabalho
MPU	Ministério Público da União

MRE	Ministério das Relações Exteriores
MST	Movimento dos Trabalhadores Rurais Sem Terra
MTE	Ministério do Trabalho e Emprego
OCDE	Organização para a Cooperação e o Desenvolvimento Econômico
OEA	Organização dos Estados Americanos
OIT	Organização Internacional do Trabalho
ONU	Organização das Nações Unidas
Opep	Organização dos Países Exportadores de Petróleo
Orplana	Organização de Plantadores de Cana da Região Centro-sul do Brasil
PAS	Programa de Assistência Social
Piacet	Programa Internacional para o Melhoramento das Condições e dos Ambientes de Trabalho
PLR	Participação nos Lucros e Resultados
PNUD	Programa das Nações Unidas para o Desenvolvimento
Proácool	Programa Nacional do Álcool
Pronaf	Programa Nacional de Fortalecimento da Agricultura Familiar
PRT	Procuradoria Regional do Trabalho
QVT	Qualidade de Vida no Trabalho
RDH	Relatório de Desenvolvimento Humano
Secex	Secretaria de Comércio Exterior
SER	Sindicato dos Empregados Rurais
SGPR	Secretaria-Geral da Presidência da República
Unica	União da Indústria de Cana-de-Açúcar
ZAE	Zoneamento Agroecológico da Cana-de-Açúcar

Introdução geral

"Em primeiro lugar,
o homem tem a obrigação de sobreviver,
a qualquer preço; depois é que vem a dignidade.
De que vale agora para nós, para os pais dele,
para você, para ele mesmo, essa dignidade?"
(Gomes, Dias. *O Santo Inquérito*, p. 133)

Cosmópolis é uma cidade pequena do interior do Estado de São Paulo. O significado da palavra "Cosmópolis", que é um composto de *cosmo* (universo) e *pólis* (cidade), pode ser compreendido como "cidade-universo". A pequena Cosmópolis, lugar de canaviais e cenário de luta de seus canavieiros por dignidade humana desde um trabalho extremamente penoso, é caso e causa, espaço geográfico e espelho cosmopolita de um modelo de desenvolvimento e civilização contemporâneos. O significado de Cosmópolis vai além daquela cidade pacata na rodovia SP 332, a 130 km da capital paulista, que, no decorrer deste estudo, sempre será nosso ponto de referência.

A compreensão do termo "cidade-universo" faz ver no canavial não só um lugar de simples mercadorias: açúcar e etanol. É também o lugar de uma produção simbólica. O significado dessas mercadorias vai além "quando o problema da mercadoria não aparece apenas como um problema isolado [...], mas como o problema central e estrutural da sociedade capitalista em todas as suas manifestações vitais".[1] Não só o lugar, também o produto desse lugar se tornou metáfora. A monocultura da cana, que produz açúcar e etanol para o

[1] Lukács, Georg. *História e consciência de classe*. Estudos sobre a dialética marxista. São Paulo: Martins Fontes, 2003, p. 193.

mercado mundial, é metáfora de doçura e aceleração, de ideologia e reificação. A ideodologia justifica a relação coisificada entre pessoas. A ideologia há de ser doce e o trabalho acelerado. Na estrutura da relação mercantil do canavial se revela o protótipo das formas hegemônicas de objetividade e de suas formas correspondentes de subjetividade na sociedade contemporânea. Açúcar e etanol, docura e aceleração, os produtos de Cosmópolis nos fazem compreender o canavial como realidade e metáfora.

Na origem deste livro estão dados biográficos meus. Fiz uma experiência prolongada e silenciosa no canavial. Depois procurei uma narrativa para contá-la. Experiência e narrativa conduziram-me à discussão atual sobre trabalho como categoria-chave da psicologia do trabalho e da sociologia,[2] sobre a crise do "paradigma de produção"[3] e sobre a alternativa energética dos chamados biocombustíveis, sobre saídas no canavial ou sobre uma saída do canavial, sobre reconstrução da produção como flexibilização, mecanização e internacionalização. As três questões – trabalho, produção e produto – são interdependentes. Atualmente, do "paradigma de produção" não surgem perspectivas de emancipação ou de ruptura com a alienação intersubjetiva de cidadãos produtores, concorrentes e clientes. A produção, com seus dois braços de "trabalho" e "produto", trabalho no canavial e produto, em nosso caso, o etanol e o açúcar, que simulam aceleração e doçura, impõe a continuidade de um projeto civilizatório. Os envolvidos nesse projeto são impedidos de fazer o que há tempo precisava ser feito: puxar o "freio de emergência".[4]

---

[2] Offe, Claus. Arbeit als soziologische Schlüsselkategorie? In: *Idem. Arbeitsgesellschaft*. Strukturprobleme und Zukunfsperspektive. Frankfurt a. M: Campus, 1984, p. 13-44.

[3] Cf. Habermas, Jürgen. Excurso sobre o envelhecimento do paradigma da produção. In: ______. *O discurso filosófico da modernidade:* doze lições. São Paulo: Martins Fontes, 2002b, p. 109ss.

[4] Benjamin, Walter. Notizen und Vorarbeiten zu den Thesen, Über den Begriff der Geschichte'. *Gesammelte Schriften*, vol. 1, tomo III, Frankfurt a. M.: Suhrkamp, 1974, p. 1.232. A frase famosa de W. Benjamin, à qual faço alusão, é esta: "Marx diz que as revoluções são a locomotiva da história, mas talvez seja tudo muito diferente, e as revoluções representem tentativas feitas pela humanidade, que viaja nesse trem, de puxar o freio de emergência" (tradução minha).

Os trabalhadores reduzidos à mão de obra não mantêm mais relações afetivas de criatividade com o produto fragmentado que produzem nem com a natureza que transformam. O novo modo de produção do capitalismo tardio, norteado por regras técnicas de produção e regras utilitárias de uso, reduziu drasticamente a presença humana e do humano nesse processo de produção. O "paradigma de produção" está em crise. Não focaliza mais a esperança de transformação nem um horizonte de sentido. Adorno tinha razão quando falava da "triste ciência" que o obriga a partir não da "vida reta" dos antepassados ou dos bisnetos, mas da vida alienada dos contemporâneos, da qual o trabalho penoso no canavial é uma de suas expressões: "Quem quiser saber a verdade acerca da vida imediata tem que investigar sua configuração alienada, investigar os poderes objetivos que determinam a existência individual até no mais recôndito nela".[5]

Nasci no início da década de 1970, quando começou a crise de petróleo. No período entre 1983 e 1993, desde meus 13 anos de idade, trabalhei na lavoura canavieira de Maracaí, no interior do estado de São Paulo.[6] Vivi, menos reflexo que hoje, a tensão entre a realidade do "trabalho penoso" e da necessidade de "sobrevivência", por um lado, e o desejo de uma juventude, com "qualidade de vida", "liberdade" e "dignidade no trabalho", por outro. Num lugar que depende dos postos de trabalho gerados pela prefeitura e onde a agricultura familiar não sustenta mais a família, "trabalhar na usina" era uma ocupação considerada privilégio.

Hoje, 17 anos depois de minha saída do canavial como boia-fria, a demanda crescente de energia e a disparada dos preços do petróleo alimentam a vontade dos setores governamentais de transformar o Brasil numa Arábia Saudita do etanol. Ao se desviar a produção de grãos e sementes para a produção de biocombustíveis, os preços dos alimentos aumentam em escala

[5] Adorno, Theodor W. *Minima moralia:* reflexões a partir da vida danificada. 2. ed. São Paulo: Ática, 1993, p. 7.

[6] O município de Maracaí, SP, com 13.558 habitantes, situa-se na rodovia Raposo Tavares, Km 270.

mundial. A pressão territorial favorável ao desmatamento da Amazônia, a destruição de áreas de cerrado, o emprego de fertilizantes, a extinção da agricultura familiar pelo latifúndio são diariamente denunciados.

A discussão política em torno da produção do etanol como produto geopolítico e dos impactos sociais dessa produção dá particular atualidade a esta pesquisa. O interesse pela autossuficiência energética acentua a luta pela incorporação de cada vez mais terras às já ocupadas pela monocultura canavieira. A maioria dos pequenos agricultores perdeu suas terras. A perda de condições de subsistência e a migração do campo para a cidade são resultados dessa lógica da monocultura. A euforia do setor econômico empresarial em relação ao etanol se sobrepõe às condições sociais decorrentes de sua produção.

Em trabalho de campo, em Cosmópolis-SP,[7] acompanhando uma equipe de jornalistas europeus, presenciei três discursos diferentes sobre a questão do etanol. Um funcionário em posição de comando, da Usina Ester, levanta orgulhosamente um tubo de ensaio com etanol e comenta:

– Aqui está o nosso futuro!

Ao mostrar-nos os registros de pagamento dos boias-frias, uma sindicalista diferencia:

– O etanol é tão barato porque se paga quase nada para a mão de obra.

Segundo a matéria publicada no jornal diário *Süddeutsche Zeitung*, o boia-fria da Usina Ester, ao ser perguntado sobre o que sabia acerca do etanol, respondeu acanhado:

– Não faço ideia.[8]

---

[7] O município de Cosmópolis-SP conta com 60 mil habitantes. Ao falar de Cosmópolis, refiro-me a um núcleo canavieiro que inclui também os municípios de Engenheiro Coelho-SP e Artur Nogueira-SP. Em Cosmópolis, porém, situa-se a base sindical com a qual tive mais contato e a própria Usina Ester.

[8] A reportagem foi publicada em *Süddeutsche Zeitung* nº 133 (13 jun. 2007), p. 3.

De que depende a "dignidade no trabalho" e quais são seus parâmetros? Trata-se apenas de uma mais ou menos justa remuneração e de algumas conquistas sociais básicas, que permitem *depois* de um dia ou período de trabalho viver essa dignidade, mas que impõe *durante* o próprio processo de trabalho condições de penosidade? A Declaração Universal dos Direitos Humanos da Onu, a Organização Internacional do Trabalho (OIT) e a Constituição Brasileira, de 1988, reconhecem a "dignidade da pessoa humana" como lugar onde se cruzam os caminhos da "soberania", da "cidadania", dos "valores sociais do trabalho e da livre iniciativa" e do "pluralismo político". Na dignidade humana está embutida a dignidade no trabalho.

Depois do acoplamento dos trabalhadores ao sistema capitalista através de partidos de massa e sindicatos, o "paradigma de revolução", cujo sujeito seria o proletariado, saiu do cenário das transformações sociais. Novas tecnologias no interior de uma inovação conservadora e a concorrência mundial no mercado de trabalho distanciaram também o "paradigma de produção" de uma perspectiva emancipatória capaz de articular a humanidade com a natureza. Como pensar, a partir dessa incorporação sistêmica do sujeito, transformações estruturais e globais de emancipação da humanidade? E essas transformações precisam ser refletidas além de alternativas perversas de sobrevivência ou desemprego. Procuro nessa pesquisa investigar gênese, estruturas e perspectivas de construção e desconstrução desse impasse.

Com a mecanização e outras mudanças consideradas racionalizações organizativas no canavial, a situação de trabalho no campo passou por melhorias. O meio de transporte do boia-fria de Cosmópolis não é mais o caminhão, mas o ônibus. O cortador de cana recebe equipamentos de proteção individual (EPI) e tem carteira de trabalho assinada. A distância entre "trabalho" e "qualidade de vida", aparentemente, diminuiu, mas o medo do desemprego, causado pela mecanização do canavial e pelo aumento de produtividade, se sobrepõe hoje aos alívios legalmente impostos. Ao comparar a produção da máquina com aquela do trabalhador, este está sempre sob a pressão competitiva da máquina, sob a pressão de produzir mais em menos tempo. Para não perderem o emprego, os canavieiros tiveram de dobrar a produção em 20 anos, e atualmente chegam a cortar, cada um deles, 12 toneladas de cana ou mais por dia. Os trabalhadores do setor sofrem "cerca de oito vezes mais ferimentos do que trabalhadores dos setores de frutas cítricas e de grãos".[9]

Vivemos hoje numa sociedade em crise de transição e de mudanças rápidas. O núcleo dessa crise está configurado pelo "paradigma de produção" e pelas fontes energéticas da humanidade, portanto, pela questão do trabalho humano e da energia natural. Estamos vivendo um período de transição, de uma sociedade que conseguiu inserir a maioria dos cidadãos no processo de trabalho produtivo remunerado para uma sociedade com critérios seletivos. Esses critérios produzem duas categorias diferentes de trabalhador: uma parcela minguante de trabalhadores inseridos num processo de sofisticação tecnológica, bem remunerados, e outra sendo obrigada a se submeter a condições de precarização contínua. A sociedade que emerge dessa crise não será uma sociedade sem trabalho, mas o trabalho remunerado vai ser um bem cada vez mais escasso. Ao mesmo tempo, vai produzir e já está produzindo uma riqueza considerável para poucos.

Como sustentar o contrato social e transformar esse "para poucos" em suficiente trabalho e riqueza para todos? É possível emancipar o cidadão não do trabalho como tal, mas do trabalho penoso e mal remunerado, e garantir-lhe dignidade no trabalho como parte da dignidade humana? As lutas sociais hoje são lutas pela "redistribuição" de renda e bens (terra, água, acesso às fontes energéticas, trabalho) e, ao mesmo tempo, pelo "reconhecimento" de identidades específicas (questões de gênero, indígenas, afrodescendentes, migrantes) e valores universais (dignidade humana). Ambas as lutas podem divergir em seus prazos, mas convergem em seus objetivos de construção de uma sociedade de iguais e diferentes.

---

[9] Cf. *International Herald Tribune* de 1º out. 2007. l. c. O *Jornal da USP*, 12 a 18 jun. 2006, p. 6 fornece dados mais dramáticos.

1. O contexto canavieiro e seu envolvimento global

Antes de definir os objetivos deste estudo, sua fundamentação teórica e metodologia, achamos importante indicar o lugar social e conjuntural do complexo sucroalcooleiro. Resumidamente se pode afirmar que o lugar social do cortador de cana-de-açúcar é um lugar marginal na sociedade brasileira, enquanto seus produtos, o açúcar e o etanol, ocupam lugar central na economia do país. A contradição subjacente entre produtor e produto envolve uma crítica social profunda. Essa crítica exige rejeitar, desde o início, o papel de juiz entre "casos" particulares e "interesses" de classes, e assumir o papel de "advogado" de uma causa que deve ser pensada racional e universalmente. Isso vai exigir argumentos para repensar a razão instrumental a serviço da classe dominante.

Neste primeiro momento, nosso propósito é apenas de lembrar como na história recente um alimento básico, o açúcar, foi transformado em energia estratégica, o etanol. Procuramos ver mecanismos operacionais dessa transformação e captar algumas razões econômico-políticas e sua legitimação ideológica.

1.1. Lugar físico, social e legal do cortador de cana

O complexo canavieiro incide, basicamente, sobre três lugares físicos: o campo, onde se planta e se colhe; a fábrica, onde se transforma; e o mercado, onde se vende. Em cada um desses lugares se desenvolve uma série de atividades, que exigem mão de obra diferenciada para efetuar o plantio da cana no campo, a fabricação do açúcar e do álcool na usina e a comercialização do produto final no mercado. Na usina, por exemplo, com suas diferentes espacialidades e sociabilidades, mormente apenas consideradas operacionais, mas sempre também psicossociais, encontramos o foguista na caldeira, o eletricista na casa de máquinas, o saqueiro no depósito de armazenagem, a telefonista no PABX, o chefe no escritório e assim por diante. Todas essas repartições estão interligadas por suas funções num fluxo contínuo de operários que executam suas respectivas tarefas, mas nunca são reduzidos a sua mera funcionalidade. Trata-se de operários e funcionários fixos, terceirizados ou sazonais, e trata-se de solteiros e casados, pais de família e mulheres que cuidam de famílias longe do lugar de seu trabalho. Esses operários e suas funções trabalhistas e sociais nos falam de seu universo de trabalho e das estratificações internas da indústria canavieira e de seu impacto sobre a vida particular de cada um.

Procuramos compreender o lugar do cortador-de-cana não apenas como um lugar de mercado – mercado de trabalho, de açúcar e de álcool –, mas, sobretudo, como lugar de um ator social onde é possível tecer relações de reciprocidade. As relações sociais desse ator são reflexos de seu trabalho. A situação do cortador de cana pode ser analisada sob o ponto de vista legal e real e sob o ponto de vista da legalidade e da justiça, que não coincidem necessariamente. Entre esses dois enfoques há uma grande diferença. A situação legal do cortador de cana que está prevista na Consolidação das Leis do Trabalho (CLT)[1] o enquadra na categoria profissional de "trabalhador rural". O trabalhador rural tem o direito a descanso semanal, férias, décimo terceiro salário, abono salarial, em caso de doença, e seguro-desemprego, em caso de demissão sem justa causa.

No dia a dia, o termo mais corrente para denominar esses "trabalhadores rurais" é "boia-fria", em referência à comida que o trabalhador leva consigo na marmita e que até o horário do almoço já se encontra fria. Aliás, a questão da linguagem interna ao ambiente e à cotidianidade canavieiros, que aqui só podemos tocar de raspão, mereceria um aparte mais aprofundado. A linguagem do "cotidiano corriqueiro" faz parte de "costumes, de modos de agir e dos métodos".[2] Nesses casos, nos quais a linguagem ainda está em processo e sem fronteira definida entre o correto e o coloquial, os dicionários são omissos. Contudo, para "entender o rumo da prosa" – como dizem os cortadores de cana – e a organização do trabalho, se faz necessário explicar alguns termos do discurso cotidiano dos canavieiros, aprendidos *in loco*.

O canavial é dividido em "talhões" de cana, cercados por "estradas", chamadas de "carreadores". Nesses carreadores circulam os caminhões que transportam a cana cortada para a usina. Em alguns lugares ocorre uma variação de nomes como, por exemplo, na região de Cosmópolis, onde o talhão é conhecido por "quadra". De modo geral, as estradas ou carreadores, que circundam o talhão, lembram um quarteirão de uma cidade. Sua extensão varia muito e depende do tamanho e da condição geográfica do terreno e das formas de colheita da cana. Antônio J. Thomaz, num levantamento feito com a Copersucar, verifica que:

---

[1] A Consolidação das Leis do Trabalho foi criada através do Decreto-Lei 5.452 em 1º de maio de 1943, com o objetivo de regularizar as relações individuais e coletivas de trabalho, nela previstas.

[2] Sato, Leny. Processos organizativos cotidianos e corriqueiros: a leitura da etnometodologia. *Psicologia e Sociedade.* Revista da Associação Brasileira de Psicologia Social (Abrapso), vol. 13, nº 1, jan./jun. 2001, p. 139.

> o tamanho dos talhões, até os anos 60, não ultrapassavam 150 m, depois, com a "tratorização" do preparo, passaram a ter de 700 a 800 m e agora, com mecanização do corte, como constatamos, as dimensões atingem 1.500 m a 2.000 m, ou mais.[3]

O talhão ou quadra é atravessado por linhas paralelas de cana que recebem os cuidados necessários, como adubação, irrigação, fertilização, produtos químicos para combater as pragas e demais técnicas que visam à redução de perdas e ao aumento da produtividade. No talhão de cana, em época de corte, vários atores se relacionam com funções bem definidas. O fiscal de campo, por exemplo, que diante do patrão é responsável pela produção dos boias-frias, distribui geralmente cinco "linhas" paralelas de cana para cada trabalhador. O conjunto dessas cinco linhas é chamado "eito". O corte de cana, geralmente, é iniciado dos dois lados de um eito e os cortadores, se trabalharem com a mesma velocidade, vão se encontrar no meio do eito. As linhas do eito são chamadas "ruas". Às vezes, esses termos internos ao ambiente de trabalho migram para a convivência cotidiana sem necessidade de maiores explicações. Um boia-fria, por exemplo, ao despedir-se de uma roda de bar, vai substituir o "amanhã tenho de trabalhar cedo" pelo "amanhã tenho de estar cedo no eito".

No eito são cortadas, inicialmente, três das cinco ruas de cana até que o seu responsável se encontre com o trabalhador que começou o corte do lado oposto. O encontro com o outro trabalhador determina o limite do eito de cada um. Após ter cortado as três ruas, o trabalhador retorna

---

[3] Thomaz Júnior, Antônio. *Por trás dos canaviais, os nós da cana:* uma contribuição ao entendimento da relação capital x trabalho e do movimento sindical dos trabalhadores na agroindústria canavieira paulista. Tese (Doutorado em Geografia). Universidade de São Paulo/USP, São Paulo, 1996, p. 194, rodapé 85.

ao início do eito para cortar as duas ruas restantes. Essas duas ruas são chamadas de "telefone".

Os critérios para a admissão do trabalhador, sejam no campo ou na usina, estão baseados em sua produtividade. No caso dos boias-frias, a seleção dá-se a partir das toneladas de cana que um trabalhador corta por dia e da modicidade de suas exigências reivindicatórias, conforme Thomaz:[4] "A eficácia desse sistema gerencial e de controle está sintonizada com esquemas de produtividade e de *bom comportamento* dos trabalhadores". Os Guarani-Kaiowá, no estado do Mato Grosso do Sul, por exemplo, são muito requisitados por morarem perto das usinas e apresentarem poucas exigências trabalhistas. Segundo Cícero Pereira, ex-procurador-geral do trabalho daquele estado, os índios "suportam melhor as pesadas jornadas nos canaviais e são tidos como trabalhadores menos exigentes".[5] Arlete Andrade[6] informa que "um trabalhador do gênero masculino, entre 18 e 30 anos, sem nenhum problema físico, corta, por dia, mais de 10 toneladas de cana" O "pode" se torna posteriormente um "deve". Ao ser admitido no trabalho, o cortador de cana submete-se à imposição implícita de atingir a meta diária de toneladas esperada pela usina para garantir sua permanência no trabalho.

Em alguns casos, ainda hoje a contratação do cortador de cana-de-açúcar é efetuada por trabalhadores intermediários, conhecidos como "gatos", apesar do "Termo de compromisso", de 2008, assumido pela Mesa de Diálogo tripartite – trabalhadores, empresários, Governo Federal –, que prevê a substituição do "gato" pela contratação direta dos trabalhadores.[7]

---

[4] *Ibidem*, p. 218.

[5] Arruda, Roldão. Canaviais empregam mais índios. *O Estado de S. Paulo*, São Paulo, cad. Nacional, p. A6, 11 fev. 2008.

[6] Andrade, Arlete Fonseca. *Cana e crack:* sintoma ou problema? Um estudo sobre os trabalhadores no corte de cana e o consumo do crack. Dissertação (Mestrado em Psicologia Social). PUC/SP, São Paulo: 2003, p. 67.

[7] Secretaria-Geral da Presidência da República (SGPR), 2008, p. 8.

Grande parte dos trabalhadores dos canaviais do estado de São Paulo é arregimentada de outros estados, principalmente do nordeste e do Vale do Jequitinhonha, em Minas Gerais. O contrato de trabalho é firmado apenas para o período da safra. A Pastoral dos Migrantes estima que 200 mil trabalhadores migrantes trabalhem nas safras de cana, laranja e café do estado de São Paulo. Só no setor canavieiro são estimados 40 mil trabalhadores no período da safra, que ocorre entre os meses de abril e dezembro.[8]

A estrutura de trabalho no canavial continua muito semelhante à do início da colonização do Brasil. Um elemento jurídico, porém, diferencia as duas épocas. Hoje o trabalho é executado de forma livre. A legislação trabalhista garante formalmente alguns direitos. Na prática, muitas vezes o Ministério Público do Trabalho (MPT) é acionado para libertar trabalhadores em condição análoga à de escravos. Dados fornecidos pelo MPT indicam que, em 2007, integrantes do Grupo Móvel libertaram 5.877 trabalhadores de tais condições. Mais da metade desses trabalhava no cultivo da cana-de-açúcar.[9]

Por "condição análoga à de escravo" o dispositivo do Decreto-Lei nº 10.803 de 11 de dezembro de 2003 do Código Penal Brasileiro entende, em seu artigo 149:

> Reduzir alguém à condição análoga à de escravo, quer submetendo-o a trabalhos forçados ou a jornada exaustiva, quer sujeitando-o a condições

---

[8] Esses dados foram fornecidos por funcionários da Pastoral do Migrante em entrevista realizada em outubro de 2006. A sede localiza-se na Rua Caiambé, nº 126 – Bairro do Ipiranga, São Paulo/SP.

[9] O Ministério Público do Trabalho é um braço do Ministério Público da União (MPU). Desde 1999 estabeleceu como uma de suas cinco metas prioritárias de atuação o combate ao trabalho escravo. Com a nova Constituição Federal, 1988, passou também a atuar como agente de campo, Grupo Especial de Fiscalização Móvel, conhecido como Grupo Móvel. Segundo Adonia Antunes Prado, em colaboração com o site do MPT, o Grupo Móvel contava em 2007 com oito equipes compostas por auditores fiscais do trabalho, procuradores do trabalho, delegados e agentes da Polícia Federal. Disponível em <www.pgt.mpt.gov.br>.

> degradantes de trabalho, quer restringindo, por meio, sua locomoção em razão de dívida contraída com o empregador ou preposto.[10]

Apesar da legislação em vigor, a fiscalização do Ministério Público da União (MPU) encontra, praticamente, em todos os estados do Brasil, grandes irregularidades. Como exemplo temos o "Relatório de atuação do programa de combate nacional às irregularidades no setor sucroalcooleiro nos estados de Pernambuco e Rio Grande do Norte".[11] Na maioria dos lugares visitados foram encontradas transgressões à legislação trabalhista, desde a falta de água potável até a fraude no pagamento.

Brito Filho[12] chama a atenção para o uso das expressões "trabalho em condições análogas à de escravos" e "trabalho escravo":

> Nada impede, todavia, que se utilize essa expressão de forma mais reduzida, ou seja, trabalho escravo. É preciso ter em mente, entretanto, que esta é apenas uma redução da expressão mais ampla e utilizada pela lei.

Os cortadores de cana comentam com certa incompreensão o fato de que a mecanização do campo, que deveria aliviar a penosidade do tra-

---

[10] Pela Resolução nº 5 de 28 de janeiro de 2002, anterior ao Decreto-Lei, foi constituída a Comissão Especial do Conselho de Defesa dos Direitos da Pessoa Humana, que fundamentou as linhas de ação do Plano Nacional de Erradicação do Trabalho Escravo.

[11] Nos dias 3 e 4 de março de 2009 foram realizadas a inspeções nas frentes de trabalho e parques industriais de Pernambuco e Rio Grande do Norte. Ao todo foram inspecionadas 15 usinas, sendo 10 em Pernambuco e 5 no Rio Grande do Norte, com benefício de aproximadamente 30 mil trabalhadores (cf. Ministério Público da União; Ministério Público do Trabalho, 2009).

[12] Brito Filho, José Claudio Monteiro de. *Trabalho decente:* análise jurídica da exploração, trabalho forçado e outras formas de trabalho indigno. São Paulo: LTR, 2004, p. 73.

balho com redução da jornada de trabalho e aumento de salário, acaba por representar ameaça a seus postos de trabalho.[13] Observam com igual incompreensão o grande número de cortadores locais dispensados na colheita, enquanto a usina contrata trabalhadores imigrantes sazonais. Ao pedir esclarecimento sobre esse dado, Carlita da Costa, representante do Sindicato dos Trabalhadores Rurais de Cosmópolis, explica que:

> os trabalhadores sazonais, trazidos pela mão do atravessador ou gato, vêm para São Paulo para juntar dinheiro para suas famílias, em geral provenientes da Paraíba, da Bahia e do Ceará. Desse modo, eles terão de trabalhar mais para se manterem em São Paulo, pagando alimentação e aluguel nos alojamentos, e ainda juntar dinheiro para enviar à sua terra de origem. Esse fato coloca o trabalhador sazonal em vantagem em face ao trabalhador local.

A mecanização não surgiu para aliviar o peso do trabalho aos cortadores de cana, mas para aumentar a produção e substituir o trabalhador em locais planos e acessíveis para a máquina. Na perspectiva do Sindicato dos Trabalhadores Rurais de Cosmópolis, a mecanização coloca a usina na modernidade tecnológica, mas mantém seus trabalhadores em situação de penosidade pré-moderna. Continua Carlita:

> A colhedeira é boa somente para o patrão; é uma coisa moderna, mas ela não está ali para aliviar o serviço do boia-fria. Para o cortador de cana, o serviço continua requerendo um esforço acima das possibilidades humanas. A

[13] Os trabalhadores aos quais me refiro nesse parágrafo são cortadores de cana-de-açúcar dos municípios de Engenheiro Coelho, Cosmópolis e Maracaí, todos localizados no interior do estado de São Paulo.

> cana é muita pesada. [...] Ainda é uma condição terrível. O rural não tem um controle sobre seu ganho; ele simplesmente derruba a cana. É colhido por metro, mas pago em toneladas. A maioria dos trabalhadores não tem estudo suficiente para fazer essa conversão de metro para tonelada e, assim, não sabe o quanto realmente produz.

A empresa alega que necessita aumentar a produção para que seu produto – açúcar ou álcool – tenha condições de competir nos mercados nacional e internacional. Ao ser perguntado sobre se a colhedeira de cana substituiria o trabalhador rural, o funcionário E. S., um dos responsáveis pela colheita mecanizada da Usina Ester, responde que a topografia do solo brasileiro é irregular e a máquina consegue colher a cana em espaços com declive de até 12% – além dessa margem, o trabalho deve ser feito pelo "ser humano". Existem experiências de modificação genética da cana, para adaptá-la melhor à colhedeira:

> Há máquinas colhedeiras que, em 24 horas de trabalho, cortam cana em quantidade equivalente ao serviço de 100 homens ou até mil toneladas. Cada colhedeira da Usina Ester corta 400 toneladas de cana nas 24 horas. A Usina conta hoje com 6 máquinas no campo. A máquina colhe e pica a cana em pedaços de 20 a 30 centímetros, conforme a regulagem, e realiza o carregamento para o transporte. O aproveitamento da máquina é de 95% da cana cortada.

E o cortador de cana T. D. S., de 22 anos, resume a questão empiricamente: "Pra quem corta bastante cana a máquina assusta menos. Pra quem corta pouco a máquina assusta mais".

1.2. Bastidores do trabalho penoso: políticas econômicas e agronegócio

No início da década de 1930, a produção de açúcar, sobretudo em Pernambuco, Alagoas, no norte fluminense (Campos) e no estado de São Paulo, estava em plena expansão e acenava para uma superprodução iminente e um progressivo aviltamento do preço do açúcar. Para controlar essa produção através do regime de cotas, o governo Getúlio Vargas criou em 1933 o Instituto do Açúcar e do Álcool (IAA), uma autarquia inicialmente vinculada à presidência da República. O decreto nº 22.789, de 1º de junho de 1933, fundiu no IAA a "Comissão de Defesa da Produção do Açúcar", criada pelo Decreto-Lei nº 20.761, de 7 dezembro de 1931, com a Comissão de Estudos sobre Álcool-Motor, criada em 4 de agosto de 1931. Por meio dessa Comissão de Estudos sobre Álcool-Motor, tornou-se obrigatória a mistura de 5% de álcool de procedência nacional à gasolina importada.[14]

O álcool, inicialmente considerado um produto secundário em relação ao açúcar, ganhou cada vez mais importância. Posteriormente, estimulado pela escassez de gasolina durante a Segunda Guerra Mundial, pelo Decreto-Lei nº 4.722, de 22 de setembro de 1942, a indústria alcooleira foi considerada "de interesse nacional, sendo estabelecidas garantias de preços mínimos para o álcool e para a matéria-prima destinada a sua fabricação, pelo prazo de quatro anos".[15]

Na época, sobretudo em sua primeira fase (1933-1975), o IAA amparava a produção nacional de açúcar e se caracterizava "como uma po-

[14] Instituto do Açúcar e do Álcool, 1972, p. 194. Decreto nº 19.717, de 20 fevereiro de 1931.

[15] *Ibidem.*

lítica agrícola dirigida a determinado ramo produtivo".[16] A trajetória do IAA nos permite seguir as diferentes intervenções normativas do governo federal no setor sucroalcooleiro. Concretamente se tratava da regulamentação das relações entre trabalhadores, agricultores ou fornecedores de cana-de-açúcar e usineiros:

a) observa-se nesse período o significativo deslocamento da produção de açúcar e álcool do norte-nordeste para o centro-sul. Já na década de 1950, "São Paulo ultrapassou a produção do nordeste, quebrando uma hegemonia de mais de 400 anos".[17]

b) Em 1973, a primeira crise do petróleo afetou todos os países sem reservas energéticas. A crise quadruplicou os preços. O Brasil importava, na época, 80% de seu petróleo. Sob o governo Ernesto Geisel, em 14 de novembro de 1975, foi criado pelo Decreto nº 76.593, o Programa Nacional do Álcool (Proálcool). Seu objetivo foi a substituição dos derivados de petróleo pelo etanol que, pela política salarial e agrícola, se tornou altamente competitivo no mercado internacional.

c) A partir dos anos de 1990 começa o processo de livre negociação nos mercados de açúcar e álcool no Brasil. Com o governo de Fernando Collor de Mello (1990-1992), o complexo sucroalcooleiro passou pelas reformas neoliberais, que representavam o encolhimento político do Estado em benefício da liberdade do mercado. O que parecia à primeira vista uma não intervenção foi, de fato, o abandono dos trabalhadores em benefício dos proprietários das usinas. Em 15 de março de 1990, foi editada a medida provisória nº 151, que propunha a extinção do IAA. Desde então, o mercado é "liberado" na fase de sua produção, distribuição e revenda, e os preços e os salários são determinados pelas condições de oferta e procura do mercado.

---

[16] BACCARIN, José Giacomo. A constituição da nova regulamentação sucroalcooleira. *Cadernos do Ceam*, vol. 5, nº 22, São Paulo: Unesp, 2005, p. 17.

[17] Disponível em: <www.udop.com.br>.

A exportação passou de 1,1 milhão de toneladas de açúcar, em 1990, para 10 milhões de toneladas por ano, em 2000. Em vista desse crescimento do mercado externo, em 1997, foi criado o Conselho Interministerial do Açúcar e do Álcool (Cima). Em 28 de maio de 1998, pela Medida Provisória nº 1.662, o percentual de adição de álcool à gasolina obrigatória foi elevado para 22%.

O processo de fabricação do açúcar e do álcool é o mesmo até o momento de se tratar o caldo extraído da cana. Em visita à Usina Ester, e em companhia de jornalistas europeus, o supervisor de área de produção Eduardo José Zaine nos explicou a trajetória dessa matéria-prima, desde sua chegada em caminhões até o escoamento do produto final. A descrição seguinte sobre a fabricação do açúcar e do álcool é um resumo das anotações em campo e posteriormente comentadas no *Süddeutsche Zeitung* de 13 de junho de 2007. Ao chegar à usina, a cana deve ser brevemente processada. A necessidade de agilidade deve-se ao fato de a cana, depois de cortada, sofrer perdas em sua composição, como deterioração e redução de peso, o que afeta negativamente o produto final.[18] Para melhor aproveitamento dessa matéria-prima, são três as etapas que devem estar em sincronia: corte, transporte e moagem.

A cana é lavada para a retirada da terra.[19] Em seguida é picada, triturada, desfibrada e finalmente moída, para que seja extraído o caldo. Esse processo garante o aproveitamento de 96% do açúcar contido na cana. O caldo extraído segue para tratamento e o bagaço é queimado a fim

---

[18] À guisa de curiosidade vale observar que as argumentações técnico-científicas da Usina, que exige sua rápida manipulação, eram as mesmas dos trabalhadores no campo, ou seja, a pesagem da cana como referência para remuneração dos cortadores deveria ser feita no período da manhã, pois ao ser feita no período da tarde, como desejava a Usina, a cana já estaria mais leve, o que significava menor remuneração aos trabalhadores. Com atuação do sindicato, a Usina passou a pesar a cana na primeira hora do dia trabalhado e com controle dos trabalhadores.

[19] Por essa razão toda Usina é construída ao lado de rios, o que pode aumentar riscos ambientais quando ocorre, acidentalmente, o vazamento de produtos químicos nas águas.

de gerar vapor para a caldeira, tornando-se combustível para o processo produtivo. O caldo, ainda impuro, é submetido à clarificação por meio da adição de enxofre e cal. Em seguida, ele é aquecido, clareado e enviado à evaporação para a retirada da água.[20] A retirada da água através dos evaporadores deixa o caldo na consistência de um xarope, que é enviado aos tachos de cozimento para transformação em melaço. Desse melaço extrai-se o açúcar ou o álcool. Para a produção do açúcar, o melaço é enviado ao secador mais uma vez e centrifugado numa última fase. Para a fabricação do álcool, ele é desviado para um tratamento específico com aquecimento e decantação que resulta em esterilização do produto. Após resfriado, esse caldo é enviado às dornas de fermentação. O supervisor de produção dessa usina, Eduardo José Zaine, explica que a fermentação é realizada em quatro estágios em série e que nessa fermentação ocorre a transformação dos açúcares em etanol. Para a fermentação alcoólica, utiliza-se a levedura *Saccharomyces uvarum* até se chegar ao "vinho" da fermentação. Esse vinho segue para aparelhos de destilação em que o álcool é separado, concentrado e purificado.[21] Ao nos mostrar o álcool purificado (etanol), pronto para abastecer o mercado, o supervisor Eduardo José orgulhosamente conclui: "minha experiência aqui já conta 25 anos".

Hoje, o álcool é apresentado pelo Governo Federal como um produto estratégico, "inexorável como fonte de energia barata, renovável e limpa", de vantagem econômica, sustentabilidade ecológica e com alto grau de autonomia dos seus produtores empresariais. Ontem os empresários

[20] No período de entressafra de 1989/90 trabalhei como ajudante geral na Usina Maracaí. Havia uma recusa entre os funcionários em limpar o evaporador, por ser claustro, úmido e numa temperatura de 48 °C. Após sete meses de trabalho e uma única resistência de um grupo de trabalhadores em entrar num ambiente de periculosidade, ocorreu a demissão de quatro funcionários, entre eles eu.

[21] Os dados do processo de fabricação do açúcar e álcool, fornecidos pelo sr. Eduardo José Zaine, funcionário da Usina Ester, conferem com informações verificadas no site da Usina Ester: <www.usinaester.com.br> e impressos no *Süddeutsche Zeitung.*

do etanol "eram tratados como marginais, ao contrário de hoje, quando são personalidades internacionais", antes eram considerados "bandidos" e hoje "estão virando heróis mundiais".[22] Em outubro de 2007, a Organização para a Cooperação e o Desenvolvimento Econômico (OCDE) reuniu-se em Genebra para discutir estudos sobre as políticas agrícolas. Stefan Tangermann, diretor de Comércio e Agricultura, avalia que "o Brasil é o único país do mundo com capacidade para produzir biocombustíveis sem depender de subsídios governamentais".[23] O termo "biocombustível" refere-se à origem biológica do combustível, que pode ser produzido de cana-de-açúcar, milho, mandioca, mamona, soja, entre outros. O álcool combustível feito da cana-de-açúcar, conhecido como álcool etílico ou etanol, é o mais rentável. A safra de cana em 2007 ficou em torno de 413 milhões de toneladas. Segundo dados da Secretaria de Comércio Exterior (Secex), do Ministério do Desenvolvimento, Indústria e Comércio Exterior, o Brasil exportou entre janeiro e julho de 2008 o equivalente a 2,054 milhões de toneladas de álcool ante 1,56 milhão de toneladas no mesmo período de 2007, configurando aumento de 31,3% na exportação do etanol.[24] Para 2014 pode-se chegar à produção de 670 milhões de toneladas de cana, segundo previsões da União da Agroindústria Canavieira de São Paulo (Unica).

A iniciativa privada e o capital internacional configuram o agronegócio, baseado na monocultura, na expansão territorial, nos insumos químicos, muitas vezes, nas sementes geneticamente modificadas, na mecanização, na aceleração da produção e na exportação. No setor sucroalcooleiro assistimos à construção de novas usinas e a colheita e plantio cada vez

---

[22] Sander, Letícia. Ao citar álcool, Lula ataca antecessores. *Folha de S.Paulo*, 10 ago. 2007, p. A7.

[23] Ninio, Marcelo. Só Brasil pode ter álcool sem subsídios, afirma OCDE. *Folha de S.Paulo*, caderno Dinheiro 24 out. 2007, p. B9.

[24] Disponível em <www.udop.com.br>. Acesso em 8 ago. 2008.

mais mecanizados. Através da tecnologia "total flex", que permite o uso concomitante de álcool e gasolina nos carros, o etanol conquistou o mercado automobilístico e atingiu, segundo a Câmara Setorial de Açúcar e do Álcool, 75% dos carros vendidos em 2006.

> Um estudo da Unica aponta que o setor sucroalcooleiro terá que atender até 2010 uma demanda adicional de 10 bilhões de litros de álcool, além de 7 milhões de toneladas de açúcar. A produção desta safra, iniciada em abril, deve ser de 17 bilhões de litros de álcool e 26 milhões de toneladas de açúcar. Para incrementar a produção, será preciso levar mais 180 milhões de toneladas de cana para a moagem, com uma expansão dos canaviais estimada em 2,5 bilhões de hectares até 2010.[25]

Cerca de 40 novas usinas estão sendo projetadas para atender a essa demanda, juntamente com outras 50 já em processo de montagem, principalmente no oeste paulista e nos cerrados mineiro, goiano e sul-mato-grossense.[26] Em 2007 ocorreu a maior colheita de cana-de-açúcar em toda a história do Brasil.[27] Em consequência dessa "prosperidade" do agronegócio emergem três conflitos com seus respectivos discursos ideológicos: a questão do trabalho (penoso, escravo e digno), a questão ecológica (desmatamento, monocultura, queimadas, mudanças climáticas) e a questão da segurança alimentar (mercado externo, destruição da agricultura familiar).

---

[25] Disponível em <http://www.biodieselbr.com/proalcool/pro-alcool.htm>. Acesso em 10 ago. 2008.

[26] Rabello, Tânia. Carros flex puxam a expansão dos canaviais: novas usinas em construção para abastecer o mercado. *Estado de S. Paulo*, caderno Novo Mapa do Brasil, 19 mar. 2006, p. H-26.

[27] Inácio, Alexandre. Conab prevê safra recorde de cana. *Folha de S.Paulo*, caderno Agricultura, 1º jul. 2007, p. B20.

A ampliação dos territórios para o plantio da cana-de-açúcar está ocupando áreas de trabalho familiar e produção alimentar.[28] A ocupação da terra para o avanço da monocultura acontece por arrendamento ou compra; cada hectar é disputado. A Federação de Órgãos para Assistência Social e Educacional (Fase) descreve o modelo de desenvolvimento brasileiro marcado pela apropriação insaciável dos recursos naturais, a promoção irrefreável do consumo, a produção incontornável de lixo e a violência totalitária:

> Beneficiando-se dos preços baixos da terra [...], de créditos e subsídios, e da alta lucratividade dos produtos no mercado internacional, essa produção em larga escala expulsa pela força ou pressiona os camponeses e agroextrativistas a vender suas posses, valendo-se da depressão dos preços dos produtos tradicionais e da falta de serviços públicos no campo.[29]

O êxodo do campo para a cidade de muitos sitiantes decorre dessa forma de extinção de pequenos núcleos rurais.

O agronegócio, do ponto de vista jurídico, é legal, porém não dissociado de violência, quando se trata, por exemplo, do reconhecimento de territórios indígenas. No dia 23 de março de 2009, o Brasil foi convocado pela Comissão de Direitos Humanos da Organização dos Estados Americanos (OEA) para audiência sobre violações dos direitos indígenas no país. Nesse fórum, a Fundação Nacional do Índio (Funai) teve de admitir que em 2009 seus técnicos foram impedidos de realizar

---

[28] Segundo dados fornecidos pelo Ministério do Desenvolvimento Agrário (MDA), a agricultura familiar engloba 4,1 milhões de estabelecimentos rurais com 14 milhões de pessoas e postos de trabalho, o que representa 77% das ocupações laborais no campo. Esse segmento é responsável por 10% do Produto Interno Bruto (PIB) do Brasil.

[29] FASE – Federação de Órgãos para Assistência Social e Educacional. Agronegócio e monoculturas. *Le Monde Diplomatique Brasil*. São Paulo, janeiro 2008, p. 22.

laudos antropológicos na área dos guarani do Mato Grosso do Sul, exigência prévia para a demarcação de terras indígenas. Segundo Márcio Meira, presidente da Funai, a entidade não conseguiu cumprir seu dever constitucional, porque, "assim que começaram seus trabalhos, as equipes de técnicos passaram a sofrer ameaças da parte dos fazendeiros. Uma antropóloga chegou a ser sequestrada e só foi liberada com a intervenção da polícia. Há uma reação muito forte do agronegócio e o clima é de violência".[30] O que está em jogo é o modelo do desenvolvimento do país e da modernização tecnológica, que reproduz as relações sociais assimétricas.

1.3. Horizontes e caminhos: a dignidade questiona o trabalho penoso

O pesquisador engajado carrega consigo certa indignação frente a situações de degradação social e, ao mesmo tempo, um sentimento de esperança de poder, a longo prazo, contribuir para mudanças estruturais que proporcionarão dignidade e bem-estar a todos. Mas as pessoas vivem uma vida concreta, aqui e agora. Querem felicidade já e não a longo prazo. Como se pode viver bem a vida agora em situação de penosidade, até o momento em que é possível romper com essa penosidade? O que se pode fazer até o momento em que se pode produzir a ruptura?[31]

[30] ARRUDA, Roldão. Agronegócio reage e clima no MS é de violência. *O Estado de S. Paulo*, 23 de março de 2009, Nacional, p. A5.

[31] Cf. CHAMBERS, Simone. A política da Teoria Crítica. In: RUSH, Fred (org.). *Teoria crítica*. Aparecida: Ideias & Letras, 2008, p. 264ss. ENGELS, Friedrich. *A revolução antes da revolução*: as guerras camponesas na Alemanha. Revolução e contrarevolução a Alemanha. São Paulo: Expressão Popular, 2008, p. 144.

O interesse deste estudo se centra na leitura estratégica da realidade do canavial, respectivamente, do "trabalho penoso" dos cortadores de cana-de-açúcar ou cana-de-etanol de Cosmópolis. "Leitura estratégica" significa que o "trabalho penoso" é apenas o ponto de partida, carregando consigo o ponto de chegada: a "dignidade no trabalho" dos canavieiros. Já ao considerarmos o canavial como realidade local e metáfora universal, ele aponta para a situação trabalhista do país, e o canavieiro representa o trabalhador brasileiro. No mundo globalizado, "país" e "brasileiro" ultrapassam nação e nacionalidade.

"Leitura estratégica", portanto, significa averiguar as condições da possibilidade de passagem de um "trabalho penoso" a um "trabalho digno" ou "trabalho decente", como é denominado em documentos oficiais. Procuro averiguar as possibilidades de abrir fendas no muro sistêmico fechado através de anseios e sofrimentos refletidos nas narrativas, de avanços na organização ainda frágil dos próprios cortadores da cana-de-açúcar, de implementação de políticas públicas inovadoras e das contradições do próprio sistema.

Como base normativa para a crítica do "trabalho penoso" em comparação com o postulado da "dignidade no trabalho", nos servimos, com o pano de fundo de reflexões recentes da Teoria Crítica, de normas já consagradas nos Direitos Humanos, na Constituição Brasileira ou na legislação trabalhista específica. Para a aproximação ao objetivo mais amplo deste estudo, fui obrigado a estabelecer – a partir da penosidade do trabalho canavieiro, que perpassa a história do Brasil – objetivos auxiliares que em seu conjunto procuram compreender gênese e estrutura do "trabalho penoso", o qual no capitalismo tardio encontra seu avalista mor.

A "leitura estratégica" do trabalho penoso e da dignidade no trabalho dos canavieiros aponta para uma metodologia dialógica de investigação (dialogia). A aproximação aos objetivos deste trabalho é construída por encontros, diálogos, entrevistas abertas e narrativas dos agentes sociais.

Ao longo do trabalho de campo dessa pesquisa, a práxis dialógica é assumida como pesquisa-ação. A dialogia da pesquisa-ação se distingue "do discurso performativo",[32] que produz transformações. A pesquisa-ação não pretende, em primeira instância, produzir as transformações desejadas pelo grupo em questão, mas acompanha com empatia ações coletivas que visam à solução de problemas ou têm por objetivo transformações concretas. A pesquisa-ação não confunde os diferentes níveis de teoria e prática social nem os separa: distingue-se de pesquisas meramente cientificistas e de pesquisas intervencionistas ou ativistas. O olhar distante e o corpo presente do pesquisador podem aportar uma contribuição para perspectivas de transformações almejadas. Só por essa via o pesquisador pode pensar em realizar seu objetivo pessoal, inseparável de seu projeto de pesquisa, que é o despertar do desejo de emancipação do respectivo grupo social em relação à injustiça e ao "bem viver". Também os operários submetidos ao trabalho penoso fazem parte da vida alienada, porque "a produção não somente produz um objeto para o sujeito, mas também um sujeito para o objeto".[33]

Michel Thiollent,[34] o teórico da pesquisa-ação, acrescenta ainda alguns aspectos como estratégia metodológica da pesquisa social, cujos objetivos se definem, mormente, no campo e não na academia: da interação entre pesquisador e sujeito da pesquisa resulta "a ordem de prioridade dos problemas". Ao formular a metodologia da pesquisa-ação, Thiollent[35] adverte que o pesquisador faz parte da situação investigada e que uma das estratégias metodológicas consiste em "esclarecer os problemas da situa-

---

[32] Bourdieu, Pierre. *A economia das trocas linguísticas:* o que falar quer dizer. São Paulo: Edusp, 1996, p. 111.

[33] Marx, Karl. *Contribuição à crítica da economia política.* 2. ed. São Paulo: Expressão Popular, 2008b, p. 248.

[34] Thiollent, Michel. *Metodologia da pesquisa-ação.* 5. ed. São Paulo: Cortez, 1992, p. 16.

[35] *Ibidem.*

ção observada". A situação, em nosso caso, é uma situação de conflito de classe cuja forma epidérmica é visível na incompatibilidade existente entre trabalho penoso e qualidade de vida no trabalho do canavial. O pesquisador, segundo Thiollent, não deve oferecer um justo meio entre as partes ou situações conflitantes, mas construir com os envolvidos da pesquisa reflexões que promovam o aumento do "nível de consciência".

Adentrar no campo não tem por objetivo retratar verdades e realidades como fatos independentes e autônomos, mas captar nos códigos de "linguagem em situação" seu processo de construção coletiva através de encontros, diálogos e narrativas.[36] Tais diálogos acontecem numa narrativa contínua, em que se misturam sentimentos de indignação e atos reivindicatórios, que permitem dar corpo aos núcleos escolhidos para a investigação. Numa frase de efeito, Paiva[37] resume as narrativas antecipadamente: "O que se quer não é mais trabalho na vida, senão mais vida no trabalho".

Os entrevistados, todos trabalhadores cortadores de cana-de--açúcar, podem ser mulheres boias-frias, com dupla ou tripla jornada, cuidando de filhos e casa, o que deve agregar maior penosidade ao trabalho;[38] podem ser migrantes, que deixaram suas famílias durante o tempo da safra da cana; podem ser indígenas, que ficam culturalmente agredidos pela obrigação de viver fora de suas aldeias. O que vale ressaltar é a proximidade entre migração, trabalho escravo e desterritorialização.[39]

---

[36] *Ibidem*, p. 29.

[37] PAIVA, Geraldo José de. Significado do trabalho e suas implicações de realização e bem-estar pessoal. *Primeiro encontro internacional de gestão de competências em qualidade de vida no trabalho*. Faculdade de Economia e Administração, FEA-USP, 1998, p. 128.

[38] Às 5h30 da manhã no ponto de ônibus uma mulher boia-fria segura no braço seu filho de três anos ao lado de outro já adolescente. Quando o ônibus chega, a trabalhadora entra no ônibus e os dois voltam para casa. Provavelmente foram acompanhar a mãe até sua partida para o canavial.

[39] HAESBAERT, Rogério. Migração e desterritorialização. In: PÓVOA NETO, Helion; FER-

Para aproximar-me das potencialidades da experiência e das aspirações dos cortadores de cana-de-açúcar, procuro, em entrevistas abertas, ser "interlocutor" atento de suas vozes e expectativas, que poderão desenvolver-se em várias direções, por exemplo:

a) *exclusão* entre "dignidade" e "trabalho penoso";

b) *acomodação* individual à organização do trabalho;

c) *transformação* parcial ou total da lógica desse trabalho.

A cotidianidade dos cortadores de cana se torna campo de pesquisa, na distância da não identificação e na proximidade solidária.

1.4. Fundamentação teórica: Teoria Crítica

A fundamentação teórica dessa pesquisa é balizada pela Teoria Crítica como pano de fundo e referencial explícito. Hoje os interlocutores que falam da Teoria Crítica pensam em nomes como Horkheimer, Adorno, Habermas e Honneth. Antes de entrar nas apropriações teóricas procuro esclarecer a articulação entre Teoria Crítica e Escola de Frankfurt. A Teoria Crítica precede a Escola de Frankfurt e remonta à proposta do Institut für Sozialforschung, fundado em 1924 e vinculado à Universidade de Frankfurt.[40] Em 1930/1931, Horkheimer tornou-se o segundo diretor do Instituto de Pesquisa Social e assumiu a cátedra de filosofia social na Universidade de Frankfurt. Com a ascensão de Hitler na Alemanha, no início de 1933, o Instituto foi fechado, emigrou para Genebra e estabeleceu filiais em Paris e Londres. Em meados de 1934, Horkheimer já se encontra

---

REIRA, Ademir Pacelli (orgs.). *Cruzando fronteiras disciplinares*: um panorama dos estudos migratórios. Rio de Janeiro: Revan, 2005, p. 35ss.

40 WIGGERSHAUS, Rolf. *A Escola de Frankfurt:* história, desenvolvimento teórico, significação política. 2. ed. Rio de Janeiro: Difel, 2006, p. 56.

nos Estados Unidos e organiza, em Nova Iorque, espaços para a nova filial do Instituto, que se tornaria, com estreita vinculação à Universidade de Colômbia, o centro científico do Instituto no exílio.[41] Em 1937, Horkheimer[42] publica seu texto seminal "Teoria tradicional e Teoria Crítica".

Originalmente, a Teoria Crítica se desenvolveu num ambiente de "instituto" e não de "escola universitária". Tratava-se do Instituto de Pesquisa Social, de um projeto coletivo de pesquisadores que desenvolveu uma teoria crítica da sociedade capitalista. Só após o retorno de Horkheimer e Adorno do exílio nos Estados Unidos, em 1949, pode-se falar da Escola de Frankfurt.[43] Horkheimer e Adorno assumiram cadeiras acadêmicas na Universidade de Frankfurt, reergueram o Instituto de Pesquisa Social, que foi reinaugurado em 1951, e estabeleceram laços pessoais e institucionais entre Universidade e Instituto. Com seminários, aulas e acompanhamento de pesquisas formaram várias gerações de cientistas sociais.

Depois de Horkheimer e Adorno, surgiu em torno de Habermas uma segunda geração, com Honneth uma terceira, e a revista da própria Universidade já fala de uma quarta geração da Escola de Frankfurt, ligada aos nomes de Rainer Forst, Rahel Jaeggi[44] e Judith Butler. Na

---

[41] *Ibidem*, p. 157-178.

[42] HORKHEIMER, Max. Teoria tradicional e teoria crítica. In: ADORNO, Theodor W.; Theodor; BENJAMIN, Walter; HABERMAS, Jürgen; HORKHEIMER, Max. *Textos escolhidos*. São Paulo: Abril (Os Pensadores 48), 1975a, p. 125-162.

[43] WELLMER, Albrecht. Die Bedeutung der Frankfurter Schule heute. In: HONNETH, Axel; WELLMER, Albrecht (org.). *Die Frankfurter Schule und die Folgen*. Referate eines Symposiums der Alexander von Humboldt-Stiftung (10-15 dez. 1984, Ludwigsburg), Berlin; New York, 1986, p. 25. NOBRE, Marcos. Luta por reconhecimento: Axel Honneth e a Teoria Crítica (Apresentação). In: HONNETH, Axel. *Luta por reconhecimento*: a gramática moral dos conflitos sociais. 2. ed. São Paulo: ed. 34, 2009, p. 7s.

[44] Cf. FORSCHUNG FRANKFURT. Wissenschaftsmagazin der Universität Frankfurt, t. 26, nº 1, 2008, p. 107.

percepção externa, Teoria Crítica e Escola de Frankfurt se amalgamaram. Os herdeiros se emanciparam de seus respectivos antecessores e acrescentaram anexos pertinentes ao edifício original da Teoria Crítica, que continua nas veias da Escola de Frankfurt com o DNA crítico de Hegel, Marx, Weber, Lukács e Freud. Enquanto a sede do Instituto de Pesquisa Social continuar em Frankfurt, seus membros serão chamados os "frankfurtianos", que seguem a tradição da Teoria Crítica em novos contextos e momentos históricos.

Pressupõe-se neste trabalho uma continuidade da Teoria Crítica em várias gerações da Escola de Frankfurt. Com suas apropriações afiançam a permanente revalidação[45] da Teoria Crítica para os dias de hoje.[46] Para a fundamentação teórica deste estudo não precisamos reconstruir a Teoria Crítica. Outros já fizeram esse trabalho com muita propriedade: Bronner, 1997; Freitag, 2004; Matos, 2005; Wiggershaus, 2006; Rush, 2008; Nobre, 2008a/b, 2009. Trata-se antes da apropriação histórica de traços teóricos essenciais de um pensamento, que não pode ser atribuído a este ou aquele autor, mas a uma constelação de cientistas sociais para os quais Frankfurt é mais do que uma referência geográfica. Há tempos, a Teoria Crítica[47] não pertence mais ao seu berço frankfurtiano.[48]

---

[45] Atualmente, o Instituto de Pesquisas Sociais prioriza as seguintes linhas de pesquisa: a) Teoria social e reflexão filosófica, b) Economia e trabalho, c) Família e socialização, d) Práticas culturais e indústria cultural, e) Política pública e direito, f) Biopolítica e conflitos dos saberes. Disponível em <www.ifs.uni-frankfurt.de/forschung/schwerpunkte>. Acesso em 3 mar. 2010.

[46] Beerhorst, Joachim; Demirovic, Alex; Guggemos, Michael (orgs.). *Kritische Theorie im gesellschaftlichen Strukturwandel*. Frankfurt a. M.: Suhrkamp (sv 2382), 2004.

[47] Depois da I. Conferência-Adorno (Frankfurt, 1983) da II. Conferência-Adorno Internacional (Frankfurt, 2003), em São Paulo, já para um público mais amplo, foi realizado o Curso livre de Teoria Crítica (2006).

[48] Honneth, Axel (org.). Dialektik der Freiheit: Frankfurter Adorno-Konferenz 2003. Frankfurt a. M.: Suhrkamp, 2005 e Nobre, Marcos (org.). *Curso livre de Teoria Crítica*. Campinas: Papirus, 2008a.

A Teoria Crítica, segundo seus próprios postulados, procura contribuir com uma "educação para a emancipação".[49] Criatividade, crítica e autocrítica fazem parte dessa emancipação. A crítica é parte constitutiva da práxis humana. O que mantém viva a Escola de Frankfurt e sua herança é sua capacidade crítica e autocrítica.[50] Não é fácil ser escola sem criar uma "escolástica", sem ter tradição, sem leituras dogmáticas dos fundadores. Segundo o próprio Horkheimer, "a aplicação desprevenida e dogmática da Teoria Crítica à práxis numa realidade histórica diferente poderia acelerar o processo que ela deveria denunciar".[51] Novas escolhas, acréscimos e inovações fazem parte de "uma teoria que atribui à verdade um núcleo temporal".[52]

No decorrer da escrita deste trabalho me apropriei de enfoques pertinentes dos frankfurtianos para o contexto dos canaviais de Cosmópolis, sem estabelecer um curto-circuito entre teoria e práxis e entre realidades diferentes. Apropriei-me da descrição autodestrutiva da razão instrumental,[53] sem dar a ela o significado da totalidade da realidade social. Se tivesse em algum momento da nossa história só desespero, "só injustiça e nenhuma revolta",[54] onde ficaria o lugar da crítica, da poesia e do desejo por transformação? Ao acrescentar à razão instrumental a razão comunicativa, Habermas ajudou a superar o monopólio da instrumentalização, coisificação e patologização total da realidade.[55] Essa comunicação não é pacífica. Está atravessada

---

[49] Adorno, Theodor W. *Educação e emancipação*. 2. ed. São Paulo: Paz e Terra, 2000, p. 171s.

[50] Cf. Jaeggi, Rahel; Wesche, Tilo (orgs.). *Was ist Kritik?* Frankfurt a. M.: Suhrkamp (stw 1885), 2009.

[51] Horkheimer, Max. Vorwort zur Neupublikation. In: *Traditionelle und kritische Theorie:* Vier Aufsätze. Frankfurt a.M.: Fischer Taschenbuch 6015, 1970, p. 7.

[52] Adorno, Theodor W.; Horkheimer, Max. *Dialética do esclarecimento:* fragmentos filosóficos. Rio de Janeiro: Jorge Zahar, 1985, p. 9.

[53] *Ibidem.*

[54] Brecht, Bertolt. *Poemas 1913 – 1956*. 6. ed. São Paulo: Ed. 34, 2001, p. 214.

[55] Habermas, Jürgen. *Teoria de la acción comunicativa I:* racionalidad de la acción y racionalización social. Madri: Taurus, 1987a/b.

por interesses de classes e lutas sociais. Esse aspecto das lutas sociais como mediadores entre as duas racionalidades, a instrumental e a comunicativa, Axel Honneth[56] enfrentou em muitos dos seus escritos, nos quais procura dissecar a "gramática moral dos conflitos sociais". São acentos diferentes, não reviravoltas na Teoria Crítica. Já em seu texto programático, de 1937, Horkheimer confirma a unidade entre teoria e práxis:

> Uma ciência que em sua autonomia imaginária se satisfaz em considerar a práxis – à qual serve e na qual está inserida – como o seu Além, e se contenta com a separação entre pensamento e ação, já renunciou à humanidade.[57]

A quarta geração da Teoria Crítica, como Forst e Jaeggi, alunos de Honneth e Habermas, se coloca com mais vigor questões fundamentais da crítica como tal, que exige parâmetros e realidades comparáveis.[58] Sobre alienação, por exemplo, só se pode falar a partir de uma realidade não alienada.[59]

A Teoria Crítica permite-me, com um olhar crítico e solidário, "estar" no campo-tema e no lugar-contexto.[60] Concretamente, permitiu-me enfocar, a partir do binômio "trabalho penoso" e "dignidade no trabalho", questões do sujeito, de sua reificação nos processos de produção, patologias desse processo e interesses de emancipação.

---

56 HONNETH, Axel. *Luta por reconhecimento*: a gramática moral dos conflitos sociais. 2. ed. São Paulo: ed. 34, 2009.

57 HORKHEIMER, Max. *Opere citato*, 1975a, p. 162.

58 JAEGGI, Rahel; WESCHE, Tilo (orgs.). *Was ist Kritik?* Frankfurt a. M.: Suhrkamp (stw 1885), 2009, p. 7-20.150-164.

59 JAEGGI, Rahel. *Entfremdung*. Zur Aktualität eines soziaophilosophischen Problems. Frankfurt a. M.; Nova Iorque: Campus, 2005.

60 Cf. GOMES, José Agnaldo. *A comuna da terra:* utopia e alternativa. Itinerários de sentidos e marchas de pessoas em situação de rua que buscam sua participação social. Quito: Abya-Yala, 2005, p. 51.

Em *Teoria tradicional e Teoria Crítica*, Max Horkheimer qualificou duas posições filosóficas opostas, o positivismo e o idealismo metafísico, como "tradicionais".[61] Ambas as posições, cuja origem remota está no positivismo de Comte e Descartes, e no idealismo de Fichte, Kant e Dilthey, convergem para o imobilismo estático e "apático" em face à possibilidade de transformações históricas. A transformação histórica coincide "com a luta por determinadas formas de vida na realidade efetiva".[62] Horkheimer introduz em sua Teoria Crítica, na base da *Crítica da economia política*, de Marx, a temporalidade e a materialidade como fator dinamizador. A verdade é histórica e material. Seu motor é a inconformidade com a dissonância entre o real e o racional. A realidade social, assim como a percebemos, é irracional. Sua transformação prática é uma exigência da racionalidade histórica.

Em oposição à teoria tradicional, a Teoria Crítica da sociedade considera as pessoas como produtoras de todas as formações históricas da vida social: "As situações efetivas, nas quais a ciência se baseia, não são para ela uma coisa dada",[63] como na sociologia positivista de E. Durkheim, que exige "considerar os fatos sociais como coisas", para aplicar nelas avaliações e leis objetivas.[64] "O que é dado", segundo Horkheimer, o fato histórico-social, "não depende apenas da natureza, mas também do poder do homem sobre ela".[65]

---

[61] Em 1969, o próprio Horkheimer, numa palestra sobre "Teoria Crítica ontem e hoje", em Veneza, resumiu e recontextualizou seu escrito seminal sobre "Teoria tradicional e Teoria Crítica", de 1937 (cf. Horkheimer, 1972).

[62] Horkheimer, Max. Filosofia e teoria crítica. In: Adorno, Theodor W.; Benjamin, Walter; Habermas, Jürgen; Horkheimer, Max. *Textos escolhidos*. São Paulo: Abril (Os Pensadores 48), 1975b, p. 164 e 2003, p. 51.

[63] *Ibidem*, p. 163.

[64] Durkheim, Émile. *As regras do método sociológico*. 2. ed. São Paulo: Martins Fontes, 1999, p. 15.

[65] Horkheimer, Max. *Ibidem*.

Segundo Honneth, o que une os diferentes autores da Escola de Frankfurt, de Horkheimer a Habermas, "é a ideia de que as condições de vida das sociedades capitalistas modernas geram práticas sociais, focos ou estruturas de personalidades, que se sedimentam numa deformação patológica da nossa capacidade racional. Esse é o tema que configura a unidade da Teoria Crítica na pluralidade de suas vozes".[66]

Schopenhauer e Hegel fornecem substrato filosófico desse ceticismo de uma patologia social generalizada. Segundo Hegel, a história caminha em direção à racionalidade universal preestabelecida. Nos processos históricos, essa racionalidade universal se revela progressivamente, e o progresso histórico-técnico produz também um progresso ético universal. Com o fortalecimento do sistema capitalista e as mazelas da industrialização, essa crença otimista num progresso linear se tornou insustentável. A universalização do capitalismo patológico não permitiu mais pensar a racionalidade universal como norte do processo histórico. A partir da segunda metade do século XIX percebeu-se que o progresso tecnológico, resultado de uma dominação crescente da natureza, se materializa não só na dominação da natureza, mas também na exploração crescente dos trabalhadores. Estes são reduzidos em seu valor de pessoa ao valor de mercadorias que produzem. A introdução da máquina cortadeira no canavial não trouxe o alívio esperado. Seu significado é antes ameaça de desemprego e produção manual redobrada. A racionalidade hegeliana, universal e preestabelecida nos mais altos céus do idealismo, perdeu sua credibilidade e caiu de vez por terra. Marx afirmou a inexistência de tal racionalidade preestabelecida. A razão universal há de ser construída na práxis material e social, pelo trabalho que transforma a natureza e pelas relações sociais estabelecidas nos processos desse trabalho.

---

[66] HONNETH, Axel. Eine soziale Pathologie der Vernunft. Zur intellektuellen Erbschaft der Kritischen Theorie. In: *Idem. Pathologien der Vernunft.* Geschichte und Gegenwart der Kritischen Theorie. Frankfurt a. M.: Suhrkamp, 2007, p. 7.

Ainda no distanciamento da razão universal de Hegel, a Teoria Crítica se tornou herdeira dele, apontando para a não racionalidade universal do sistema hegemônico de produção capitalista. O capitalismo não é só um sistema injusto, mas um sistema que bloqueia o reconhecimento do outro e todas as condições do bem viver e da vida feliz e exitosa. Causa dessa situação precária é a falta de racionalidade, a razão mutilada, deficiente, "penosa". A racionalidade da organização social fica aquém da racionalidade do desenvolvimento das forças produtivas. A patologia social está configurada a partir do momento em que a organização da sociedade reprime o potencial racional presente nas forças produtivas. Cada autor nomeia as patologias sociais diferentemente. Horkheimer lamenta a organização "irracional" da sociedade. Para Adorno, a vida é "danificada" e friamente "administrada"; para Marcuse, a sociedade é "unidimensional". Habermas descreve o mundo vivencial como um mundo "colonizado". A vida intacta, segundo esses autores, seria a realização social e universal da racionalidade como autorrealização cooperativa, na qual a liberdade de um possibilita a liberdade do outro. Os sujeitos chegam a esse ideal do bem viver, à comunidade de pessoas livres e à autorrealização cooperativa quando partilham reciprocamente, além de seus interesses individuais, um núcleo de convicções e valores comuns. A conexão cooperativa representa um aumento de racionalidade social. Se a causa da deformação patológica são fenômenos sociais, também deve ser possível que novas práticas sociais impulsionem a emancipação dos sujeitos.

Hoje, depois do fim das grandes narrativas, a pluralidade de razões culturais justificadas e justificáveis não permite mais insistir na unidade de uma razão,[67] que poderia ser totalmente bloqueada ou representada, em sua forma patológica, pela organização capitalista da sociedade. Por

---

[67] Habermas, Jürgen. A unidade da razão na multiplicidade de suas vozes. In: *Idem. Pensamento pós-metafísico*. Estudos filosóficos. 2 ed. Frankfurt a. M.: Suhrkamp, 2002a, p. 151-182.

conseguinte, também a patologia social não representa uma totalidade histórica. Encontram-se nela estilhaços de racionalidade para pensar e agir, para negar e afirmar. Por instantes, um processo histórico de formação educativa poderá ser capaz de suspender o sofrimento social causado por irracionalidade patente.[68] O canavial, como realidade microestrutural e como metáfora sem fronteiras, faz parte dessa sociedade moderna na qual os estilhaços de racionalidade estão cercados por patologias sociais, com seus impactos sobre o psiquismo, o corpo e a própria razão de ser.

Nas condições concretas da sociedade capitalista é quase impossível realizar o "bem viver". Novas práticas sociais são bloqueadas, porque as causas das patologias sociais no sistema capitalista são estruturais. Tais bloqueios históricos representam um desafio moral e ético, porque impedem a orientação em direção a uma vida não danificada. As vítimas das patologias tornam-se, segundo Lukács, espectatores da miséria própria e alheia, sem possibilidade de cooperação recíproca. Freud nos explica a estrutura psíquica da patologia, que "nos familiarizou com grande número de estados em que as linhas fronteiriças entre o ego e o mundo externo se tornam incertas, ou nos quais [...] se acham incorretamente traçadas".[69] As pessoas se percebem como seres coisificados. Em vez de se relacionarem com reconhecimento recíproco, os sujeitos se percebem como objetos subjugados aos valores e interesses de mercado. Como podem ser desbloqueados se as patologias lhes criam um grau de consentimento e deslumbramento que os fazem concordar com a vida falsa? Muitas vezes não percebem sua alienação e começam a se acostumar com a prisão que lhes rouba a liberdade. De maneira semelhante, fiz muitas dessas perguntas a mim mesmo nos canaviais de Cosmópolis.

---

[68] HONNETH, Axel. *Opere citato*, p. 30.

[69] FREUD, Sigmund. O mal-estar na civilização. In: *Idem*. *Edição Standard Brasileira das Obras Psicológicas Completas*, vol. XXI. Rio de Janeiro: Imago, 1969c, p. 75.

Nessa encruzilhada, os teóricos de Frankfurt recorrem a Freud. Não estão sem perspectiva, mas sabem como é difícil socializar a sua perspectiva crítica com as massas que estão entregues aos meios de comunicação a serviço do capital, que os sustenta. Sabem que uma crítica das mazelas sociais deve enfocar os processos históricos que contribuíram para o deslumbramento das massas populares. Somente quando é possível convencer os destinatários da crítica social de que são sistematicamente enganados sobre o caráter real dessas mazelas sociais, pode-se esperar um consenso social majoritário capaz de mudar a racionalidade hegemônica escandalosa.

A possibilidade de experimentar, conscientemente, reificação e alienação pode-se encontrar, segundo Adorno, na categoria do sofrimento: "O momento corporal anuncia ao conhecimento que o sofrimento não deve ser, que ele deve mudar". No sofrimento "o especificamente materialista converge com aquilo que é crítico, com a práxis socialmente transformadora".[70] Com certa periodicidade, Adorno interrompe sua análise de formas vivenciais no capitalismo por considerações sobre o sofrimento e a repulsa que essas formas causam. Foi Freud que permitiu à Teoria Crítica um passo além da diagnose do capitalismo como patologia que bloqueia a racionalidade das relações sociais. Como romper o bloqueio? Freud responde: através do desejo e da necessidade daquele que sofre: "Alguns fatores racionais trabalham em nosso favor, tais como a necessidade de restabelecimento, que tem seu motivo nos sofrimentos dele [do paciente]".[71]

Patologias se manifestam por sintomas que são reflexos de sofrimentos. Sofrimentos mantêm vivo o interesse de "cura", ou, em termos psicanalíticos, o interesse de racionalização emancipatória. Freud não prometeu "curas" nem "consolo", mas propôs a transformação de sintomas neuróti-

---

[70] ADORNO, Theodor W. *Dialética negativa*. Rio de Janeiro: Zahar, 2009, p. 173.

[71] FREUD, Sigmund. Esboço de psicanálise. In: *Idem*. *Edição Standard Brasileira das Obras Psicológicas Completas*, vol. XXIII. Rio de Janeiro: Imago, 1969d, p. 195.

cos difusos em dores históricas.[72] A Teoria Crítica, que reconhece as contribuições recíprocas entre teoria e práxis sem produzir manuais para ativistas, permanece teoria que leva os sujeitos a novos portais da práxis sem abri-los.[73] Ela cumpre a sua tarefa quando consegue desmascarar as ideologias, que naturalizam as patologias, e desconstruir o consentimento alienado em dor histórica. A dor é sinal de somatização do sofrimento social, mas é também sinal de que na vida danificada subsistem razões para viver, não para viver de qualquer jeito, mas para uma vida intacta e verdadeira.

Nos primórdios da Teoria Crítica, os contornos materiais e normativos dessa vida intacta e verdadeira foram pouco refletidos. Horkheimer e Adorno afirmam que não se pode determinar ou descrever de antemão a sociedade almejada. É possível dizer que a sociedade atual precisa ser transformada, mas não se pode dizer detalhadamente como será a futura sociedade.[74] Também em face à opacidade dos processos históricos em curso e à disparidade de projetos culturais, a descrição material da futura sociedade seria arbitrária. Em ambos os pensadores sobrevive a filosofia negativista da história de Lukács e Benjamin, com a premissa de que o capitalismo liberal envolveu o mundo num deslumbramento universal.

A Teoria Crítica apontou cedo não só para a "dialética do esclarecimento",[75] mas para a dialética e ambivalêcia do progresso. Nessa perspectiva, Walter Benjamin[76] foi consequente ao afirmar:

---

[72] *Idem*, 1969c, p. 147.

[73] Adorno, Theodor W. Marginalien zu Theorie und Praxis. In: *Gesammelte Schriften*, Band 10/2 (Kulturkritik und Gesellschaft). Frankfurt a. M.: Suhrkamp, 1997b.

[74] Horkheimer, Max. Kritische Theorie gestern und heute. In: Horkheimer, Max. *Gesellschaft im Übergang:* Aufsätze, Reden und Vorträge 1942-1970. Frankfurt a. M.: Athenäum Fischer, 1972, p. 164 [Fragmentos desse texto publicado In: Matos, 2005, p. 78-80].

[75] Adorno, Theodor W.; Horkheimer, Max. *Opere citato*, 1985.

[76] Benjamin, Walter; Horkheimer, Max; Adorno, Theodor; Habermas, Jürgen. *Textos*

> Nunca há um documento da cultura que não seja, ao mesmo tempo, um documento da barbárie. E, assim como ele não está livre da barbárie, também não o está o processo de sua transmissão, transmissão na qual ele passou de um vencedor a outro.

A dialética do progresso não vale apenas para as obras do "progresso material" e para as relações entre sociedade e natureza, mas também para as conquistas sociais, expressas nas conquistas de liberdade e justiça. Segundo Horkheimer, o que Marx esperava da sociedade sem alienação, o triunfo da justiça com plena liberdade, estava errado, porque liberdade e justiça não são apenas irmãs; são rivais. Se a justiça cresce, a liberdade diminui. Também o contrário é verdade. Numa sociedade totalmente livre, o mais forte e o mais inteligente vão oprimir o menos favorecido. A relação entre ambos é dialética.[77] Por conseguinte, as lutas sociais do canavial não são lutas por justiça ou fartura sem liberdade ou por liberdade sem justiça, mas por um equilíbrio entre justiça e liberdade.

O ceticismo nas afirmações dos primeiros frankfurtianos, que emana de frases como "não há vida correta na falsa",[78] não os levou ao desespero; não configura recusa à ação transformadora. Originalmente, no Instituto de Pesquisa Social, se pensava que essas transformações aconteceriam via revolução[79] ou pelos paradigmas de produção[80] e trabalho.[81] Mas o paradigma de produção enfrenta uma crise estrutural. Tecnologias enfraqueceram

---

escolhidos. São Paulo: Abril (Os Pensadores 48), 1975, p. 70.

77 Horkheimer, Max. *Opere citato*, 1972, p. 165.

78 Adorno, Theodor W. *Opere citato*, 1993, p. 33.

79 Horkheimer, Max., 1972, p. 164.

80 Habermas, Jürgen. *Opere citato*, 2002b, p. 109ss.

81 Campregher, Gláucia. Das novas possibilidades do trabalho coletivo. *Economia*, vol. 5, nº 1, Niterói, RJ, p. 123ss, jan./jun. 2004.

a sociedade do trabalho. No canavial essas tecnologias chegam na hora de uma segunda reestruturação que reduz a mão de obra, aumenta a produção e acumula o capital.

Como não é posível responder material ou essencialmente às questões do "bem viver" ou da "vida intata", e para não se afogar no mar do relativismo pós-moderno, deve ser possível pronunciar-se formalmente sobre a condição da possibilidade de uma vida não danificada. As gerações que seguem aos fundadores da Escola de Frankfurt, sobretudo Habermas (1987a/b), Honneth (1992), Jaeggi (2005) e Forst (2007), procuraram enfrentar essas questões abertas e se debruçaram sobre as lacunas normativas da Teoria Crítica. É possível encontrar relações vivenciais que oferecem uma base normativa para a crítica social? Onde encontrar relações que oferecem racionalidade sociomoral, apesar das ameaças feitas pela instrumentalização racional do capitalismo? "Quais são os princípios morais que nos permitem falar da racionalização unilateral das sociedades capitalistas como processo que viola interesses justificados ou expectativas legítimas?", pergunta Honneth.[82]

A Teoria Crítica assumiu com certa força a questão da alteridade, que assim não estava presente na tradição marxista clássica nem nas propostas dos pós-modernos.[83] Pela imposição dos mercados globais e pela produção das monoculturas para esses mercados, o fenômeno da migração estimulou um debate fecundo entre os representantes da terceira geração da Teoria Crítica. Esse debate versou sobre o reconhecimento do outro e sobre a multiplicidade das vozes amparadas por sua dignidade irredutível. Nancy Fraser e Axel Honneth desencadearam um debate em torno dos eixos "redistribuição" e "reconhecimento", um debate que enfoca confli-

[82] Honneth, Axel. *Opere citato*, 2009, p. 290.

[83] Cf. Habermas, Jürgen. *Opere citato*, 2002 a/b.

tos axiais dos países latino-americanos.[84] As lutas sociais hoje são lutas pela "redistribuição" de renda e bens (terra, água) e pelo "reconhecimento" de identidades específicas.

A partir da segunda geração, os frankfurtianos formalizam em suas reflexões sistemas normativos de relações intersubjetivas e sociais. Essas reflexões mostram sua relevância para a sociedade pluricultural e multiétnica desde a construção de um Estado constitucional e democrático até a fundamentação da dignidade humana como pressuposto da Declaração Universal dos Direitos Humanos, da ONU. São pontos referenciais na discussão acerca da dignidade humana no trabalho dos canavieiros.

---

[84] Fraser, Nancy; Honneth, Axel. *Umverteilung oder Anerkennung*? Eine politisch-philosophische Kontroverse. Frankfurt a. M.: Suhrkamp, 2003.

2. Reconstrução do itinerário histórico do canavial

Para compreender ou até para transformar pontos mortos que aparecem nos canaviais de hoje, nos sentimos obrigados a recorrer à formação histórica do trabalho canavieiro. Para desconstruir o mito da imutabilidade das estruturas sociais, os intérpretes clássicos do Brasil, como Gilberto Freyre (1975), Raymundo Faoro (1975), Sérgio Buarque de Holanda (1936/2000), Caio Prado Júnior (1942), Luiz Felipe Alencastro (2000), recorreram à "formação" e às "raízes" históricas do Brasil. Nessas raízes encontraram não somente as origens de estruturas sedimentadas para explicar o tempo presente, mas também possibilidades e razões para transformações sociais viáveis. A partir da gênese das patologias sociais se pode pensar suas transformações estruturais. Cada fato social tem história e estrutura. Pierre Bourdieu[1] tratou dessa articulação entre gênese e estrutura, entre diacronia e sincronia nos diferentes campos da vida social.

As estruturas que produzem o etanol têm uma longa história. Não podemos esquecer o sofrimento que, desde os primórdios do Brasil, produz a doçura da cana. Para esse sofrimento nunca existiram nem existirão medidas compensatórias. Por isso, a interação entre pesquisador e sujeito da pesquisa há de produzir não só reciprocidade de conhecimento, mas também reciprocidade de comoção performativa. A sincronia dos fatos macroestruturais foi produzida na diacronia das histórias microestruturais

---

[1] BOURDIEU, Pierre. Gênese e estrutura do campo religioso. In: ______. *A economia das trocas simbólicas*. 6. ed. São Paulo: Perspectiva, 2005a. Ver também BOURDIEU, Pierre. *As regras da arte:* gênese e estrutura do campo literário. 2. ed. São Paulo: Companhia das Letras, 2005b.

de sofrimento. A "formação do mercado de trabalho no Brasil", particularmente do trabalho canavieiro, foi sempre perversa.[2]

Tudo começou com o contrabando de algumas mudas da cana. A cana-de-açúcar não é nativa do Brasil nem do continente americano. As primeiras mudas, com passagem pelas ilhas de Madeira e São Tomé, vieram da Índia. O plantio mais sistemático da cana-de-açúcar, no início do século XVI, foi precedido por um período de aproximadamente 30 anos em que havia pouco cuidado em assegurar as terras recém-conquistadas. O Brasil, com seu imenso litoral costeiro, estava exposto às incursões de outras nações. A razão principal da implantação dos engenhos era política. Os primeiros engenhos, que datam do início da década de 1530, impregnaram ao Brasil o caráter de uma fortaleza e colônia açucareira.

Desde os primórdios, a indústria açucareira favoreceu a estrutura latifundiária e escravagista. As rupturas políticas não romperam com as estruturas econômicas ou sociais perversas. O modelo de colonização portuguesa, que se pautava em grandes extensões de propriedades rurais com cultivos voltados para a exportação e a exploração da mão de obra escrava, chegou até as portas da República.

A Revolução Industrial alterou os parâmetros de produtividade dos antigos engenhos através de novas tecnologias e medidas legais. Nesse projeto de modernização, os antigos "engenhos reais" se transformam em "engenhos centrais", agora responsáveis apenas pela moagem da cana para a fabricação do açúcar. A separação do setor agrícola do setor industrial deu novos contornos ao conceito produtivo, mas logo passou a representar um fator de instabilidade no fornecimento da cana. Essa separação representava apenas uma adaptação formal à experiência capitalista, já que

---

2 Cf. Barbosa, Alexandre de Freitas. *A formação do mercado de trabalho no Brasil*. São Paulo: Alameda, 2008.

a indústria ainda dependia da manufatura, ou seja, da mão de obra escrava, com custos inferiores aos da máquina a vapor.

O enfraquecimento dos engenhos forjou o surgimento da usina na primeira década da República. As usinas unificaram todo o processo desde o cultivo da cana até seu produto final, o açúcar. Essa modernização não transformou a estrutura da indústria tradicional do açúcar, já que os novos donos não representavam ruptura com a antiga classe dos senhores dos engenhos. Hoje, as usinas estão mais e mais em mãos de grupos empresariais. Seu carro-chefe, o etanol, põe o complexo sucroalcooleiro numa dinâmica social e ecologicamente insustentável de expansão e acumulação.

2.1. As origens do engenho de açúcar

A lavoura canavieira imprimiu no Brasil as estruturas de um trabalho monocultural, latifundiário e penoso, seja como trabalho escravo ou de livre contratação, orientado para a exportação do açúcar. O primeiro plantio da cana-de-açúcar, no início do século XVI, quando se deu a colonização do Brasil por Portugal, foi precedido por um período de aproximadamente 30 anos, em que havia pouco cuidado em assegurar as terras recém-descobertas. Essas terras, consideradas pelo Tratado de Tordesilhas (1494) terras de Portugal, foram objetos de cobiça do tráfico transatlântico e de saqueamentos. O Brasil, com seu imenso litoral costeiro, estava exposto às incursões de comerciantes, piratas e aventureiros de outras nações. A inquietação de Portugal voltava-se, sobretudo, à França, cuja bandeira aparecia com frequência na costa brasileira. "Em vão Portugal procurava pôr cobro a isso, por meio de sucessivas reclamações à corte de Paris contra tais violações de seus direitos".[3] Em documentos de 1521, colhidos da Torre do Tombo por Varnhagen, constam registros sobre o grande número de inimigos de Portugal em sua área de influência. O autor[4] relata que,

> muitos armadores da Bretanha e Normandia, já avezados à navegação das costas de Guiné e da Malagueta, passavam não só a alguns excessos de pirataria com os galeões que vinham da Índia, como a traficar nas terras do Brasil; onde adquiriam quase de graça gêneros que nos mercados europeus obtinham grandes valores, e os quais lhes deviam produzir maiores vantagens do que aos contratadores portugueses.

Em 1526 chega notícia em Portugal de que a França se armara com dez navios para se apoderar das embarcações que encontrasse. O momento exigia medidas enérgicas de Portugal para proteger sua colônia dos invasores e garantir os direitos de exclusividade comercial. O passo imediato seria expulsar os navios inimigos que navegavam próximos ao Brasil em busca de lucros com o tráfico e, posteriormente, iniciar o processo de colonização com povoamento para garantir concretamente a posse da terra. A primeira tarefa seria de Cristóvão Jacques, a segunda de Martim Afonso.

Para expulsar os contrabandistas e impor seus direitos, dom João III enviava ao Brasil, em 1526, uma nau e cinco caravelas capitaneadas por Cristóvão Jacques. Este, ao percorrer a costa do Brasil, vence os mercadores bretões com que se encontra e leva 300 deles presos para Pernambuco, e de-

---

[3] HANDELMANN, Heinrich Gottfried. *História do Brasil.* 3. ed. 2 vol. São Paulo: Melhoramentos, 1978, t. 1, p. 89.

[4] VARNHAGEN. Francisco Adolfo de. *História geral do Brasil:* antes da sua separação e independência de Portugal. 3 vol. 9. e 10. ed. São Paulo: Melhoramentos, 1978, p. 107.

pois para Portugal.[5] Na província de Pernambuco, Cristóvão Jacques funda "uma feitoria fortificada, para servir-lhe de quartel-general".[6] Poucos anos após a partida de Cristóvão Jacques para Portugal, a feitoria de Pernambuco foi saqueada e destruída por um galeão francês. Handelmann[7] comenta:

> Com isso, ficou novamente a costa brasileira franqueada a toda gente, sem vestígio sequer do domínio lusitano; não obstante, essa primeira medida malsucedida, transitória, foi o primeiro impulso para uma verdadeira colonização do Brasil.

Os episódios de contrabando, saqueamentos, piratarias e invasões em mares e terras do Brasil colônia colocavam os rumos dessa colônia na pauta da coroa portuguesa. Em 1530 chegaram à corte portuguesa notícias alarmantes de Sevilha sobre Sebastião Caboto, o chamado descobridor do Paraná e do Paraguai, e suas novas descobertas no Rio da Prata. Em consequência disso, o governo português resolveu adiantar-se aos espanhóis, dando início a medidas que deveriam garantir a posse da terra através de um processo de colonização sistematizada.

Em 1530, dom João III encarregou Martim Afonso de Sousa de comandar a primeira expedição colonizadora às terras até agora de posse insegura, por causa de contrabando, pirataria e índios. A finalidade dessa expedição seria povoar, ou seja, assegurar a terra, considerada desabitada, e organizar uma colônia mercantil.

A colonização foi um "empreendimento planejado, respondendo a uma necessidade nova, decorrente da expansão ultramarina".[8] A escolha

---

[5] *Ibidem*, p. 112.

[6] Handelmann, Heinrich Gottfried. *Ibidem*, 1978, p. 89

[7] *Ibidem*.

[8] Sodré, Nelson Werneck. *Formação histórica do Brasil*. 9. ed. Rio de Janeiro: Civilização Brasileira, 1976, p. 77.

de Martim Afonso, fidalgo português, para a missão colonizadora deu-se por sua proximidade com dom João III, desde a infância de ambos. Quando Martim Afonso foi enviado ao Brasil, contava apenas 30 anos. Foi nomeado capitão-mor de uma armada composta de cinco embarcações que reuniam mais de 400 colonos sob seu comando. Ao mesmo tempo recebeu amplo direito de governador sobre as terras que descobrisse. O cargo de governador lhe conferiu

> poderes extraordinários: era autorizado a tomar posse de todo o território até a linha de demarcação convencionada, que, de fato, ainda não estava fixada, bem assim a proceder às necessárias divisões e prover todos os cargos, exercer absoluta jurisdição civil e criminal, inclusive o direito de vida e de morte, exceto com respeito aos fidalgos.[9]

Em fins de janeiro de 1531, ao avistar a Nova Lusitânia (Pernambuco), Martin Afonso depara-se com três naus francesas cuja rendição lhe abre o litoral de Pernambuco.[10] De lá se dirigiu à futura capitania de São Vicente e estabeleceu núcleos de povoamento no litoral. Em 1532, se tornaria fundador da Vila de São Vicente, primeira colônia europeia no Brasil. Segundo Varnhagen, as pequenas feitorias antes já existentes naquele território ainda não caracterizavam "colônias regulares".[11] Desde logo, Martin Afonso começou a incentivar a plantação da cana-de-açúcar. É voz corrente que as mudas vieram em sua esquadra e tinham sua origem na Ilha da Madeira. Sobre esse particular até hoje não existe certeza.

---

[9] Handelmann, Heinrich Gottfried. *Opere citato*, 1978, p. 90.

[10] Varnhagen, Francisco Adolfo de. *Opere citato*, p. 124.

[11] *Ibidem*, p. 129.

Basílio de Magalhães,[12] em seu *O açúcar nos primórdios do Brasil colonial*, disserta amplamente sobre a origem da cana-de-açúcar cultivada no Brasil, contestando a imprecisão de alguns autores e confirmando o acerto de outros. Magalhães sintetiza o debate, até hoje ainda em aberto, sobre a origem da muda da cana, e suspeita da veracidade das informações que circulam no meio historiográfico a partir da vulgarização das notícias de Antonio Herrera, contidas em seu livro *Descripción de las Indias Occidentales*.[13] Nessa obra se encontra a afirmação de que a cana plantada no Brasil provém da Ilha da Madeira. Magalhães contesta essa origem e segue as pesquisas de Lippmann, que defende a proveniência da cana-de-açúcar da Ilha de São Tomé, arquipélago situado no hoje chamado Golfo da Guiné, na costa oeste da África. No entanto, São Tomé pode ter sido apenas um entreposto na trajetória da muda da cana-de-açúcar entre Ásia e América. Lippmann, em todo caso, suspeita da informação de Herrera e Handelmann. Em sua *História do Brasil*, Handelmann fala do cultivo preferencial das plantas alimentícias indígenas, que serviram para o consumo próprio dos colonos.[14] Para o eixo exploração-exportação, porém, serviria por séculos a cana que teria vindo da Ilha da Madeira:

> O verdadeiro produto principal para o comércio exterior era, contudo, a cana-de-açúcar, trazida desde 1532 da Ilha da Madeira para São Vicente, de onde se estendeu pouco a pouco por todo o litoral, e durante séculos manteve o primeiro lugar

---

[12] Cf. Magalhães, Basílio de. *O açúcar nos primórdios do Brasil colonial*. Rio de Janeiro: IAA., 1953.

[13] O livro mencionado de Antonio de Herrera faz parte de sua obra maior *Historia General de los hechos de los Castellanos em las Islas y Tierra Firme*, escrita entre 1601 e 1615.

[14] A obra *Geschichte von Brasilien*, do historiador alemão Heinrich Gottfried Handelmann (1827-1891), foi originalmente publicada em Berlim (1860) e, em 1931, no Brasil, com notas de Basílio de Magalhães.

> na exportação brasileira, até que ultimamente o cafeeiro, introduzido somente por volta de 1770 pelo vice-rei marquês do Lavradio, veio adquirir decidida e sempre crescente preponderância.[15]

Ilha da Madeira ou Ilha de São Tomé? Essa discussão nos parece secundária pensando no fato de que a cana-de-açúcar não é nativa do Brasil nem do continente americano. Lippmann afirma: "A cana foi levada para o Brasil de São Tomé, onde faziam escala os navios de viagem para a Índia, talvez também de Madeira, segundo Handelmann, primeiro para São Vicente, no sul, onde o governador Afonso de Souza mandou levantar dois engenhos".[16] Pode-se afirmar, sobre a origem das primeiras mudas, que passaram por Madeira e por São Tomé, mas não vieram originalmente de lá. Madeira e São Tomé, na época, eram apenas entrepostos comerciais para tantos produtos que cruzaram os oceanos. Vários autores apontam o sudeste da Ásia como seu local de origem,[17] tese de uma ou outra maneira também admitida por E. Lippmann, que descreve a ampla difusão da cana na Índia.[18]

Nosso rastreamento sobre a origem geográfica da muda da cana-de-açúcar chegou às duas ilhas, São Tomé e Madeira, enquanto sua origem nativa nos leva à Ásia ou, mais precisamente, à Índia. Não só o local de seu berço suscita dúvidas, também a data de nascimento da cana no Brasil e de sua moagem não foi bem registrada. São imprecisas as informações e divergentes os relatos sobre a instalação e data dos primeiros engenhos de açúcar no Brasil colônia.

---

[15] Handelmann, Heinrich Gottfried. *Opere citato*, 1978, p. 105.

[16] Lippmann, Edmund O. von. *História do açúcar.* Desde a época mais remota até o começo da fabricação do açúcar de beterraba. Rio de Janeiro: Edição do Instituto do Açúcar e do Álcool, 1942, p. 31.

[17] Cf. Gomes, Frederico Pimentel; Lima, Urgel de Almeida. A cana-de-açúcar no mundo. In: *Cultura e adubação da cana-de-açúcar*. São Paulo: Instituto Brasileiro de Potassa, 1964, p. 11.

[18] Lippmann, Edmund O. von. *Ibidem*, p. 89.

Seguimos Lippmann[19] e Magalhães,[20] que questionam informações de Hermann Wätjen sobre produção e exportação significativas de açúcar antes da chegada de Martin Afonso. Os primeiros engenhos no Brasil, sejam em São Vicente ou em Pernambuco, datam do início da década de 1530. Na origem da implantação dos engenhos, seu papel político de instrumento de colonização era mais importante do que seu resultado econômico. Era necessário, naquele momento, fixar o maior número possível de pessoas na terra recém-conquistada e fazê-las produzir. O engenho representa uma minicapitania com os objetivos das capitanias, ainda antes de sua instalação propriamente dita.

Em carta de setembro de 1532, dom João III comunicava a Martim Afonso que seria implantado o sistema de capitanias para a colonização da nova terra, o qual se efetuou sob a orientação do Conselho Del-rei a partir de março de 1534. Para a implantação das capitanias dividiu-se a costa brasileira, primeiramente, em 12 setores lineares, delimitados nos fundos pelo meridiano de Tordesilhas e na frente pelo mar. Esses se tornariam posteriormente capitanias hereditárias, das quais duas foram consideradas exitosas.[21] Os donatários das capitanias receberam de dom João III a incumbência de consolidar a posse e a defesa da nova terra.

O primeiro engenho no Brasil, discordando com Menezes Drummond[22] e de acordo com Basílio de Magalhães,[23] foi o Engenho da Madre de Deus, implantado por Pero e Luís de Góis, em 1532, na região Nossa Senhora das Neves, no chamado porto paulista. O segundo, o Engenho

[19] *Ibidem*, p. 31.

[20] *Opere citato*, 1953, p. 21.

[21] Prado Júnior, Caio. *História econômica do Brasil.* 16. ed. São Paulo: Brasiliense, 1973, p. 31s.

[22] Menezes Drummond, A. A. O primeiro engenho brasileiro. *Brasil açucareiro*, IX/17 (1941/1), p. 36.

[23] Magalhães, Basílio de. *Opere citato*, p. 23s.

de São João, fundado por José Adorno, foi construído em 1533, na cidade de Santos, na altura da atual Praça Rui Barbosa. E por fim, em 1534, foi erguido um terceiro engenho em São Vicente – hoje na zona noroeste da cidade de Santos –, não diretamente por Martim Afonso de Souza, que já havia regressado para Portugal, mas em sociedade com ele. Também foram sócios desse engenho João Veniste, Francisco Lobo e Vicente Gonçalves. "Desta forma, em 1534 foram lançadas as bases do famoso *Engenho do Trato* ou do *Senhor Governador*, como entraram a chamar-lhe, propriedade que seria vendida mais tarde ao alemão Erasmo Scheter".[24] Posteriormente, portanto, tornou-se propriedade de Erasmo Schetz, de seus sócios e herdeiros. A partir dos novos proprietários tornou-se conhecido como Engenho de São Jorge dos Erasmos.[25]

Martin Afonso de Souza, no lapso de tempo que esteve no Brasil (1531-1533), não chegou a ser donatário efetivo de uma capitania. Como governador das terras recém-incorporadas ao domínio português participava do assentamento das bases políticas nesses territórios, também através de sua política da incipiente fabricação do açúcar. Posteriormente, as capitanias bem-sucedidas no cultivo da cana seriam Nova Lusitânia (Pernambuco), com seu donatário Duarte Coelho, e São Vicente, com Pero Lopes de Souza, irmão de Martim Afonso de Souza. São Vicente, cujo cultivo de cana-de-açúcar, inicialmente, deu bons resultados, logo ficou atrás da produção de Pernambuco. Ainda em 1570, São Vicente só conta, segundo Gândavo, com "500 vizinhos" e "quatro engenhos de açúcar".[26] Já havia, porém, três engenhos em torno de Santo Amaro: Engenho Nossa

---

[24] *Ibidem*, p. 26.

[25] A Universidade de São Paulo (USP) atua desde 1955 na recuperação da memória do Engenho dos Erasmos e apresentou na Revista USP nº 41, da Coordenadoria de Comunicação Social da USP (maio 1999), p. 28-47, o andamento de sua pesquisa interdisciplinar.

[26] GÂNDAVO, Pero de Magalhães. *Tratado da Terra do Brasil; História da Província Santa Cruz*. Belo Horizonte/São Paulo: Itatiaia/Edusp, 1980, p. 40.

Senhora da Apresentação, de 1560, Engenho de Santo Amaro, de 1565, e Engenho de Santo Antonio, de 1570.

O cultivo da cana pelos donatários foi um projeto para explorar a terra pela mão de obra escrava e habitá-la com colonos, exportar exclusivamente para Portugal e assim abastecer os cofres da coroa portuguesa. Era o chamado pacto colonial, que obrigava as colônias a se configurar como unidades de produção da metrópole. Essas unidades de produção e comercialização eram a expressão da dependência articulada entre os campos econômico, político e cultural. A lógica do pacto colonial reservava à coroa o controle sobre a circulação do açúcar na Europa; e aos senhores de engenho, a produção. O modelo de colonização portuguesa pautava-se em grandes extensões de propriedades rurais com cultivos voltados para a exportação. A ideia era organizar a produção de gêneros raros no comércio internacional que interessavam à metrópole. As vastidões férteis do território brasileiro, a sua localização próxima ao mar facilitando as navegações e o clima quente e temperado com chuvas regulares – somados ao lucrativo comércio do açúcar – propiciaram condições e contextos adequados para operar a unidade produtora de engenho de açúcar.

Palavra-chave do pacto colonial é a palavra "controle": o controle sobre a unidade de produção na colônia e sobre a comercialização e distribuição na Europa. Assegurada a grande extensão de terra, a mão de obra e o controle, um quarto fator exigiu cuidados especiais, o setor do transporte, que necessitava de permanentes aprimoramentos tecnológicos com investimentos de capitais. Por ter sido detentor do capital comercial no século XV, mesmo com a ajuda do capital holandês, Portugal controlava a produção de açúcar nas ilhas do Atlântico.[27] Essa situação se alterou um século mais tarde. Portugal perdeu a hegemonia que o capital lhe conferiu e procurou impor seu domínio por meio de títulos provenientes de "des-

---

[27] Sodré, Nelson Werneck. *Opere citato*, 1976, p. 35.

cobrimentos", sem a força do capital anterior. A questão que logo surgirá é o tempo-limite, que permite manter as prerrogativas do controle, somente à base de títulos de direito, sem ser dono do capital, para assegurar a aplicação do direito de fato.

Na época, Portugal se mostrava incapaz de assumir o transporte do açúcar do Brasil à Europa. Assim, a Holanda marcou uma presença crescente "na distribuição do açúcar português das ilhas e também no transporte entre as ilhas e a Metrópole", assinalando "a progressiva transferência do primado marítimo de Portugal à Holanda".[28] A contribuição dos holandeses, segundo Celso Furtado,[29] foi um fator primordial para a expansão do mercado do açúcar, cujo evento possibilitou o êxito da colonização do Brasil. A empresa açucareira tornou-se progressivamente dependente do suporte naval holandês:

> [...] os holandeses eram nessa época o único povo que dispunha de suficiente organização comercial para criar um mercado de grandes dimensões para o produto praticamente novo, como era o açúcar.

A Holanda beneficiou-se com os lucros obtidos pelo açúcar por meio de investimentos, fretes e distribuição do produto. Grupos financeiros holandeses, segundo Furtado, teriam injetado recursos para a expansão da capacidade produtiva do açúcar. Isso demonstra que, na segunda metade do século XVI, muitos dos engenhos instalados na costa do Brasil foram financiados com recursos holandeses. A Holanda foi também responsável pela ampliação do mercado consumidor. Ainda no início do século XVI,

---

[28] *Ibidem*, p. 64.

[29] Furtado, Celso. *Formação econômica do Brasil.* 34. ed. São Paulo: Companhia das Letras, 2007, p. 33.

o açúcar "era artigo de grande raridade e muita procura; até nos enxovais de rainhas ele chegou a figurar como dote precioso e muito prezado".[30] Ao tornar o produto mais abundante e, portanto, acessível, criaram-se novas demandas e o açúcar-especiaria transformou-se num produto de base para o consumo europeu.

Juntando-se à facilidade do transporte a ampliação da demanda e do mercado, a produção do açúcar em grandes proporções e terras longínquas tornou a empresa açucareira economicamente atrativa. No entanto, também para a Holanda o tempo áureo do açúcar não seria permanente. "Na medida em que, na Holanda, o capital investido no comércio de intermediários excede o que se liga à produção local manufatureira, e os financiamentos no exterior aos financiamentos no interior, a Holanda debilita seu desenvolvimento econômico".[31] Desse modo, gradativamente a Inglaterra assumiu a liderança na associação do capital comercial e a Holanda perdeu sua primazia no desenvolvimento econômico da produção açucareira no Brasil. Por volta de 1630, a Holanda entrou no cenário brasileiro não mais como parceira comercial, mas como invasora de Pernambuco, Alagoas e Maranhão, de onde, em 1654[32], foi definitivamente expulsa.[33]

---

[30] Prado Júnior, *Opere citato*, 1973, p. 20.

[31] Sodré, Nelson Werneck. *Opere citato*, 1976, p. 66.

[32] Prado Júnior, *Opere citato*, 1973, p. 49. Ver também Holanda, Sérgio Buarque de. *A época colonial.* Do descobrimento à expansão territorial. 5. ed. 1º vol., São Paulo/Rio de Janeiro: Difel, 1976, p. 251ss.

[33] O episódio que marca o conflito entre colonos latifundiários portugueses e ocupantes holandeses ficou conhecido como "Insurreição Pernambucana", que ocorreu de 1645 à 1654. Destacam-se nesse evento três personagens: o tenente-coronel André Vidal de Negreiros (senhor de engenho nascido na capitania da Paraíba); Henrique Dias, o governador dos pretos (afro-descendente nascido na capitania de Pernambuco); e o capitão-mor dos índios, o comendador Antonio Felipe Camarão (índio potiguar nascido na capitania do Rio Grande do Norte). Os que a defesa do território brasileiro uniu estiveram a serviço da burguesia invisível, que posteriormente se apropriou, como em outras ocasiões, dos benefícios que essa luta conquistou.

Adiantamos por um século nosso olhar sobre a história do Brasil, tendo sempre em vista o corte histórico da implantação e produção açucareira no Brasil colonial, que envolve as associações comerciais, o capital de investidores, o transporte transatlântico, a distribuição do produto e a ampliação de demandas pelo mercado. Desde a passagem de Martim Afonso, o Brasil tornou-se progressivamente colônia açucareira. O açúcar inseriu o Brasil no comércio macroestrutural da economia açucareira, mas, nosso interesse, nesse momento, está voltado para a realidade microestrutural que envolve atores em torno de engenhos e assentamentos humanos concretos.

Martin Afonso compôs as bases políticas e econômicas da indústria açucareira no Brasil. A implantação da economia açucareira pressupõe a implantação concomitante da escravidão indígena como mão de obra nos engenhos da época. A finalidade da colonização não foi a subsistência dos colonos, mas a exportação de um produto rentável para os mercados europeus. A escravidão era, desde o início, condição não só para a sobrevivência dos colonos, mas para a colonização como tal.

> Assim como os portugueses no século XV penetraram no território africano na caça de escravos negros, os habitantes de São Vicente serão levados a penetrar a fundo nas terras americanas na caça indígena.[34]

Celso Furtado[35] conclui que "a captura e o comércio do indígena vieram constituir, assim, a primeira atividade econômica estável dos grupos de população não dedicados à indústria açucareira". Ainda assim, a escravidão indígena como atividade econômica não é um ramo comercial paralelo ou independente, mas vinculado e, geralmente, subordinado à economia açu-

---

[34] Furtado, Celso. *Opere citato*, 2007, p. 94.

[35] *Ibidem*, p. 76.

careira. Martim Afonso, com amplos poderes de sua missão, estruturou a ordem política e civil que deu legitimidade e amparo à finalidade econômica da colonização. Em setembro de 1532, dom João III enviou-lhe uma carta comunicando a adoção do sistema das capitanias hereditárias. Martim Afonso foi cogitado como um dos donatários dessas capitanias, mas decidiu voltar a Portugal. Em março de 1533, deixou São Vicente para sempre.[36] Sua presença em São Vicente, de praticamente um só ano, lançou as bases para a transição da conquista à colonização portuguesa no Brasil. O açúcar não foi um produto da conquista, mas da colonização.

Como citado anteriormente, os dois cenários marcantes para a produção do açúcar nos primórdios da colonização foram as terras de São Vicente e da Nova Lusitânia (Pernambuco), respectivamente. Voltamos agora ao segundo cenário, onde Duarte Coelho, militar português com vasta experiência de conquista e colonização na Ásia e na África, deu prosseguimento à "colonização açucareira". Ele recebeu os mesmos privilégios que Martim Afonso, poderes judiciários e administrativos para a colonização e exploração das terras recém-descobertas. Em 10 de março de 1534, Duarte Coelho recebeu de dom João III a carta foral de Pernambuco, que o consagrou como donatário dessa capitania:

> A quantos esta minha carta virem faço saber que eu fiz ora doação e mercê a Duarte Coelho fidalgo de minha casa para ele e todos seus filhos netos herdeiros e sucessores de juro e verdade para sempre da capitania e governança de 60 léguas de terra na minha costa do Brasil.[37]

---

[36] Em 1534, Martim Afonso foi nomeado capitão-mor da Índia e, em 1541, governador, voltando a Portugal, em 1546. Quando faleceu, em 1571, seu filho, Pero Lopes de Souza, foi nomeado donatário da capitania de São Vicente, em 1572.

[37] Instituto do Açúcar e do Álcool, 1954, p. 19.

Num comentário a essa carta de doação, Werneck Sodré[38] caracteriza o papel do donatário como o de um representante do rei na capitania que tem do rei quase todos os poderes. Duarte Coelho chegou ao Brasil em março de 1535. Para viabilizar a expansão da cultura canavieira, concedeu ampla isenção de taxas aos colonos envolvidos na montagem de engenhos. Sob seu comando, a capitania de Pernambuco tornou-se um bom negócio para investimentos. Conseguiu dos banqueiros portugueses o adiantamento de somas significativas para a sua empresa açucareira, "de modo que sua capitania alcançou a mais alta e regular produção, tornando-se em 1590 a mais rica e importante das capitanias".[39]

Estruturalmente não há novidade nos engenhos de Pernambuco ou da Bahia, onde, em 1610, se encontram 63 engenhos.[40] Em Pernambuco, até o final do século XVI, quando o Brasil contava com a existência de uns 120 engenhos e com a mão de obra de aproximadamente 20 mil escravos africanos,[41] repete-se o mesmo triângulo da grande propriedade de terra favorecendo a monocultura, o modo escravista de produção e o capital de banqueiros da metrópole. Por muito tempo essa estrutura configurou o modo de produção açucareira no Brasil colonial: escassez da mão de obra, suprida pelos escravos, escassez de capital, suprida pela metrópole, abundância de terras e uma produção voltada para a exportação.[42] No nordeste brasileiro, essa economia açucareira sobreviveu por mais de três séculos, prolongada e intercalada por depressões dos mercados externos, "sem sofrer nenhuma modificação estrutural significativa".[43]

---

[38] Lippmann, Edmund O. *Opere citato*, 1942, p. 31.

[39] Leite, Serafim. *História da Companhia de Jesus no Brasil.* 4 vols., 10 tomos, São Paulo: Loyola, 2004, t. 8, p. 363.

[40] Furtado C. *Opere citato*, 2007, p. 78.

[41] Novais, Fernando A. Portugal e Brasil na crise do antigo sistema colonial (1777-1808). São Paulo: Hucitec, 1979, p. 108.

[42] Furtado, C. *Opere citato*, 2007, p. 91.

[43] Cf. Gorender, Jacob. *O escravismo colonial.* 5. ed. São Paulo: Ática, 1992, p. 124. Ver também Furtado, C. *Opere citato*, 2007, p. 35, nº 9.

2.2. Trabalho escravo indígena no canavial e outros atores sociais

Foi a mão de obra indígena que garantiu a sobrevivência de colonizadores e colonos, desde o período inicial da colonização até o final do século XVI.[44] Para a incipiente indústria açucareira, nas plantações, nos engenhos e nos moinhos, mas também nos serviços domésticos, na criação de gado e na pequena agricultura, essa mão de obra logo se tornou mão de obra escrava. A escravidão do índio em São Vicente era costume antigo: "Dinheiros em toda esta capitania não se usam, e em lugar deles só se usa açúcar ou ferramenta de ferro".[45] Nas costas de São Vicente, por exemplo, João Ramalho, náufrago em 1513, e Antônio Rodrigues, soldado da conquista e, posteriormente, admitido por Manuel da Nóbrega na Companhia de Jesus, eram uns dos primeiros colonizadores de São Vicente, os quais exploravam o comércio escravagista desde sua chegada ao país. A primeira atividade econômica entre os europeus que viviam nos núcleos de ocupação da costa vicentina, "até meados do século XVI, foi o tráfico de bugres nativos",[46] sobretudo em função da indústria açucareira. Por toda parte, possuir escravos era uma questão de prestígio, poder e crédito monetário. Tavares Bastos nos informa que, ainda no século XIX, na Amazônia, o poder sobre a mão de obra indígena era "uma carta de crédito".[47]

---

44 Grã, Luís da. Carta a Santo Inácio, Piratininga, 8 de junho de 1556. In: NÓBREGA, Manuel da. *Diálogo sobre a conversão do gentio*. Lisboa: Comissão do IV Centenário da Cidade de São Paulo, 1954, p. 114.

45 Bruno, Ernani Silva. *História do Brasil* – Geral e regional. Vol. 5: São Paulo e o Sul. São Paulo: Cultrix, 1967, p. 23.

46 Bastos, Aureliano Cândido Tavares. *O vale do Amazonas*: a livre navegação do Amazonas, estatística, produção, comércio, questões fiscais do vale do Amazonas. 3. ed. São Paulo/Brasília: Nacional/INL (Brasiliana, vol. 106), 1975, p. 204.

47 Monteiro, John. O escravo índio, esse desconhecido. In: Grupioni, Luís Donisete Benzi. *Índios no Brasil.* Brasília: Ministério da Educação e do Desporto, 1994, p. 105.

Somando-se às doenças, a escravidão contribuiu "para o despovoamento de vastas regiões do litoral e dos sertões mais acessíveis aos europeus".[48] Os índios foram capturados e deslocados para aldeias missionárias, casas particulares e unidades de produção econômica, sobretudo para o plantio da cana-de-açúcar e sua industrialização nos engenhos. Esse aprisionamento procurava solucionar três questões da colônia: a questão econômica, militar e religiosa. Na carta foral de 24 de setembro de 1534, dom João III conferiu o ônus do serviço militar aos colonos e estes arregimentaram os índios para a luta contra estrangeiros e índios inimigos.[49] Os cativos "viam-se obrigados a recompor suas vidas e sua identidade dentro desse novo contexto".[50]

Os atores da terra conquistada, sobretudo no cenário da indústria açucareira, foram quatro: os índios, os colonos, os missionários, e, através da legislação, a coroa portuguesa. Entre eles houve certa interação dos sistemas político, econômico, jurídico e ideológico, que frequentemente não permitem separar nitidamente a responsabilidade cabida a cada um.

Hoje somos relativamente bem informados sobre a realidade indígena que os europeus encontraram e descreveram.[51] Os jesuítas ibéricos, como Nóbrega, Anchieta, Cardim e Monteiro, os franceses Abbeville, Evreux, Thevet e Léry – capuchinhos os primeiros, calvino o último –, os portugueses Pero de Magalhães Gândavo e Gabriel Soares de Sousa, ambos "leigos", como o náufrago alemão Hans Staden, descreveram essa

---

48 Instituto do Açúcar e do Álcool, 1954, p. 24.

49 Monteiro, John. *Opere citato,* p. 105.

50 Para esta parte antropológica me servi da síntese que está em Suess, Paulo. *Travessia com esperança:* memórias, diagnósticos, horizontes. Petrópolis: Vozes, 2001, p. 50-53.

51 Cf. Fausto, Carlos. Fragmentos de história e cultura tupinambá. Da etnologia como instrumento crítico de conhecimento etno-histórico. In: Cunha, Manuela Carneiro da (org.). *História dos índios no Brasil.* São Paulo: Companhia das Letras, 1992, p. 382ss. Ver também Cardim, Fernão. *Tratados da terra e gente do Brasil.* Belo Horizonte/São Paulo, Itatiaia/Edusp, 1980, p. 101ss.

realidade. Segundo suas observações, foram encontrados na costa brasileira três cenários étnicos diferentes:

a) o território tupinambá com os grupos tupi da faixa litorânea: tupiniquim, tamoio, temominó, tupinaé, kaeté, potiguar;

b) o território guarani dos carijós ou guaranis, que abarcava a Bacia Paraná-Paraguai e o litoral, desde a Lagoa dos Patos até Cananeia-SP;

c) os territórios tapuia, nome genérico para designar grupos indígenas – goitacá, aimoré, tremembé – encravados no território tupi-guarani.[52]

Aqui nos limitamos à questão da escravidão indígena a serviço da indústria canavieira e nos restringimos à realidade tupinambá. Muitos costumes indígenas da época eram interétnicos. Graças a estudos antropológicos recentes, temos a possibilidade de compreender o funcionamento da sociedade tupinambá.[53] O propósito do colonizador, ao fazer guerra contra os índios, era transformá-los de cativos de guerra em escravos de engenho. A sucinta descrição de traços da cultura tupinambá nos permite distinguir a servidão tupinambá, para fins rituais, da escravidão colonial, com sua finalidade de exploração econômica. Em contraste com a prática escravagista colonial, que exigiu muitos escravos com a finalidade da acumulação de poucos, a finalidade do trabalho indígena era a subsistência e a realização da festa de todos.

Os povos nativos tentaram resistir àquela forma de vida imposta pela colonização, contrária as suas culturas e noções de espaço, tempo e sacralidade da vida. Para os índios, o território não era uma posse com fronteiras rígidas, mas um espaço de perambulação. Sua economia pautava-se basicamente na coleta, na caça e na pesca. Nunca tiveram experiência no

---

[52] Cunha, Manuela Carneiro da; Castro, Eduardo Viveiros de. Vingança e temporalidade: os Tupinambá. *Anuário antropológico*, Rio de Janeiro, vol. 85, 1985, p. 57-78. Ver também Castro, Eduardo Viveiros de. *Araweté:* os deuses canibais. Rio de Janeiro: Zahar/ANPOCS, 1986, p. 646-700.

[53] Monteiro, John. *Opere citato*, p. 107s.

cultivo de extensas propriedades de terras alheias. Resistiram e lutaram, "no entanto, a estratégia mais eficaz certamente residia na fuga coletiva e na reconstituição da sociedade em regiões além do alcance dos sertanistas brancos e mestiços".[54] Desde as primeiras experiências com a escravidão indígena, o nativo foi considerado inconstante, preguiçoso, enfim, um "mau trabalhador, de pouca resistência física e eficiência mínima".[55] O estereótipo do índio pouco disposto ao trabalho e sem compromisso com o progresso "convinha decerto à coroa e aos traficantes, que tinham no comércio de africanos fabulosa fonte de lucros".[56] Ainda hoje, esse estereótipo está presente no imaginário brasileiro. "Ai! Que preguiça!", na ironia de Mário de Andrade, parece um grito de guerra na boca do índio Macunaíma.

Entre os índios e a utilização de sua mão de obra pelos colonos, donos de canaviais e proprietários de engenhos, estão os missionários como mediadores e instância ética balizada pelos objetivos da missão e a lei da coroa. Os jesuítas, que vieram em 1549 com o governador-geral Tomé de Souza, colaboraram na complexa construção da rede social da colônia. Reivindicaram a liberdade do índio e colaboraram na sua sujeição e na escravização daquela parcela indígena que consideravam "o mais vil e triste gentio do mundo".[57] O discurso da "liberdade do índio" referiu-se ao índio cristianizado, nas aldeias ou, mais tarde, nas reduções. A sujeição e a força eram consideradas instrumentos legítimos contra aqueles índios que resistiram à conversão ao cristianismo ou que atacaram "militarmente" os colonos. Manoel da Nóbrega (1517-1570), primeiro provincial da Companhia de Jesus no Brasil, é um bom exem-

---

54 Prado Júnior, Caio. *Opere citato,* 1973, p. 36.

55 Gorender, Jacob. *Opere citato,* 1992, p. 124.

56 Leite, Serafim. (org.). *Cartas dos primeiros jesuítas do Brasil.* Coimbra/São Paulo: Comissão do IV Centenário da Cidade de São Paulo, vol. 2, p. 449, 1956.

57 *Ibidem*, p. 448.

plo desses discernimentos e da transversalidade dos campos sociais, em que se misturam cálculos estratégicos com decisões políticas, discursos missionários e práticas indigenistas.

Em seu Plano Colonizador, de 1558, Nóbrega propõe que os índios guerreiros, que ainda não se submeteram à nova ordem na colônia, sejam militarmente sujeitos e que a sua mão de obra seja repartida entre os cristãos "terra adentro".[58] A postura dos jesuítas era ambígua. Por um lado, defendiam a liberdade dos índios cristianizados e daqueles ainda não cristianizados que não resistiram abertamente à catequese. Por outro lado, admitiam a escravização dos índios considerados "rebeldes" e capturados nas chamadas guerras justas.

> O poder político e a autoridade eclesiástica reconhecem sua interdependência complementar. Cada esfera tira desse reconhecimento as suas vantagens. [...] Os missionários estavam convictos de que uma missão sem o braço armado seria uma empresa suicida. E a administração colonial sabia que sem os missionários seria impossível "segurar" os índios.[59]

Quando sua Alteza determinou "mandar doze homens pelo sertão a descobrir ouro", escreve Anchieta de Piratininga (1554) com certa ingenuidade, o governador Tomé de Sousa "pediu um padre, que fosse com eles em lugar de Cristo para que não fossem desamparados". E Anchieta pondera: "Eles vão buscar ouro e ele [o padre Navarro] vai buscar tesouro de almas, que naquelas partes há mui copioso".[60]

---

58 Suess, Paulo. *Opere citato,* 2001, p. 41.

59 Anchieta, José de. *Obras Completas 6*. Cartas: correspondência ativa e passiva. 2. ed., org. por H. A. Viotti. São Paulo: Loyola, 1984, p. 57.

60 *Ibidem*, p. 197.

Cada qual defendia seus interesses, os missionários, a salvação de almas, os colonos, a mão de obra indígena. Nóbrega, que num primeiro momento combateu os cativeiros injustos, posteriormente se rendeu ao projeto colonial, acreditando na força como pré-requisito indispensável para o trabalho de evangelização. Em 1563, Anchieta escreveu a Diego Laínes (1558-1565), segundo superior-geral da Companhia de Jesus:

> Parece-nos agora que estão as portas abertas nesta capitania para a conversão dos gentios, se Deus Nosso Senhor quiser dar maneira com que sejam sujeitados e postos sob o jugo.

Os objetivos e, sobretudo, os discursos dos eclesiásticos e dos administradores coloniais eram diferentes, uns falando da liberdade do índio e os outros de sua utilidade para a coroa. Na prática, as duas instâncias se aproximaram como parceiras interdependentes, ambas admitindo certo grau de violência. Não só pela questão da mão de obra, como também pela catequese dos índios "rebeldes" e pela garantia de segurança aos colonos, a escravidão se infiltrou nas estruturas e nas práticas coloniais como medida preventiva e punitiva. Aliás, quem veio no século XVI de Portugal ou da Espanha para as Américas já havia passado por uma socialização cultural que admitia a escravidão de inimigos da pátria e da fé como algo "natural".

A vantagem da presença dos religiosos para os exploradores da terra consistia no adestramento dos índios, a chamada pacificação, para o trabalho dos colonos através da catequese. Em 1607, na capitania do Rio Grande, o capitão João Rodrigues Colaço, primeiro capitão-mor do Rio Grande, temendo a rebelião dos índios, "não teve outro refúgio senão acolher-se aos padres da Companhia para que lhe valessem e aquietassem os índios".[61] E os padres logo partiram do Forte do Rio Grande terra adentro para tal pacificação.

---

[61] Leite, Serafim. *Opere citato*, t. 1, 2004.

Os jesuítas procuravam critérios para poder distinguir o direito à liberdade da "legítima" escravidão dos índios como resultado da "guerra justa".[62] A própria "guerra justa" parecia um critério:

> Sujeitando-se o gentio, cessarão muitas maneiras de haver escravos mal havidos e muitos escrúpulos, porque terão os homens escravos legítimos, tomados em guerra justa, e terão serviço e vassalagem dos índios e [...] haverá muitas criações e muitos engenhos [...].[63]

Nesse contexto de discernimento entre os cativeiros legítimos e os ilícitos surgiu a Lei de 20 de março de 1570, do rei dom Sebastião, que obviamente não solucionou o problema: "Defendo e mando que daqui em diante se não use [...] fazer cativos os ditos gentios, [...] salvo aqueles que forem tomados em guerra justa".[64] A legislação indigenista contemplava a liberdade apenas aos índios aliados e aldeados dos portugueses.[65]

O expediente jurídico da guerra justa não resolveu o problema da legitimidade da escravidão. "Iam às casas dos lavradores, indagavam da procedência de seus escravos, de como foram cativados, e, averiguada a injusta causa, restituíam-lhes a liberdade [...]".[66] Era difícil fazer valer o direito dos índios na capitania de São Vicente. A Companhia sempre defendeu o

---

[62] Cf. Perrone-Moisés, Beatriz. Índios livres e índios escravos. Os princípios da legislação indigenista do período colonial (séculos XVI a XVIII). In: Cunha, Manuela Carneiro. *História dos índios no Brasil.* São Paulo: Companhia das Letras, 1992, p. 123s. Ver também Suess, Paulo. A catequese nos primórdios do Brasil: Piratininga revisitado. In: ______ et al. *Conversão dos cativos*: povos indígenas e missão jesuítica. São Paulo: Nhanduti, 2009, p. 34ss.

[63] Leite, Serafim. *Opere citato*, t. 1, 2004, p. 264.

[64] Malheiro, Perdigão. *A escravidão no Brasil:* ensaio histórico, jurídico, social. 3. ed., vol. 1. Petrópolis: INL/Vozes, 1976, p. 173.

[65] Cf. Perrone-Moisés, Beatriz, 1992, p. 115ss.

[66] Sampaio, Teodoro. São Paulo no tempo de Anchieta. In: ______. *São Paulo no século XIX e outros ciclos*. Petrópolis: Vozes/Secretaria da Cultura, Ciência e Tecnologia do Estado de São Paulo, 1978 [1896], p. 232.

princípio da liberdade do índio, mas, na prática, cedeu muitas vezes, como admite Nóbrega, ainda antes da fundação de Piratininga:

> A maioria [...] desta capitania têm índios forçados que reclamam liberdade e do judicial nada mais sabem do que vir até nós como a padres e valedores, refugiando-se na igreja e conosco; porque estamos escarmentados e não queremos provocar escândalos, nem que nos apedrejem, não lhes podemos valer e nem mesmo ousamos pregar sobre esta matéria. De maneira que, por faltar justiça, eles ficam cativos e seus senhores em pecado mortal, e nós perdemos o crédito entre toda a gentilidade naquilo que esperavam.[67]

Não querer "provocar escândalos" numa situação tão escandalosa, que era a escravidão dos índios, configura o abandono do mais fraco e a conivência com o sistema escravagista. Se por um lado os jesuítas garantiam a paz na colônia pelos aldeamentos e pelo controle dos índios regidos por princípios morais e éticos da cristandade, por outro lado os colonizadores garantiam o abastecimento econômico da colônia pela apropriação da mão de obra indígena. Os colonos não estavam dispostos a discutir princípios religiosos, morais e jurídicos sobre o tratamento dispensado aos índios. Serafim Leite[68] reduz a complexidade da questão quando afirma:

> A questão dos índios foi sempre a mesma, invariável em todas as partes do Brasil: os jesuítas a defender a sua liberdade; El-Rei a confiar-lhes oficialmente essa defesa; e os colonos a revoltar-se contra a lei, atingindo os jesuítas.

[67] LEITE, Serafim. *Opere citato*, 1956, vol. 1, p. 455s [1553].
[68] *Idem. Opere citato*, 2004, t. 4, p. 17.

Na realidade, as fronteiras entre a defesa da liberdade dos índios, a legalidade garantida pela coroa e a sobrevivência dos colonos não eram tão nítidas. O expediente da "guerra justa" contra índios rebeldes que, como prisioneiros, seriam legitimamente submetidos à escravidão abriu ampla margem de arbitrariedade e ilegalidade.

Também para os religiosos a mão de obra indígena representava um importante fator econômico. Nos primeiros tempos de colonização, as necessidades elementares dos jesuítas quinhentistas eram supridas com a ajuda da coroa e com o cultivo de gêneros de subsistência, "sem ser preciso assumir a exploração direta das terras, em grande escala, com a natural concorrência aos senhores de engenho".[69] Por vezes, as rendas prometidas pela coroa chegavam atrasadas, o que obrigava os inacianos a adotarem medidas alternativas. Segundo Borges de Barros, os jesuítas já tinham em 1561 um engenho de açúcar em Pitanga, na Bahia.[70] Em 1590 receberam oficialmente de seus superiores de Roma a permissão para o plantio de cana-de-açúcar. Esse plantio causou certo mal-estar entre membros da Companhia, pois "alguns padres e irmãos temeram escândalo na terra e que a Companhia perdesse muito do seu crédito e reputação",[71] porque por meio de seus canaviais os jesuítas se tornaram fornecedores de engenhos, onde os índios trabalhavam como escravos. Já em 1585, Anchieta fala de "escravos da terra", portanto, de escravos indígenas no Colégio de Pernambuco.[72] Outras ordens religiosas também se envolveram na exploração indígena por serem proprietárias de canaviais. Em 1601, pela correspondência entre Cláudio Aquaviva e Pero Rodrigues, respectivamente, superior-geral e provincial da Companhia, tem-se notícia de canaviais que

---

[69] *Ibidem*, t. 1, p. 65.

[70] Barros, Francisco Borges de. Catálogo de documentos, notas e comentários para a história da agricultura na Bahia. *Anais do Arquivo Público da Bahia*, nº 14, 1925, p. 4.

[71] Leite, Serafim. *Opere citato*, 2004, t. 1, p. 65.

[72] Cf. Anchieta, José de. *Cartas:* informações, fragmentos históricos e sermões. São Paulo: Edusp, 1988, p. 419.

pertenceram aos beneditinos e carmelitas, administrados por feitores e escravos da Guiné.[73]

Quando os inacianos aceitaram a possibilidade de uma "guerra justa" e "santa" contra índios "rebeldes", assumindo a escravidão como "justos juízos de Deus", entraram num território pantanoso. Em consequência disso, muitas vezes, abriram mão de seus princípios. Tornaram-se corresponsáveis pela perda de referenciais de identidade dos índios, pela sua exploração, fome e mortandade. A identidade abalada atingiu também sua imunidade. Os índios fragilizados eram presa fácil de múltiplas doenças. Segundo Anchieta[74], a peste de 1562 atingiu, sobretudo, os "escravos e índios forros", de forma que morreram "30 mil no espaço de dois ou três meses". E "dos que ficavam vivos muitos se vendiam e se iam meter por casa dos portugueses a se fazer escravos, vendendo-se por um prato de farinha, e outros diziam que lhes pusessem ferretes, que queriam ser escravos".

Desde a origem do plantio da cana-de-açúcar se configura o mesmo rosário: monocultura extensiva, enriquecimento dos que dominam o comércio de exportação, pobreza do povo nativo e dos trabalhadores, mão de obra escrava ou semiescrava, mortandade prematura, doença, fome e destruição da cultura nativa. Hoje, nas discussões sobre a oportunidade ou não da indústria sucroalcooleira, muitos peritos apontam para a mesma sequência.

A bandeira da "guerra justa" não serviu para um discernimento jurídico de autodefesa dos colonos, mas como pretexto para submeter sempre mais índios à catequese e à escravidão. As guerras justas, escreve Beozzo,[75] "sucediam quase sempre em períodos de expansão da fronteira agrícola ou

---

[73] *Ibidem.*

[74] *Ibidem*, p. 364.

[75] BEOZZO, José Oscar. *Leis e regimentos das missões:* política indigenista no Brasil. São Paulo: Loyola, 1983, p. 12.

pastoril, quando então se avançava sobre as terras de povos indígenas, disputando-lhes o espaço". No mesmo ano da grande mortandade dos índios pela peste (1562), Mem de Sá travou contra os caetés guerra supostamente justa, cujas circunstâncias Anchieta nos descreve:

> Neste dito ano de 1562 estando todos os índios com muita paz [...] quis o governador Mem de Sá castigar os índios do Caaeté [...] por terem morto o bispo dom Pedro Fernandes [...], pronunciou o dito governador sentença contra o dito gentio do Caaeté, que fossem escravos, onde quer que fossem achados sem fazer exceção nenhuma, nem advertir no mal que podia vir à terra. Sendo a tal sentença dada daquela maneira, [...] o demônio [...] ajudou-se do desejo que os portugueses tinham de haver escravos, tanto que em breves dias se despovoou toda a terra.[76]

Nessa ocasião, Mem de Sá, terceiro governador-geral do Brasil (1558-1572), queimou mais de 30 aldeias e afugentou uma parte dos índios sertão adentro, tomando os outros como escravos provenientes de "guerra justa".[77] A fúria de Mem de Sá não se explicava apenas em decorrência da morte do bispo. Os índios escravizados no engenho de dom Fernando de Noronha, genro de Mem de Sá, revoltaram-se e aliaram-se aos caetés. Assim, a "guerra santa" de vingança da morte do bispo Pedro Fernandes Sardinha tornou-se ao mesmo tempo pretexto para a "guerra justa" contra os revoltosos do engenho. Muitas expedições para eliminar focos de resistência indígena ao longo do litoral, declaradas como "guerras justas", tinham a aprovação da coroa portuguesa e foram amparadas pela legisla-

[76] Anchieta, José de. *Opere citato*, 1988, p. 363s.

[77] Cf. Sousa, Gabriel Soares de. *Tratado descritivo do Brasil em 1587*. 4. ed. Brasiliana, vol. 117. São Paulo: Nacional/Edusp, 1971, p. 132.

ção. Eram simplesmente oportunidades esperadas para "produzir vultosos números de escravos, destinados a trabalhar na indústria canavieira".[78] Os índios identificaram cedo os engenhos como lugar de sua destruição. As notícias de engenhos queimados e "grandes estragos" feitos pelos índios são muitas;[79] Frei Vicente do Salvador[80] nos informa como os quatro engenhos de açúcar, que Vasco Fernandes Coutinho (donatário da capitania do Espírito Santo a partir de 1534) tinha construído foram queimados pelos índios, que ainda mataram seu lugar-tenente Jorge de Menezes. Também na capitania de Porto Seguro, por volta dos anos de 1573, se tem notícia da destruição, pelos tapuias, de dois engenhos conhecidos como engenho Aun-acema e engenho da Riaga.[81]

Muitos fatores, sobretudo de ordem sociocultural e econômica, levaram cedo ao processo de complementação e substituição da mão de obra indígena pela africana na lavoura canavieira. Lippmann[82] informa que a falta de braços para a lavoura canavieira fez com que o rei de Portugal já em 1559 permitisse "que cada engenho importasse 130 escravos do Congo, com o que o número total de escravos negros se elevou, até 1584, a cerca de 10 mil".[83] A entrada do negro escravo não significou o fim da escravidão dos índios.

A lei de 10 de setembro de 1611, por exemplo, reconhece como lícito o cativeiro dos índios tomados em guerra justa e também dos que foram resgatados como cativos de outros índios. Nos anos posteriores,

---

[78] Monteiro, John. *Opere citato*, p. 106.

[79] Leite, Serafim. *Opere citato*, 1956, t. 2, nota 37, p. 48.

[80] Salvador, frei Vicente do. *História do Brasil:* 1500-1627. 7. ed. Belo Horizonte/São Paulo: Itatiaia/EDUSP, 1982, p. 108.

[81] Leite, Serafim. *Opere citato*, 2004, t. 1, p. 74.

[82] Lippmann. *Opere citato*, 1942, p. 32.

[83] Segundo o "Alvará de 29 de março de 1559 sobre o resgate e a importação de escravos pelos senhores de engenho", a quantidade de "peças de escravos" permitidas para cada engenho era de 120 e não de 130, como Lippmann afirma (Instituto. 1954, p. 147).

com a ocupação holandesa de Pernambuco (1624-1634), de Angola e entrepostos da África portuguesa, ocorreu uma escassez de mão de obra escrava no Brasil, sobretudo nos centros de produção açucareira. A consequência dessa situação, "sobretudo na região do Rio de Janeiro, era voltar-se de novo para a mão de obra indígena".[84]

A nova onda de escravização indígena, portanto, era inicialmente consequência da escassez de escravos africanos, cujo tráfico agora era controlado pelos holandeses. Os paulistas se aproveitaram dessa situação e criaram um tráfico indígena substitutivo, organizando bandeiras para a caça aos índios, de preferência índios amansados nas reduções jesuíticas espanholas do Itatim, no atual Mato Grosso, da Guaíra, no Paraná, e do Tape, no oeste do Rio Grande do Sul. Segundo Beozzo,[85] só das missões do Guaíra trouxeram 15 mil prisioneiros.

Do século XVI ao século XXI, o cenário açucareiro passou por mudanças significativas. A colônia tornou-se império e depois república. Também na república de hoje se tem notícias de trabalho indígena em condições de escravidão, de trabalho desnecessariamente penoso, além de ilegal (cf. Comissão Permanente, 1999-2004). A pesquisa recente de Maria Aparecida de Moraes Silva que, antes de ser publicada, amplamente repercutiu na imprensa, mostra que o trabalho dos cortadores de cana como tal tem resquícios da antiga escravidão.[86]

---

[84] Beozzo, José Oscar. *Opere citato*, 1983, p. 18.

[85] *Ibidem*.

[86] Zafalon, Mauro. Cortadores de cana têm vida útil de escravo em SP. *Folha de S.Paulo*, caderno Dinheiro, 29 abr. 2007, p. B1.

2.3. Trabalho escravo do negro no canavial

O trabalho escravo do negro nos canaviais do Atlântico Sul precedeu o trabalho escravo indígena no Brasil. Os escravos da África Ocidental "tinham já sido utilizados em grande escala para desenvolver várias das ilhas do arquipélago de Cabo Verde e, em menor escala, da Madeira e até das regiões meridionais de Portugal".[87] O trabalho escravo negro mais rentável já tinha sido experimentado nas ilhas de São Tomé e Príncipe, arquipélago no golfo da Guiné, na costa oeste da África. Em 1471, os portugueses descobriram essas ilhas desabitadas e as ocuparam com colonos e escravos africanos que produziram o açúcar, cobiçado no mercado europeu da época.

> A indústria açucareira de São Tomé estava florescente em 1530 e a produção aumentou de cerca de cinco mil arrobas nesse ano para 150 mil em 1550. A transplantação do cultivo do açúcar e da escravatura negra para o Brasil, que começou por essa altura, foi uma consequência natural do exemplo fornecido por São Tomé.[88]

O arquipélago tornou-se posteriormente um entreposto importante para o fornecimento da mão de obra escrava para o Brasil.

O tráfico negreiro da costa oeste da África ao Brasil se estendeu posteriormente ao Congo, à Angola e chegou até a costa leste africana de Moçambique.[89] Diferentemente dos índios do Brasil, que se

[87] Boxer, Charles Ralph. *O império colonial português (1415-1825)*. Lisboa/São Paulo: Edições 70, 1981, p. 102.

[88] *Ibidem*.

[89] Pierson, Donald. *Brancos e pretos na Bahia*. Estudo de contato racial. São Paulo: Companhia Editora Nacional, 1945, p. 84.

encontravam socialmente organizados em suas tribos, "os africanos chegaram ao Brasil já destribalizados, arrancados do meio social originário e convertidos à força em indivíduos dessocializados".[90] Não existe uma data exata para a entrada de escravos africanos no Brasil. Simonsen[91] estima que a "introdução de escravos africanos foi autorizada a partir de 1549, se bem que já houvesse alguns nos engenhos de São Vicente, desde 1535". Quanto ao número de negros africanos, para o autor, "na segunda metade do século XVI, introduziram-se aos poucos os escravos africanos, que orçariam, por volta de 1600, em cerca de 20 mil".[92]

Durante quase 300 anos, o tráfico continuou sem interrupção, tornando-se mais intenso entre os séculos XVIII e XIX, período da mineração de ouro, peneiramento de diamante e posterior à produção do café. Foi no século XVII, no entanto, que a escravidão negra tomou seu impulso maior no período áureo da indústria açucareira no Brasil. Segundo Simonsen, a produção total do açúcar no século XVII está computada em 180 milhões de arrobas. Esse mesmo século "absorveu, na produção açucareira, 520 mil escravos. Desses, teriam sido importados do continente africano no máximo 350 mil".[93] Os 170 mil restantes já eram considerados filhos da terra. Articulando a escravidão com as três fontes de riqueza econômica do Brasil, Simonsen[94] fornece o seguinte quadro: à indústria açucareira, nos séculos XVI a XIX, estavam vinculados 1.350.000 escravos; na mineração do século XVII estavam 600 mil empregados e na cultura cafeeira, do século XVIII, 250 mil.

---

[90] GORENDER, Jacob. *Opere citato*, 1992, p. 125.

[91] SIMONSEN, Roberto C. *História econômica do Brasil (1500/1820)*. 3. ed. São Paulo: Nacional, 1957, p. 198/I.

[92] *Ibidem*, p. 201.

[93] *Ibidem*, p. 204/I.

[94] *Ibidem*, p. 205ss/I.

Na lavoura e industrialização da cana-de-açúcar, o escravo esteve integrado numa forma de organização social que visava exclusivamente a sua exploração econômica, e, em função dela, o tratou como instrumento de trabalho e não como pessoa humana. Vários fatores provocavam a morte precoce dos escravos africanos no Brasil. À condição de viagem nos navios negreiros e aos castigos deve-se acrescentar a penosidade do trabalho canavieiro, agravado pela exigência da maximização da produção no menor tempo, pela alimentação precária e pela exaustiva jornada. O conjunto dessas condições desumanas reduziu a expectativa de vida de um escravo para sete anos, segundo Simonsen,[95] e para 8, segundo Gorender.[96] Contudo, "a plantagem escravista colonial não visava ao extermínio, mas à produção".[97]

Mesmo tendo um tempo de vida útil limitado a sete ou oito anos, a mão de obra escrava proporcionava para a lavoura canavieira boa rentabilidade. Também o seu tráfico se revelou uma lucrativa indústria comercial garantida por contratos conhecidos como "assiento", cedido pelo rei e muito disputado por companhias particulares: "O escravismo implica um mecanismo de comercialização que inclui o tráfico de importação, os mecanismos públicos e as vendas privadas de escravos".[98] Enquanto peça de uso, o preço para a venda de cada escravo africano aponta para sua rentabilidade. "O indígena alcançava de 4$000 a 70$000 e o negro valia de 50 a 300 mil réis, 20 a 100 libras esterlinas, pelos câmbios de então".[99]

Em torno da produção canavieira estruturava-se uma sociedade, na qual o engenho era o elemento central de uma unidade produtora. Nesse modelo social, o escravo representava o trabalho braçal; e o senhor de

---

[95] *Opere citato*, 1957, p. 204/I.

[96] *Opere citato*, 1992, p. 319.

[97] Gorender, Jacob. *A escravidão reabilitada.* São Paulo: Ática, 1990, p. 37.

[98] *Idem. Opere citato*, 1992, p. 67.

[99] Simonsen, Roberto C. *Opere citato*, t. 1, p. 201.

engenho – figura impositiva e quase sempre impiedosa –, a articulação microestrutural da política econômica. Parece haver um consenso na literatura de que política e economicamente os engenhos representam "marcos da ocupação portuguesa em terras brasileiras, verdadeiros bastiões da ocupação, indicativos da posse da terra";[100] ou ainda, como afirma Simonsen,[101] "foi o açúcar que constituiu a base econômica da implantação definitiva do europeu no Brasil".

No que diz respeito à vida cotidiana no engenho, a literatura apresenta diferentes abordagens, entre o lúdico e a festividade, a inumanidade e a violência. Ao falar da botada, festa que marca o início da moagem da cana, Fernando Pio fornece uma descrição pitoresca dessa festa num velho engenho de Pernambuco antigo, comparando-a às embriagantes festas mitológicas de Bacco. É claro, a festa era da casa-grande, não da senzala:

> Chegavam convidados [...]. O padre capelão, com sua autoridade eclesiástica, cantava a Salve-Rainha e o Senhor Deus junto à moenda, acompanhados por todos os presentes que, respeitosamente, se mantinham de joelhos. Logo depois a bênção, a aspersão da água benta nas máquinas, no edifício, nos picadeiros. A seguir começava o trabalho da fabricação do açúcar e ao meio-dia em ponto, toda a pragmática daqueles dias recuados, servia-se o lauto almoço, bem variado em pratos e bem regado em vinhos.[102]

O autor não desconhece o sofrimento do negro no engenho, "os profundos vícios e alguns irreparáveis defeitos que marcavam esses ambientes

---

[100] Ferlini, Vera Lúcia Amaral. Açúcar, terras e escravos no Brasil colonial: as capitanias do sul. *Estudos de história*. Revista do programa de pós-graduação em história. Franca: Unesp, 1994–2001, p. 152.

[101] *Opere citato*, t. 1, p. 170.

[102] Pio, Fernando. Senhores de engenho e negros cativos. In: Silva, Leonardo Dantas. *Estudos sobre a escravidão negra.* Vol I. Recife: Massangana, 1988, p. 460s.

aristocráticos de então".[103] Condena "a asfixia moral e física em que vivia um povo cativo, sob a prepotência de alguns senhores verdadeiramente feudais". Mas, como outros autores, ameniza seu espírito crítico pelo viés da mestiçagem.

Também Luís da Câmara Cascudo nos oferece uma descrição festiva da dinâmica social do engenho pelo viés da casa-grande. Ainda que Cascudo não mencione uma referência cronológica específica, ele resgata descrições de Antonil (1982) e narrativas do cronista e senhor de engenho Henry Koster (1816). Além desses dois autores, Cascudo faz referência a duas personagens, ao político Barão de Cotegipe (1845-1889) e ao militar Barão do Ceará-Mirim (1803-1881), cercando, portanto, a composição da relação social em torno do engenho pelos olhares do religioso, do viajante e morador estrangeiro, do político e do militar. A imagem ricamente bordada evoca o idílico:

> O engenho moendo era um pátio de feira. Centro de interesse social em que não se sentia o econômico. Vendedores, visitantes sem convites, hóspedes, curiosos, todos comunitários nos produtos e subprodutos do açúcar. Junte-se a molecagem surgida de recantos inimagináveis e misteriosos, enxame miúdo, indesejável e exaurindo as guardas pela multiplicação dos assaltos e cedidos. [...] Fim de safra [...]. A derradeira carrada coberta de ramagens e laços de papel, salvando o Senhor numa volta sonora pelo pátio da Casa-Grande, com os convidados e bebidas acessíveis. Missa pelo vigário. Às vezes baile. Almoço sem-fim, com discurso e brinde. [...] Ao anoitecer, trovoada dos sambas e batucadas eufóricas, pegando o Sol com a mão. [...] A Casa-Grande foi um símbolo de fartura distributiva.[104]

---

[103] *Ibidem*, p. 456.

[104] Cascudo, Luís da Câmara. *Sociologia do açúcar*. Pesquisa e dedução. Rio de Janeiro: Instituto do Açúcar e do Álcool. Coleção canavieira nº 5, 1971, p. 69s.

Embora feita por historiador, antropólogo e folclorista de peso, essa descrição de Cascudo de um ambiente, onde "sentavam escravos à mesa senhorial",[105] é contestada , por exemplo, por Gorender, que ironiza esse tipo de relato, por esconder os conflitos sociais dos engenhos. Nessas descrições, a vida "aparece quase como uma festa, com os escravos gozando de agradáveis repousos e se fartando de comidas saborosas de deixar o leitor com água na boca".[106]

Também Julio de Freitas Brandão (1973), no VI Simpósio Nacional dos Professores Universitários de História, apresenta uma perspectiva do trabalho escravo no engenho bem diferente da enfocada por Pio e Cascudo. Retratando o aspecto jurídico, Brandão assinala que os escravos não tiveram uma personalidade jurídica nem direitos constitucionais. Sendo assim, o senhor de engenho mantinha sobre seus cativos autoridade plena de agir segundo sua boa ou má vontade. Da relação social e cotidiana entre senhor e escravo, Brandão descreve que os "senhores praticavam bárbaros castigos contra as pessoas dos escravos. Os casos de morte, registrados com certa frequência, decorriam das torturas e das sevícias".[107] O engenho precisa ser pensado, segundo Gorender,[108] como relação de produção escravagista em condições de penosidade estrutural que contrasta com a festividade acima descrita. O autor define três características dessa penosidade escrava. O escravo:

"a) é propriedade privada de outro indivíduo;

b) trabalha sob coação física extraeconômica;

c) todo o produto do seu trabalho pertence ao senhor."

---

[105] *Ibidem*, p. 79.

[106] Gorender, Jacob. *Opere citato*, 1990, p. 91.

[107] Brandão, Júlio de Freitas. O escravo e o direito. Breve abordagem histórico-jurídica. In: Paula, Eurípedes Simões de (org.). Anais do VI Simpósio Nacional dos Professores Universitários de História. Vol I. *Trabalho livre e trabalho escravo.* São Paulo, 1973, p. 261s.

[108] *Opere citato*, 1990, p. 87.

Aos três Ps, "a saber, pau, pão e pano",[109] que o Brasil costumava atribuir aos escravos, "pau" para o castigo, "pão" para não morrer de fome e "pano" para cobrir a nudez, pode-se acrescentar três Ps que caracterizavam o *status* social dos senhores do engenho: "poder" político, "privilégio" econômico e "prestígio" social. Desde os primórdios, ambas as sequências apontam para uma convivência sociocultural viciada.

2.4. O engenho de açúcar e seus senhores

A paisagem laboral dos anos que se seguem à instalação do engenho se caracteriza pela grande propriedade de terras com lavoura de cana-de-açúcar, a casa de engenho e a mão de obra escrava. As metamorfoses do engenho de açúcar, com a moenda movida por escravos, por bois, por água e a vapor, não modificaram essencialmente a relação entre senhor e escravo. Por algum tempo coexistiram várias modalidades dessa moenda. "Só no século XIX é que surgiram os primeiros engenhos a vapor, que se difundiram muito vagarosamente, permitindo a sobrevivência dos engenhos-d'água e de animais até a primeira metade do século XX".[110]

A origem do nome "engenho" Antonil[111] explica: "Porque quem quer que as vê, e considera com a reflexão que merecem, é obrigado a confessar que são uns dos principais partos e invenções do engenho humano". O "engenho humano" está até hoje estimulado pelos resultados lucrativos, que para uma parte da humanidade facilitam a vida à custa da penosidade

[109] ANTONIL, André João. *Cultura e opulência do Brasil.* 3. ed. São Paulo: Universidade de São Paulo, 1982, p. 91.

[110] ANDRADE, Manuel Correia de. O açúcar e a formação da sociedade nordestina. In: MUSEU DO AÇÚCAR (org.). *História social da agro-indústria canavieira.* Recife: IAA, 1974, p. 18.

[111] *Opere citato*, p. 69.

de vida da outra parte. A cana a caminho do engenho passou por uma série de tratos para seu melhor rendimento em vista do produto final, o açúcar. Schwartz[112] resume esse caminho:

> A cana deixada por tempo demasiado no campo tornava-se ressecada e quebradiça e não fornecia bom açúcar. Uma vez cortada, precisava ser moída em um ou dois dias, ou o líquido secaria ou azedaria. A necessidade de beneficiá-la imediatamente após o corte e colhê-la em um tempo específico impunha grande pressão aos que trabalhavam nos campos e aos que programavam as operações do engenho.

A cana, que vem de grandes extensões de terra, fica parada na casa de engenho. Ali é processada na moenda, que extrai o caldo conhecido como garapa. Até a entrada da máquina a vapor, no século XIX, vale a descrição do processo de fabricação do açúcar feita por Barros:[113]

> Sendo engenho de água, de uma grande roda movida por uma levada (água canalizada por uma bicame) feita numa só peça de madeira, de preferência o catruz ou o oity (resistentes à água). Essa roda assentava num grosso eixo chamado gigante e movia as três moendas, de ferro umas, outras de madeira.
>
> Junto à moenda ficava a mesa onde se colocavam as canas que iam sendo trituradas e o bagaço era levado à bagaceira para secar e voltava às fornalhas. O caldo seguia por uma bica para o parol e daí era levado por uma bomba, movida

---

112 Schwartz, Stuart B. *Segredos internos*: engenhos e escravos na sociedade colonial, 1550-1835. São Paulo: Companhia das Letras, 1988, p. 104.

113 Barros, Francisco Borges de. *Opere citato*, p. 2s.

> pela mesma roda, para os classificadores, onde a cal posta com o methodo, expurgava o caldo de impurezas até seguir para as 10 taxas onde se preparava o açúcar.
>
> Dado o ponto ao açúcar passava-se ele para as formas ou pães de açúcar, de cujo furo na extremidade, meio tapada por uma tala de bananeira, escorria o mel para os tanques. Livre do mel, o açúcar passava para os balcões para secar e ensacar. Se o que queria branco ou purgado, adicionava-se barro na tampa do pão de açúcar em tantas camadas quantas forem precisas para branqueá-lo.
>
> Nos engenhos de bois ou almajarras, o processo era o mesmo, apenas variando a força motriz.

O açúcar era posto para secar ao sol por 18 a 20 dias. A finalização do processo dava-se com a separação do produto por qualidade (açúcar branco e açúcar mascavo), seguida pela pesagem e, por fim, pela exportação para a Europa. Segundo Antonil,[114] na época existiam dois tipos de engenho – os "engenhos reais" e as "engenhocas". Nos engenhos reais realizou-se todo o processo, desde a chegada da cana até o escoamento do açúcar para a Europa. Foram chamados "reais", sobretudo, "por terem a realeza de moerem com água". Os outros engenhos, chamados "engenhocas", moeram com cavalos e bois, tiveram menos escravos e recursos e menos autonomia no processo de produção do açúcar. No século XIX, com a entrada de equipamentos mecânicos, ocorreu uma reestruturação produtiva, quando os "engenhos reais" se tornaram "engenhos centrais", e as "engenhocas" passaram a fornecer matéria-prima.

O modelo social organizado nos primeiros anos de colonização não mudaria muito durante os próximos 200 que se seguiram. Todos os es-

[114] *Opere citato*, p. 69.

tratos sociais estão encaixados numa hierarquia cujo ápice é o senhor de engenho. Mais uma vez, Antonil,[115] em sua *Cultura e opulência do Brasil*, de 1711, é o melhor observador desse cenário:

> Servem ao senhor de engenho, em vários ofícios, além dos escravos de enxada e fouce que tem nas fazendas e na moenda, e fora os mulatos e mulatas, negros e negras de casa, ou ocupados em outras partes, barqueiros, canoeiros, calafates, carapinas, carreiros, oleiros, vaqueiros, pastores e pescadores. Tem mais, cada senhor destes, necessariamente, um mestre de açúcar, um banqueiro e um contrabanqueiro, um purgador, um caixeiro no engenho e outro na cidade, feitores nos partidos e na roças, um feitor-mor do engenho, e para o espiritual um sacerdote seu capelão, e cada qual destes oficiais tem soldada.

Toda vida social da época está subordinada ao engenho e tudo o que gira em torno do engenho está subordinado ao senhor de engenho. Sobre esse poder, Sodré[116] conclui que "as relações civis, políticas e econômicas giram na órbita privada, refletem o poderio incontrastável do senhor de terras e de escravos". Esse poder dos senhores de engenho domina a economia e toda a vida política do país. Numa sociedade de formação patriarcal e agrária, como a do Brasil colônia, a força político-partidária está na extensão dos canaviais, no número de engenhos e de escravos.[117] Desse cenário oligárquico de economia agrária e escravagista, Gilberto Freyre dá um retrato conciso: "A base, a agricultura; as condições, a estabilidade patriarcal da família,

---

[115] *Opere citato*, p. 75.

[116] *Opere citato*, p. 86.

[117] Pereira, Nilo. Últimos vestígios da sociedade patriarcal. In: Museu do açúcar (org.). *História social da agro-indústria canavieira*. Recife: IAA, 1974, p. 56s.

a regularidade do trabalho por meio da escravidão, a união do português com a mulher índia, incorporada assim à cultura econômica e social do invasor".[118]

O açúcar manteve-se como principal produto de exportação nos séculos XVI e XVII, e dominou os mercados europeus até o final do século XVIII, quando sua hegemonia foi abalada, sobretudo no início do século XIX, com a produção europeia do açúcar extraído da beterraba. A transferência e a transformação da produção do açúcar foram consequência de bloqueios comerciais impostos por Napoleão. Esse bloqueio fomentou progressivamente a produção açucareira europeia em grande escala, tanto "que chegou a ultrapassar, entre 1890 e 1906, o açúcar de cana".[119]

Já antes do deslocamento da produção do açúcar para a Europa, a indústria canavieira do nordeste enfrentou forte concorrência da mineração exercida no centro-sul do país. À transferência da administração colonial de Salvador para o Rio de Janeiro, em 1763, seguiu-se apenas a transferência dos interesses econômicos anteriormente ocorridos. O centro administrativo buscou proximidade às regiões de mineração. A crise açucareira, portanto, foi basicamente causada por dois fatores: mineração no Brasil e produção de açúcar na Europa.

Se na produção do açúcar havia uma delegação administrativa para o colono, na atividade mineradora a gerência dessa administração ficou concentrada na metrópole, que, para o descontentamento da oligarquia local, estava "presente na esfera da produção, com a tributação extorsiva e o monopólio hermético que impõe".[120] Nesse cenário político de centralização e descontentamento, irrompe, em 1789, a chamada Inconfidência

---

[118] FREYRE, Gilberto. *Casa grande & senzala:* formação da família brasileira sob o regime da economia patriarcal. 17. ed. Rio de Janeiro: José Olympio, 1975, p. 4.

[119] SIMONSEN, Roberto C. *Opere citato*, 1957, t. 1, p. 179.

[120] SODRÉ, Nelson Werneck. *Opere citato*, p. 163.

Mineira, com o objetivo de brecar a extorsão e instaurar a independência da colônia. Na esteira dos movimentos pela independência, causa e consequência da crise do sistema colonial apoiado no mercantilismo,[121] ocorrerá dez anos mais tarde, em Salvador, a Conjuração Baiana, também conhecida como a Revolta dos Alfaiates.

A partir desses e nesses acontecimentos, percebe-se mais claramente a perda do poder econômico e político dos senhores do engenho de açúcar. Os propulsores da independência foram outros. Da Conjuração Baiana participaram, ao lado da burguesia, escravos, mulheres, alfaiates, religiosos. Entre os objetivos da Conjuração constava a libertação dos escravos, incompatível com a estrutura escravagista do engenho de açúcar. A independência libertária, que constava nos panfletos dos conjurados baianos, nunca encontrou seus aliados nos que viviam do trabalho escravo.[122] Somente depois do expurgo desses ideais revolucionários de igualdade e liberdade, que possibilitou uma independência vertical – com escravidão e sem efetiva participação do povo –, como se realizou em 1822, é que a bandeira da independência passou a ser reivindicada pela aristocracia rural, à qual Fernando Pio atribui "episódios do mais eloquente civismo e bravura" e que descreve como "grandiosa casta de senhores de engenho (de) que nasceu o verdadeiro sentido de nacionalismo brasileiro".[123]

O velho engenho, símbolo do poder político e econômico, amargou seu lento final até meados do século XIX. "A usina deglutiu, por compra

[121] O fim do século XVIII foi marcado por grandes acontecimentos, que romperam com estruturas de dependências, por exemplo a Revolução Francesa (1789), a Revolução Industrial Inglesa e a Independência Norte Americana (1776). O pensamento liberal, que perpassou esses acontecimentos, impulsionou também a queda dos regimes absolutistas das colônias sul-americanas.

[122] Mattoso, Kátia de Queiroz. Bahia 1798: os panfletos revolucionários. Proposta de uma nova leitura. In: Coggiola, Osvaldo (org.). *A Revolução Francesa e seu impacto na América Latina.* São Paulo: Edusp, 1990, p. 342ss.

[123] Pio, Fernando. *Opere citato*, 1988, p. 456.

ou execução hipotecária, um a um, os últimos abencerragens líricos do Engenho".[124] No final do século XIX, após um período de estagnação, o açúcar voltou a ocupar lugar de destaque na economia nacional. Agora já não é mais produzido no engenho, que, como diz um dos personagens de José Lins do Rego,[125] "está de fogo morto". Inserindo-se na Revolução Industrial e subordinado à modernização conservadora, que sempre renova as máquinas sem mudar as estruturas, o engenho e sua estrutura colonial cede lugar às maquinarias das usinas de açúcar e álcool. À figura do senhor de engenho seguem-se as do "coronel", do "caudilho", do "cacique" e, um pouco mais tarde, do usineiro empresário,[126] agora considerado "herói nacional".[127]

2.5. Do engenho de açúcar à usina de álcool

Na segunda metade do século XVIII, a Revolução Industrial da Inglaterra colocou em cena novas tecnologias que alteraram profundamente os processos de produção, primeiro na indústria têxtil e, posteriormente, em outras indústrias, incluindo as de produção do açúcar.[128] A produtividade dessa nova forma de fabricação superava infinitamente a dos antigos engenhos. A Revolução Industrial causou transformações profundas nas estruturas da sociedade e do mundo do trabalho. O aumento do consumo e, consequente-

[124] Cascudo, Luís da Câmara. *Opere citato*, 1971, p. 89.

[125] Lins do Rego, José. *Fogo morto*. São Paulo: Edição *O Estado de S. Paulo*. São Paulo: Klick Editora, s/d., p. 258.

[126] Leal, Victor Nunes. *Coronelismo, enxada e voto*. São Paulo: Alfa-Omega, 1978.

[127] Valente, Rubens. Usineiros estão virando "heróis mundiais", diz Lula. *Folha de S.Paulo*, caderno Dinheiro, 21 mar. 2007, p. B3.

[128] Azevedo, Fernando de. *Canaviais e engenhos na vida política do Brasil*: ensaio sociológico sobre o elemento político na civilização do açúcar. 2. ed. Obras Completas, vol. XI, São Paulo: Melhoramentos, 1958, p. 169ss.

mente, o aumento da produção impõem a substituição do modelo de produção manufatureira em benefício da produção maquinofatureira. Em seguida e independentemente das transformações do modelo de produção, também a cana-de-açúcar até então utilizada foi substituída por uma espécie de melhor qualidade. Em 1808, Portugal ocupou a Guiana Francesa, onde se encontravam novas variedades de cana. Peter Eisenberg nos dá notícia de como uma dessas novas espécies de cana, com maior teor de sacarose, chegou ao Brasil:

> Dois anos após, o governador português da colônia conquistada enviou amostras da cana Otaiti ou Bourbon, nativa do Taiti e cultivada na Guiana Francesa, para o Jardim Botânico de Olinda, em Pernambuco, onde foram reproduzidas e distribuídas aos senhores de engenho. Esta nova variedade passou a ser conhecida por cana Caiana [...]. Devido a seu tamanho maior, mais abundante ramificação, mais conteúdo de açúcar e resistência à estiagem, a nova cana logo substituiu a cana Crioula.[129]

Arrastando-se numa agonia prolongada, o engenho tradicional implantado no Brasil desde o século XVI resistiu até meados do século XIX. A partir daí foram tomadas medidas de modernização. Inovou-se tecnologicamente e incentivou-se pela legislação a produção do açúcar para alcançar o nível de produção e comercialização dos concorrentes do mercado externo. Uma das bases para o desenvolvimento da economia açucareira foi o Decreto Legislativo n º 2.687, de 6 de novembro de 1875,

> que autorizava a garantia de juros de 7% ao ano até o capital realizado de trinta mil conto de réis (30.000:000$) na instalação de engenhos centrais, implicava em cumprimento de certas condições

---

129 EISENBERG, Peter L. *Modernização sem mudança:* a indústria açucareira em Pernambuco, 1840-1910. Rio de Janeiro: Paz e Terra, 1977, p. 59.

> específicas, que definiam a posição assumida pelo Governo brasileiro em relação ao empreendimento voltado para a modernização da agroindústria açucareira no país.[130]

No momento de sua instalação, os engenhos centrais representavam melhoramento técnico e a tentativa de reativar a economia nacional apoiada sobre a agricultura latifundiária. Ainda segundo Araújo: "Nesse contexto, pode-se apreciar a implantação dos engenhos centrais no Brasil como um mecanismo de defesa à situação externa [...]".[131]

Nesse projeto de modernização, os antigos "engenhos reais" se transformam em "engenhos centrais", agora responsáveis apenas pela moagem da cana para fabricação do açúcar. O cultivo e a colheita da cana deveriam ser feitos por fornecedores, de certa forma, sucedâneos de algumas funções das antigas "engenhocas". Observa-se aqui a separação do setor agrícola do setor industrial, dando novos contornos ao conceito produtivo que se consolidou praticamente apenas a partir de 1850, com a abolição do tráfico negreiro.[132]

---

130 Araújo, Tatiana Brito de. *Os engenhos centrais e a produção açucareira do Recôncavo Baiano.* Salvador: Federação das Indústrias do Estado da Bahia – FIEB, 2002, p. 63.

131 *Ibidem*, p. 34.

132 A *Lei Eusébio de Queiroz* (Lei nº 581, de 4 de setembro de 1850) data duas semanas antes da *Lei da Terra* (Lei nº 601, de 18 de setembro de 1850). In: *Collecção das Leis do Império do Brasil de 1850*, tomo 9, parte 1, p. 267-270 e 307-313. A *Lei da Terra*, que definiu todas as terras devolutas como propriedade do Estado, e limitou a aquisição das terras à compra por preços fixados acima do preço de mercado e ao pagamento à vista (Art. 1 e 14), criou as condições históricas para a *Lei Eusébio de Queiroz* e a legislação abolicionista subsequente. O capital das vendas de terras foi destinado à importação de colonos assalariados, considerados mão de obra mais barata. O regime salarial não exigiu o capital de investimento que era necessário para a compra de escravos nem a perpetuidade do emprego e sustento. Tratava-se de uma mão de obra mais apta às grandes lavouras. Como, a partir de 1850, apenas o capital passou a permitir o acesso à terra, o latifúndio não foi ameaçado por eventuais pequenas propriedades de ex-escravos ou migrantes (cf. Suess, 1992, p. XXXIIIss).

Essa divisão entre o fornecedor da cana e o produtor do açúcar vai representar nos anos seguintes a principal causa do enfraquecimento dos engenhos centrais. A instabilidade no fornecimento da cana prejudicava a produção do açúcar, pois o engenho central, segundo Singer, "não podia contar com fornecimento certo de cana a preços que lhe permitissem fabricar o açúcar com custos competitivos".[133] A separação da indústria açucareira da agricultura canavieira representava apenas uma adaptação formal à experiência capitalista, já que a indústria ainda estava na dependência da manufatura, em concreto, da mão de obra escrava. O vapor só poderia substituir a energia animal na produção açucareira a partir de uma maior rentabilidade. Até 1850, o preço da mão de obra escrava era inferior aos custos causados pela máquina a vapor. Singer afirma:

> Só a partir de 1850, com a efetiva supressão do tráfico negreiro, é que o valor do escravo sobe, passando a se tornar vantajosa sua substituição pela máquina a vapor. Deste modo se explica a súbita multiplicação dos engenhos a vapor, em Pernambuco, que de 5 em 1854 passam a 18 em 1857.[134]

A partir dos meados do século XIX, o setor açucareiro, pressionado pelo mercado externo e pelas novas relações produtivas, foi obrigado a investir em tecnologias mais modernas, que permitiram a reestruturação produtiva do setor. A perda do mercado externo para a produção do açúcar da beterraba, na Europa, e a progressiva abolição da escravatura, com a substituição da mão de obra escrava pelo trabalho assalariado dos migrantes, exigiam reformas e inovações profundas na economia açucareira. "A economia mercantil, ao integrar-se na economia capitalista, tende a substituir

---

[133] SINGER, Paul Israel. *Desenvolvimento econômico e evolução urbana*: análise da evolução econômica de São Paulo, Blumenau, Porto Alegre, Belo Horizonte e Recife. 2. ed. São Paulo: Nacional, 1977, p. 297.

[134] *Ibidem*, p. 290.

o trabalho servil pelo trabalho assalariado, que transforma a própria força produtiva em mercadoria."[135] O escravo era uma propriedade cuja "manutenção" estava diretamente articulada com o lucro da empresa. A mão de obra do agregado da fazenda era uma "mercadoria" sempre substituível.

Por outro lado, os agregados das fazendas da cana-de-açúcar e dos engenhos representavam um setor que estava estruturalmente insatisfeito, porque visavam uma pequena propriedade de terra que lhes permitisse sua subsistência, o que lhes foi dificultado pela Lei da Terra (1850) e pelas imposições monoculturalistas dos patrões. A economia de subsistência era contrária aos interesses do engenho e da usina vindoura. Mais tarde, em 1884, Joaquim Nabuco[136] declararia o que valeu não só para os ex-escravos, mas também para a mão de obra dos migrantes assalariados e para os boias-frias de hoje:

> Não separarei mais as duas questões, a da emancipação dos escravos e a da democratização do solo. Uma é o complemento da outra. Acabar com a escravidão não nos basta; é preciso destruir a obra da escravidão [...]; não é justo que um sistema de leis concebidas pelo monopólio da escravidão produza a miséria no seio da abundância, a paralisação das forças diante de um mundo novo que só reclama trabalho.

Voltemos aos engenhos centrais, cujo enfraquecimento estimulou o surgimento da usina na primeira década da República. Diferentemente desses, que separavam o cultivo da cana da produção do açúcar, as usinas, embora ainda comprassem cana dos fornecedores, unificaram todo o processo que envolve desde o cultivo da cana até seu produto final: o açúcar.

---

[135] SUESS, Paulo (Ed.). Introdução crítica. In: ROCHA, Manoel Ribeiro. *Etíope resgatado, empenhado, sustentado, corrigido, instruído e libertado*. Discurso teológico-jurídico sobre a libertação dos escravos no Brasil em 1758. Petrópolis: Vozes, 1992, p. XXXIII.

[136] NABUCO, Joaquim. *Obras Completas*. Vol. 7. São Paulo: Progresso, 1949, p. 286s.

> Esta modernização deixou intata a estrutura da indústria tradicional do açúcar. Os novos usineiros eram, muitas vezes, ex-senhores de engenho, ou seja, membros da antiga oligarquia.[137]

Nessa segunda metade do século XIX, que assistiu ao enfraquecimento do engenho central e fortalecimento da usina, cada macrorregião brasileira começou a moldar seu perfil econômico.[138] O oeste despontou como centro econômico mais atrativo com as plantações do café. Seus produtores representavam uma nova classe econômica que soube progressivamente impor sua influência política. Foi desse segmento que surgiu a oligarquia agrária de São Paulo, Minas Gerais e Rio de Janeiro, cujo núcleo central do poder elegeu presidentes e impôs seus rumos ao país. O nordeste, polo produtor hegemônico de açúcar, viu-se, por instantes, enfraquecido com os acordos entre a nova oligarquia e as instâncias governamentais. No Convênio de Taubaté (1906), os principais produtores de café de São Paulo, Minas Gerais e Rio de Janeiro conseguiram envolver o governo federal com medidas protecionistas para seus interesses cafeeiros.

O café tornou-se o centro das atenções políticas e econômicas nacionais, enquanto a indústria açucareira, provavelmente até 1933, encontrou seu apoio nas políticas regionais. "Daí por diante na República Velha, ficou a cargo de cada Estado planejar as medidas apropriadas de defesa dos interesses açucareiros até 1933, quando o governo federal criou o Instituto do Açúcar e do Álcool".[139] Foi nesse contexto de apoio do governo federal e de uma parceria "café com açúcar" que a indústria açucareira recuperou seu

---

[137] Eisenberg, Peter L. *Opere citato*, 1977, p. 132.

[138] Melo, Mário Lacerda de. *O açúcar e o homem:* problemas sociais e econômicos do nordeste canavieiro. Recife: MEC/Instituto Joaquim Nabuco de Pesquisas Sociais, 1975, p. 40.

[139] Pang, Eul-Soo. Tecnologia e escravocracia no Brasil durante o século XIX: uma reinterpretação. *Anais do Museu Paulista.* São Paulo, Universidade de São Paulo, 1980/1981, p. 64.

prestígio nacional. Favorecida pela economia do café e por sua proximidade com os mercados consumidores, a burguesia industrial do centro-sul, ao contrário daquela do nordeste, assumiu a liderança na produção do açúcar, ampliando a escala de produção monocultural do café.

Hoje, as usinas passaram das mãos do senhor de engenho para as de grupos empresariais. Com sua dinâmica de expansão e acumulação visam incorporar extensões de terra cada vez maiores em sua zona de influência, como propriedade, arrendamento ou fornecimento terceirizado. A modernização da indústria açucareira aponta, como mais tarde veremos, para três questões basilares: a questão social, a ecológica e a do desenvolvimento.

Ao terminar esse capítulo "reconstrução do itinerário histórico do canavial" cabem ainda algumas pinceladas sobre o itinerário do produto desse trabalho, sobre o caminho do açúcar. Veremos que também o transporte do açúcar passou, concomitantemente com o engenho, por modernizações *sui generis*. Inicialmente, o transporte se realizava por mulas, substituídas depois pelo carro de boi. Mais tarde, o Segundo Império investiu na construção de ferrovias, das quais se esperava uma redução imediata dos custos dos transportes aos portos. A estrada de ferro de Petrópolis, na província do Rio de Janeiro, foi a primeira ferrovia do Brasil, inaugurada em 1854, e de propriedade governamental. O custo do transporte, porém, só baixou a partir de 1870.[140]

A ferrovia deixa aos poucos de receber investimento, enquanto a rodovia passa a ser o principal meio de transporte no país, tanto de passageiros como de mercadorias, mesmo com custos mais altos e com estradas deficientes. Segundo o Departamento Nacional de Estradas de Rodagem (DNER), em 1999, o Brasil contava com 1,7 milhão de quilômetros de estradas, dos quais somente 9,5% eram pavimentados. No mesmo ano, o Brasil dispunha de apenas 28.056 Km de malha ferroviária.

---

[140] Cf. Eisenberg, Peter L. *Opere citato*, 1977, p. 70.

3. Gênese, estrutura e conceitos em vista da nova morfologia do trabalho

Depois da reconstrução do itinerário histórico do trabalho canavieiro, nos debruçaremos, no terceiro capítulo, sobre a nova morfologia do trabalho e suas estruturas que exigem a definição de conceitos. Interessam-nos particularmente os impactos da reestruturação do trabalho do setor sucroalcooleiro.

A fluidez histórica não atingiu o sistema centralizador do patrimonialismo burocrático-autoritário.[1] Fez prevalecer o poder político central sobre as regiões, e o privado sobre o público. Parece uma das constantes histórias do Brasil o fato de que a autoridade do argumento e da lei esteja sempre subordinada ao argumento da autoridade. Um suave toque no violão do "Você sabe com quem está falando?" basta para fazer calar o argumento da lei e da razão.

A nova morfologia do trabalho oferece um espaço pequeno para intervenções e transformações que levem em conta os interesses da "classe operária". As exigências da flexibilidade em detrimento dos interesses dos operários atingiram o tempo de trabalho, seu lugar e sua durabilidade. Todo trabalho bem remunerado está ameaçado de ser extinto, por novas tecnologias, por fusões de fábricas ou por uma transferência do lugar de produção para regiões cuja legislação trabalhista pouco protege seus operários.

O trabalho tem rosto de Janus, porteiro celestial da mitologia romana com duas faces, uma voltada ao passado, outra ao futuro; uma

---

[1] Faoro, Raymundo. *Os donos do poder*: formação do patronato político brasileiro. 2. ed. Porto Alegre/São Paulo: Globo/Edusp, 1975.

olhando para a herança do tempo da escravidão, que fez do trabalho uma atividade vil, outra para a promessa de libertação da humanidade das contingências da natureza e da penosidade imposta por ela, e dos grilhões da alienação construídos pelo próprio gênero humano. Ora enfatiza-se seu lado criativo, ora seu lado repetitivo e obrigatório; ora a sua dignidade, ora, já transformado em mercadoria, seu lado compulsório e alienante que não corresponde às potencialidades e aos anseios do trabalhador, mas aos desejos do capital. Quando se oferecem postos de trabalho, formam-se filas imensas de pessoas que, para garantir sua sobrevivência física, são obrigadas a aceitar qualquer trabalho por qualquer remuneração, e, ao mesmo tempo, "tão logo inexista coerção física ou outra qualquer, foge-se do trabalho como de uma peste".[2] Essa dialética da atividade laboral, desejável e detestável ao mesmo tempo, não é do passado; é companheira contemporânea, que nos leva a perscrutar gênese, estrutura e nova morfologia do trabalho, cuja penosidade e alienação são metabolizados no setor sucroalcooleiro.

Para poder compreender a complexa atividade laboral no contexto dos cortadores de cana-de-açúcar, torna-se necessário dar à questão laboral os contornos de alguns conceitos básicos, que daqui em diante acompanharão nosso texto. Cada transformação de um modo de produção é inovadora e herdeira. Traz em si vestígios de modos de produção anteriores. Assim, o artesanato manual e o trabalho braçal, por exemplo, não foram totalmente extintos pelo trabalho mecanizado ou pela linha de montagem fordista. Encontramos esse primeiro tipo de trabalho "braçal" não só na feira de artesanato, mas também nos canaviais onde os trabalhadores cortam a cana em terrenos que as cortadeiras ainda não alcançam, nos portos onde estivadores descarregam

---

[2] Marx, Karl. *Manuscritos econômico-filosóficos*. São Paulo: Boitempo, 2004a, p. 83.

navios e nas ruas das grandes cidades, onde catadores de papel enchem as suas carroças.

A localização semântica do conceito "trabalho" nos permite identificar os traços essenciais do trabalho pré-industrial e pré-capitalista para melhor compreender as mudanças e "racionalizações" produzidas pelo capitalismo na era industrial. Veremos como a lógica da linha de montagem fordista, para apaziguar seus efeitos de exploração e alienação dos trabalhadores, requer um Estado que garanta certas compensações sociais. Esse Estado, o assim chamado Estado de bem-estar social, procura tornar os males, que emergem do processo produtivo, suportáveis, sem poder curá-los. Na chamada "reestruturação industrial", a partir dos anos de 1970, o capital procura garantir e ampliar a sua cota de acumulação por meio de novas técnicas organizacionais (toyotismo) e de um novo modelo de Estado, o Estado mínimo, moldado pelo chamado neoliberalismo. É uma época de crescente disparidade social. Depois dessa "volta" pelo mundo do trabalho, nos debruçamos novamente sobre o setor sucroalcooleiro e os reflexos tecnológicos e econômicos das diferentes reestruturações na usina de álcool e no campo da cana-de-açúcar.

3.1. Meandros da nova morfologia e aproximação conceitual ao trabalho

O trabalho, como atividade especificamente humana, é a ação cultural fundante; ela é histórica, consciente, criadora e transformadora da natureza. Mediante o trabalho, a humanidade garante e aperfeiçoa sua subsistência e existência individual e coletiva. Vida humana é vida em sociedade. A subsistência visa ao necessário para a reprodução física dessa sociedade humana: alimentação, moradia, vestuário. Já a existência compreendemos como tudo daquilo que acrescenta à mera subsistência as dimensões do ético e do estético, do decorativo e do lúdico, do psíquico e do espiritual, do prestigiado e do precioso. Comunidades humanas nunca vivem apenas do pão, mas precisam do pão antes de enfeitar seu corpo e organizar suas festas. Contudo, o trabalho é uma das fontes de consciência e conhecimento de um longo processo evolutivo. O inverso também é verdade. A consciência e o conhecimento são também fontes do trabalho. Ambos se articulam e se desenvolvem concomitantemente por meio da língua. Portanto, trabalho, língua, consciência e conhecimento formam um processo interativo e social que não pode dispensar nenhuma de suas peças.

Trabalho e língua, a ação transformadora e a ação comunicativa como expressão simbólico-significativa de consciência e conhecimento, são os esteios de cada cultura e representam o início da hominização. Ao falar de uma "nova morfologia do trabalho", afirmamos que o significado do morfema "trabalho" na realidade histórica e social passou por metamorfoses semânticas e estruturais até chegar a sua atual configuração, que Ricardo Antunes[3] assim explica: "Morfologia que deve ser compreendida a partir do (novo) caráter multifacetado do trabalho". Compreende-se a morfologia social, a "gestalt" do trabalho contemporâneo, com sua dialética entre estruturação sincrônica e desenvolvimento diacrônico que nos obrigam a distinguir entre "figura" e "fundo", a partir de suas metamorfoses. Não é a "figura", a morfologia, que determina o "fundo", a estrutura social, mas é o "fundo" que determina a "figura". Numa perspectiva mais generalizada, Marx[4] diria:

> O modo de produção da vida material condiciona o processo de vida social, política e intelectual. Não é a consciência dos homens que deter-

[3] Antunes, Ricardo. *O caracol e sua concha.* Ensaios sobre a nova morfologia do trabalho. São Paulo: Boitempo, 2005, p. 47.

[4] Marx, Karl. *Opere citato*, 2008b, p. 47.

mina o seu ser; ao contrário, é o seu ser social que determina sua consciência.

A superestrutura jurídica, política e ideológica em geral se ergue sobre um conjunto de relações de produção que constitui a infraestrutura da sociedade, ou seja, a sua estrutura econômica. Nas metamorfoses do trabalho se reconhece a história social da época acoplada ao desenvolvimento tecnológico.

Cabe aqui distinguir trabalho de emprego. Emprego é uma relação social de trabalho recente. Lazzareschi[5] data o conceito "emprego" a partir "da segunda metade do século XVIII, quando se consolidou o modo de produção capitalista moderno com a Revolução Industrial e a Revolução Francesa". Antiguidade e Idade Média refletem a questão do trabalho no contexto de pobreza e de um *status* social inferior. Segundo Aristóteles, a pólis ideal haveria de excluir dos direitos cívicos os que não dispunham de tempo livre suficiente para cultivar as suas virtudes e as questões políticas da cidade. Assim, foram excluídos os direitos civis de quase todos os que trabalharam naquela república, não só escravos e estrangeiros, mas também artífices, assalariados, agricultores e comerciantes.[6] E o próprio conceito grego de trabalho, que é *pónos*, já conota "penúria" e "penoso". Todos os artífices se ocupam, segundo Cícero e a opinião corrente de sua época, com uma atividade "sórdida".[7] O cristianismo causou uma reviravolta na conceituação do trabalho, seguindo a máxima de São Paulo: "Quem não quer trabalhar, tampouco deve comer" (2Ts 3,10). Obviamente não foi possível generalizar esse princípio, enquanto o trabalho de produção das condições materiais de vida era atribuído a escravos considerados "coisas" e "peças" e a arrendatários de terras cedidas pelo rei aos nobres, para serem trabalhadas pelos servos.[8]

---

[5] Lazzareschi, Noêmia. *Trabalho ou emprego?* São Paulo: Paulus, 2007.

[6] Aristóteles. *Política*. 2. ed. Brasília: UnB, 1988, nº 1278 a; nº 1328 b.

[7] Cícero. *Dos deveres* (*De officiis*). Lisboa: Ed. 70, 2000, I, 150.

[8] Oexle, Otto Gerhard. Arbeit, Armut,"Stand" im Mittelalter. In: Kocka, Jürgen; Offe,

O conceito "trabalho" descreve o esfoço físico e mental de transformar a natureza. O conceito "emprego" qualifica uma relação entre vendedores e compradores de força de trabalho. Emprego pressupõe pessoas formalmente livres e iguais perante a lei, que podem estabelecer contratos de compra e venda. O proprietário dos meios de produção compra o que precisa, e o trabalhador vende o que tem, a força de trabalho. Essa compra e venda configura o mercado de trabalho regido pela legislação trabalhista. Nessa transação, o operário tem de ser livre, quer dizer, não pode ser propriedade de ninguém, tampouco pode ser proprietário.

> Assim, o emprego pressupõe a transformação da força de trabalho em mercadoria [...]. O trabalhador sempre produz mais do que recebe, isto é, produz mais-valia, apropriada pelos proprietários dos meios de produção e fonte principal de seus lucros.[9]

Antes de prosseguir no esclarecimento do papel do trabalho na relação complementar entre subsistência e existência, precisamos brevemente distinguir alguns conceitos já considerados clássicos. As opções conceituais que somos obrigados a fazer emergem da necessidade de não ceder à pressão de sempre novas palavras de ordem. Às vezes, essas palavras se impõem como "últimas palavras" ou como "senso comum" contextualizado, flexibilizando também o valor semântico do próprio conceito "trabalho". Em sua maioria, esses conceitos remontam a conceitualizações de Marx, ao longo de sua obra.

Uma primeira distinção, importante para o complexo da usina de álcool, ocorre entre trabalho produtivo e improdutivo, conceito básico que envolve outros, como mais-valia, valor de uso e valor de troca. Começando pelos *Manuscritos Econômicos*, de 1861 a 1863, até o volume

---

Claus (eds.). *Geschichte und Zukunft der Arbeit*. Frankfurt a. M.: Campus, 2000, p. 68-79.

[9] Lazzareschi, Noêmia. *Opere citato*, p. 12.

II de *O Capital*, Marx trata esse conceito e o define progressivamente.[10] Trabalho produtivo é o trabalho assalariado envolvido diretamente na produção de mercadorias e na produção de mais-valia:

> Trabalho produtivo no sentido da produção capitalista é o trabalho assalariado que, na troca pela parte variável do capital (a parte do capital despendida em salário), além de reproduzir essa parte do capital (ou o valor da própria força de trabalho), ainda produz mais-valia para o capitalista. Só por esse meio, mercadoria ou dinheiro se converte em capital, se produz como capital. Só é produtivo o trabalho assalariado que produz capital.[11]

O capitalismo e o trabalho produtivo acoplado nele, portanto, não constituem um sistema que gera apenas mercadorias, mas também mais-valia acoplada às mercadorias. O específico do capitalismo não é a produção, mas a produção de mais-valia. Para Marx, o mesmo trabalho, como tal, pode ser produtivo e improdutivo. Num exemplo bem ilustrativo, o autor de *O Capital* explica a diferença entre o trabalho produtivo e o trabalho improdutivo: "Uma cantora que vende seu canto por conta própria é um *trabalhador improdutivo*. Mas a mesma cantora, se um empresário a contrata para ganhar dinheiro com seu canto, é um *trabalhador produtivo*, pois produz capital".[12]

O processo de reprodução social, em Marx, permite distinguir quatro atividades sociais fundamentais: a *produção*, a *distribuição* (comercialização), a *administração* como manutenção e reprodução da ordem social vigente e

---

[10] Marx, Karl. *Teorias da mais-valia*. História crítica do pensamento econômico (Livro 4 de *O Capital*). Vol. 1. Rio de Janeiro: Civilização Brasileira, 1980, p. 384-406. Ver também a obra do mesmo autor 2008a, vol. 2, p. 577-579.

[11] Marx, Karl. *Opere citato*, 1980, p. 132.

[12] *Ibidem*, p. 396.

o *consumo*.[13] O trabalho de empregados do comércio e o trabalho de funcionários administrativos do Estado e de seus aparelhos ideológicos que envolvem a manutenção da ordem social (polícia, políticos, aparelho jurídico, religiosos) não produzem mais-valia; são trabalhos improdutivos que se apropriam do excedente de valor de uso criado na atividade produtiva. Deve-se, no entanto, atentar para o fato de que a improdutividade de um empregado do comércio e de uma empregada doméstica, que não foram contratados pelo capital no interior de um processo de produção para criar mais-valia, não impede sua pertença à classe operária.[14]

Ao distinguirmos o trabalho produtivo do trabalho improdutivo, já utilizamos um conceito estreitamente ligado ao trabalho, o conceito do valor e da mais-valia. O valor, para Marx, é o valor de uma mercadoria, na qual foi investida "uma determinada quantidade de trabalho. E não simplesmente trabalho, mas trabalho social".[15] Segundo o autor, o que se produz para o uso pessoal ou consumo próprio ("valor de uso") não é socialmente produzido porque não é envolvido nas estruturas de exploração da sociedade; portanto, não é "mercadoria", é "produto". O valor da mercadoria é determinado pelo trabalho social nela investido.

O tempo de trabalho socialmente necessário é o tempo de trabalho necessário à produção de qualquer valor. Nas mercadorias existe um duplo valor: seu valor natural/material e seu valor social (trabalho). "As mercadorias vêm ao mundo sob a forma de valores de uso, de objetos materiais [...]. Todavia, só são mercadorias por sua duplicidade, por serem ao mesmo tempo objetos úteis e veículos de valor".[16] A mercadoria incorpora valor de uso e valor de troca.

---

13 Lima, João Heraldo. Trabalho produtivo e excedente, segundo Paul Singer: um comentário. *Revista de Economia Política*, vol. 1, nº 3, p. 126, jul.-set. 1981.

14 Bottomore, Tom (org.). *Dicionário do pensamento marxista*. Rio de Janeiro: Zahar, 2001, p. 386.

15 Marx, Karl. *Opere citato*, 2004b, p. 73.

16 *Idem. Opere citato*, 2008a, vol. 1, p. 69.

O valor de uso só se realiza na utilização e no consumo próprios, sem passar pelos mercados de trabalho e de mercadorias. "Os valores de uso constituem o conteúdo material da riqueza, qualquer que seja a forma social dela. [...] Os valores de uso são, ao mesmo tempo, os veículos materiais do valor de troca".[17] O que determina exclusivamente a magnitude do valor de qualquer mercadoria é, portanto, a quantidade de trabalho socialmente necessário a sua produção. O denominador comum das mercadorias é o trabalho homogeneizado no processo de troca. "Esse trabalho homogêneo que produz mercadorias é chamado de trabalho abstrato".[18]

Trabalho produz valor real.

> Uma mercadoria tem um valor porque é uma cristalização de um trabalho social. [...] O valor de uma mercadoria está para o valor de outra mercadoria, assim como a quantidade de trabalho incorporada em uma está para a quantidade de trabalho incorporada em outra.[19]

Esse "valor de uso", com sua utilidade para o usuário, não corresponde ao "valor de troca", ao preço de mercado, porque não há equivalência entre remuneração do trabalho e quantidade de trabalho. O preço é a expressão do valor em dinheiro. No valor de troca interferem, entre outros fatores, a relação entre oferta e demanda, políticas salariais das diferentes categorias e forças produtivas.[20]

O trabalhador vende sua "força de trabalho" por determinado tempo e por determinado preço de uso, quer dizer, por preço que permita reconstituir sua energia gasta no processo de trabalho e atender a suas

---

[17] *Ibidem*, p. 58.

[18] Bottomore, Tom. *Opere citato*, p. 397.

[19] Marx, Karl. *Opere citato*, 2004b, p. 74s.

[20] *Idem*. *Opere citato*, 2008a, vol. 1, cap. 1.

necessidades básicas e prover a educação de seus filhos, que um dia deverão substituir sua força de trabalho. No sistema de trabalho assalariado, "o valor da força de trabalho é determinado pelo valor dos meios de subsistência necessários para produzir, desenvolver, manter e perpetuar a força de trabalho".[21] No regime de trabalho assalariado, a força de trabalho é "uma mercadoria, exatamente como o açúcar. A primeira mede-se com o relógio, a segunda, com a balança".[22] Reivindicar "igualdade de salários" nesse regime de trabalho assalariado, que trata o valor da força de trabalho como qualquer outra mercadoria, segundo o realismo de Marx, seria o mesmo que pedir "liberdade" no regime escravocrata.

No valor total de uma determinada mercadoria está incorporado o valor da força de trabalho remunerado e uma parte do trabalho não remunerado, o sobretrabalho ou mais-valia, que configura o lucro dos proprietários dos meios de produção (terra, matérias-primas, máquinas, instrumentos de trabalho). O único valor que o capital produz é o valor acrescentado pelo trabalho. "Este valor, contudo, consiste no trabalho necessário, que reproduz o salário [...]. E o sobretrabalho, por isso mais-valia, que ultrapassa o trabalho necessário".[23] Portanto, a mais-valia é uma determinada soma de valor, que é produzida pela força de trabalho gasto, além dos custos de sua própria reprodução. "O montante de mais-valia que um trabalhador produz é a diferença entre o valor que ele produz e o valor de sua força de trabalho".[24] O valor novo que se cria na usina de açúcar é o valor do trabalho necessário

---

[21] *Idem. Opere citato*, 2004b, p. 89.

[22] *Idem*. Trabalho assalariado e capital. In: ______. *Trabalho assalariado e capital & salário, preço e lucro*. São Paulo: Expressão Popular, 2006a, p. 34.

[23] *Idem*. *Grundrisse der Kritik der politischen Ökonomie* (Rohentwurf), 1857-1858. Anhang, 1850-1859. Berlin: Dietz, 1953, p. 489. No original: "Dieser Wert aber besteht aus der notwendigen Arbeit, die das Salär reproduziert [...], und aus der Surplusarbeit, daher Surpluswerrt über diese notwendige hinaus".

[24] Bottomore, Tom. *Opere citato*, p. 228.

transformado em salário, e o sobretrabalho cria a mais-valia, que é trabalho não remunerado embutido no preço da mercadoria.

Essa mercantilização das relações de trabalho nos remete ao conceito de mais-valia *relativa* e mais-valia *absoluta* elaboradas por Marx. A primeira, a *relativa*, ligada ao encurtamento do "trabalho necessário" (no canavial, via mecanização) como equivalente ao salário, para que o operário tenha mais tempo empenhado no "trabalho excedente", que gera o lucro do qual ele não participa.[25] A mais-valia *absoluta* resulta do prolongamento do tempo de trabalho, sem equivalente salarial. "A produção da mais-valia absoluta gira exclusivamente em torno da duração da jornada de trabalho; a produção da mais-valia relativa revoluciona totalmente os processos técnicos de trabalho e as combinações sociais."[26]

A condição de trabalho canavieiro está permanentemente pressionada por novas metas de produtividade e pela chamada reestruturação, que significa mecanização e demissão. "Na década de 1980, a média (produtividade) exigida era de 5 a 8 toneladas de cana cortada/dia; em 1990, passa para 8 a 9; em 2000 para 10; e em 2004 para 12 a 15 toneladas".[27] Os desdobramentos da reestruturação acontecem simultaneamente em diferentes lugares: perda de postos de trabalho, perda de direitos trabalhistas, novas formas de contratação, aceleração da produção.

A mais-valia pode-se configurar como mais-valia absoluta e como mais-valia relativa. Ela é "absoluta", segundo Marx, quando resulta do prolongamento da jornada de trabalho ou da redução dos salários. Ela é "relativa" ou "indireta" quando o desenvolvimento das forças produtivas

---

[25] Rosdolsky, Roman. *Gênese e estrutura de "O capital" de Karl Marx*. Rio de Janeiro: EDUERJ/Contraponto, 2001, p. 191ss, 197ss, 309ss.

[26] Marx, Karl. *Opere citato*, 2008b, liv. 1, vol. 2, p. 578.

[27] Silva, Maria Aparecida de Moraes. A morte ronda os canaviais paulistas. *Reforma Agrária* – Revista da Associação Brasileira de Reforma Agrária/ABRA, vol. 33, nº 2, p. 111-141, ago./dez. 2006b, p. 126. Ver também: Andrade, Arlete Fonseca. *Opere citato*, 2003, p. 67.

(novas invenções tecnológicas) gera um rendimento maior sem reflexo nos salários dos trabalhadores.[28]

A afirmação de Marx,[29] de que, "pela relação de permuta das mercadorias, seu valor de troca se revela, de todo, independente de seu valor de uso", faz compreender que pela transformação do "produto" em "mercadoria" apareceu uma cunha que separa a subsistência primordial da existência social e o valor de uso do valor de troca. As ferramentas marxianas nos protegem de uma visão ingênua sobre as possibilidades da existência humana. Ao falar da "existência", deixamos a porta do trabalho aberta para aquelas atividades humanas que, de imediato, não transformam a natureza, mas transformam a consciência e o estado de espírito, sem produzir objetos de utilidade imediata. Não só o tipógrafo e o impressor, também o escritor ou o cientista transformam a realidade e produzem mais-valia, portanto, fazem parte de uma sociedade de classes, mesmo sem atuação direta sobre a natureza. Não produz mais-valia o cortador de cana-de-açúcar que no fim de semana planta rosas em seu quintal, e ao plantar rosas não deixa de executar um trabalho, no caso, sem penosidade e sem valor de troca.

A rigor, o que nos interessa no contexto desse trabalho não é a transformação da natureza, mas a transformação do "trabalho penoso" em "trabalho digno". Na "penosidade" do trabalho, no fato de o trabalho se tornar uma "pena", prevalecem os meios sobre os fins. Trabalhos penosos, segundo Michael Walzer,[30] são como "sentenças de prisão", trabalhos "que ninguém procura e não escolheria se tivesse uma alternativa minimamente melhor". "Qualidade de vida no trabalho" (QVT) e "trabalho penoso" são os pontos de uma escala cujos extremos são o trabalho-prazer e o trabalho-pena/castigo.

---

[28] MARX Karl. *Opere citato*, 1953, p. 972; 2008a, vol 1, parte III.

[29] *Ibidem*, 2008a, p. 60.

[30] WALZER, Michael. *Esferas da justiça:* uma defesa do pluralismo e da igualdade. Tradução Jussara Simões. São Paulo: Martins Fontes, 2003, p. 225.

Vários autores trabalharam o conceito QVT, mostrando como nele está embutida a evolução da consciência social que favorece os trabalhadores. Constatamos, porém, que o conceito pode ser recuperado pelas empresas, ao darem ênfase à qualidade do produto em detrimento da qualidade no trabalho.[31] Acertadamente, Lacaz[32] aponta para a imprecisão do conceito QVT, que ora privilegia a qualidade do processo de produção, ora favorece a qualidade do produto final desse processo. O conceito QVT pode ser ao mesmo tempo um instrumento emancipador e disciplinador. O que transforma trabalho, que originalmente pertence, como *a priori* antropológico, à esfera da dignidade humana, em trabalho penoso, em pena, castigo, escravidão, é o lucro monetário ou simbólico.

O trabalho é algo tão inerente à pessoa humana, que a transformação desse trabalho em mercadoria transforma a própria pessoa em mercadoria. O *a priori* da dignidade humana, que não pode ser comprado ou vendido, se tornou um *a posteriori* na dependência da produtividade individual e do lucro, que passam pela precarização das condições de trabalho (controle, competição, relaxamento na proteção legal, mecanização) a serviço e em benefício de um terceiro. Contudo, por ser o conceito QVT um conceito dinâmico e histórico, pode-se configurá-lo para a situação concreta, que se expressa nas reivindicações coletivas dos cortadores de cana-de-açúcar. Essas reivindicações são formas de resistência "à racionalidade imposta à organização do trabalho tal como planejada pelo corpo gerencial, denunciando que os trabalhadores buscam constantemente melhorar a sintonia

---

[31] FERNANDES, Eda. Qualidade de vida no trabalho: como medir para melhorar. Salvador: Casa da Qualidade, 1996. Ver também: NERI, Aguinaldo A. Aspectos conceituais e metodológicos de qualidade de vida. *1º Encontro internacional de gestão de competências em qualidade de vida no trabalho.* Faculdade de Economia e Administração, FEA-USP, 1998, p. 46.

[32] LACAZ, Francisco Antônio de Castro. Qualidade de vida no trabalho e saúde/doença. *Ciência & Saúde Coletiva*, vol. 5, nº 1, Rio de Janeiro, 2000, p. 151s.

entre eles e os contextos de trabalho".[33] Nós assumimos a leitura positiva do conceito da "dignidade de vida no trabalho" (QVT) como um desdobramento do conceito mais amplo da "dignidade humana". Como tal é expressão de participação de um projeto de vida que norteia processos de transformação.

A transformação vai de mãos dadas com a gênese e as estruturas da transformação da natureza socialmente constituídas. E o conjunto das transformações visa a dois objetivos claros: a superação da penosidade da atividade humana e a libertação da alienação do trabalhador de seu "valor trabalho". Se a alienação é histórica, a penosidade parece ser natural. A superação de ambas é a tarefa histórica da humanidade; não admitir a naturalização da alienação e conter e superar a penosidade do trabalho, não só pelo desenvolvimento das forças produtivas, que é lento e sempre incompleto, mas pela integração dessa penosidade numa história pessoal e de lutas sociais, das quais fazemos parte e que podem ser narradas.

Nosso interesse nas transformações da configuração morfológica do trabalho é sociopolítico no sentido amplo, antes de ser um interesse meramente histórico ou econômico. O fato de a morfologia do trabalho ser histórica já nos confirma sua transitoriedade. Nenhum modo de produção que configura a morfologia do trabalho é ontológico ou imutável. Se convivermos com modos de produção escravizantes, mesmo em condições de "livre contratação", e incapazes de garantir padrões éticos mínimos, esses modos de produção podem ser transformados. Para que uma transformação ou revolução social se realize, é preciso que a consciência ética seja respaldada não só por lideranças externas ou isoladas, mas pelos próprios trabalhadores que se encontrem em tais situações degradantes. A constituição da consciência ética, porém, não se explica por si mesma,

---

[33] Sato, Leny. Prevenção de agravos à saúde do trabalhador: replanejando o trabalho através das negociações cotidianas. *Cadernos de Saúde Pública,* Rio de Janeiro, vol. 18, nº 5, 2002, p. 1.149.

mas a partir das "contradições da vida material, pelo conflito que existe entre as forças produtivas sociais e as relações de produção". Isso nos faz constatar que,

> quando se consideram tais transformações, convém distinguir sempre a transformação material das condições econômicas de produção [...] e as formas jurídicas, políticas, religiosas, artísticas ou filosóficas, em resumo, as formas ideológicas sob as quais os homens adquirem consciência desse conflito e o levam até o fim.[34]

Além disso, esperamos encontrar nos próprios modos de produção elementos, racionalidades e perspectivas que apontem para melhorias qualitativas ainda não assumidas na realidade social. Não se trata apenas de introduzir elementos dinamizadores num sistema estático e vigente, mas de detectar racionalidades e reconhecimento social que permitam repensar o projeto civilizatório e a economia do crescimento em benefício de todos.[35]

Tendo em vista o estatuto histórico e a racionalidade inerente às contradições do trabalho, a emancipação de dois mitos parece possível, a emancipação do mito regressivo, de que a volta às origens nos traria bem-estar e fartura, e a do mito depressivo, de que estaríamos encarcerados entre muros ou becos sem saída. Novamente, gênese e estrutura, diacronia e sincronia se condicionam e se explicam reciprocamente. A estrutura da usina de álcool de hoje é reflexo dessa nova morfologia do trabalho, desse novo modo de acumulação, mas também é resultado de um longo caminhar histórico, como procuramos mostrar por meio da "reconstrução do itinerário histórico do trabalho canavieiro".

---

[34] Marx, Karl. *Opere citato*, 2008b, p. 48.

[35] Honneth, Axel. Arbeit und Anerkennung. Versuch einer Neubstimmung. *Polar*, Berlin, nº 4, p. 13ss, 2008.

3.2. Trabalho pré-industrial e pré-capitalista

O trabalho pré-industrial passou por um longo período histórico que, a partir dos diferentes modos de produção, mereceria uma série de subdivisões. Marx, a partir de sua *Contribuição à crítica da economia política,* de 1859, estabelece cinco etapas para a evolução das sociedades:

1) a comunidade tribal, que corresponde às formas primitivas da caça, pesca e de agricultura primária;

2) a comunidade asiática, que lhe permite mostrar o surgimento do Estado;

3) a comunidade greco-latina, já organizada em torno do Estado;

4) a sociedade feudal;

5) a sociedade burguesa capitalista.[36]

"Em grandes traços podem ser os modos de produção asiático,[37] antigo, feudal e burguês moderno designados como outras tantas épocas progressivas da formação da sociedade econômica."[38]

Posteriores descobertas antropológicas e arqueológicas obrigaram Marx várias vezes a modificar essa sequência evolutiva. A história da humanidade era e é mais complexa do que apontavam os prognósticos evolucionistas lineares. Essas classificações e sequências de modos de produção, no entanto, não são objetos desta pesquisa.

---

[36] Cf. Godelier, Maurice. Partes mortas, ideias vivas do pensamento de Marx sobre sociedades primitivas, marxismo e evolucionismo. In: Carvalho, Edgard Assis (org.). *Antropologia econômica.* São Paulo: Ciências Humanas, 1978, p. 101ss. Ver também: Marx, Karl; Engels, Friedrich. *A ideologia alemã.* 3. ed. São Paulo: Martins Fontes, 2007, p. 12.

[37] Somente a partir de 1853, Marx acrescenta o modo de produção asiática: "A existência de múltiplas comunidades agrícolas isoladas necessitando de extensa cooperação nos trabalhos de interesse coletivo é a base sobre a qual se edifica uma forma despótica de Estado. Essa estrutura [...] constitui uma forma de transição da sociedade primitiva bárbara à civilização" (Godelier, 1978, p. 102).

[38] Marx, Karl. *Opere citato*, 2008b, p. 48.

> Desde 1858, Marx insistia na existência de múltiplas formas de propriedade comum, quer dizer, múltiplas formas que podem estabelecer a relação entre direitos de propriedade de uma comunidade e direito de posse e de uso dos indivíduos.[39]

Igualmente não corresponde a uma determinada forma de propriedade comunitária uma forma de trabalho comum.

Pensando o trabalho pré-industrial a partir dos primórdios da humanidade, o nosso olhar perpassa as assim chamadas etapas pré-históricas do paleolítico, mesolítico e neolítico.[40] No pré-neolítico, o "trabalho" de grupos de coletores de frutos, caçadores e pescadores é um trabalho em busca do necessário para a sobrevivência, e, a rigor, se por trabalho compreendemos uma ação transformadora do homem sobre a natureza, nem pode ser chamado de "trabalho; mas a cesta do coletor, a flecha do caçador e o anzol ou a canoa do pescador já indicam alguma forma rudimentar de transformação da natureza pela produção das ferramentas. Essas transformações das condições materiais que a natureza oferece são limitantes e não estritamente determinantes. Os povos indígenas, que vivem numa mesma microrregião amazônica, desenvolveram culturas materiais muito diferentes dentro das mesmas condições climáticas e materiais que a terra, a água e a vegetação lhes proporcionaram.

Nessas sociedades, a transformação da natureza é um ato singular. Nenhuma flecha é igual à outra. Ainda não existem as condições para uma "indústria cultural", que mais tarde, sob a pressão de acelerar a produção, vá reprimir e

---

[39] Godelier, Maurice. *Opere citato*, 1978, p. 112.

[40] A designação dessa etapa como pré-histórica e o condicionamento da etapa histórica ao surgimento da escrita me parece arbitrária, já que a escrita no dizer de um sábio como Lévi-Strauss "parece favorecer a exploração dos homens, antes da sua iluminação" (1993, p. 283).

eliminar a criatividade individual. A vida tribal, pré-neolítica ou neolítica teve aspectos de penosidade, mas nem por isso pode ser qualificada como uma vida penosa que obrigou o indivíduo a gastar todo o tempo disponível na provisão da subsistência. Mais uma vez Godelier,[41] com base em pesquisas antropológicas mais recentes, esclarece: "A imagem dos primitivos, obrigados pelo fraco nível de suas forças produtivas a se dedicar quase inteiramente às atividades de subsistência e vivendo quase autarquicamente, está ultrapassada".

As necessidades materiais de sobrevivência se somam às utilidades de convivência com outros, que podem ser vistas como bens de existência. "Criam-se as relações sociais que determinam a condição histórica do trabalho."[42] História se faz com outros e falar em "história social" parece um pleonasmo. Na fabricação dos objetos e na convivência social está embutida a experiência de um permanente aprendizado e de uma autoconstrução performativa da pessoa humana. Ao transformar a natureza e ao conviver com os outros, os homens também se transformam, criam novas habilidades, possibilidades e necessidades.[43] O mesmo não se pode dizer de um trabalhador integrado na linha de montagem fordista. Ele precisa exercer a sua criatividade fora do local de trabalho, e, no trabalho em si, mecânico e repetitivo até a exaustão, não vai poder construir seu "sentido de vida".

Para as comunidades tribais neolíticas, a terra, seus frutos e eventuais excedentes eram bens coletivos, e a propriedade privada se restringia a bens estritamente pessoais.

---

[41] Godelier, Maurice. *Opere citato*, p. 113.

[42] Oliveira, Carlos Roberto de. *História do trabalho*. 5. ed. São Paulo: Ática, 2006, p. 6.

[43] Lessa e Tonet limitam novos conhecimentos e habilidades quase exclusivamente à transformação da natureza e negligenciam a contribuição da convivência social para tais conhecimentos que são tridimensionais, não só em seu alcance, mas também em sua origem. Portanto, devem levar em conta a materialidade, a subjetividade e a sociabilidade do trabalho. O trabalho transforma a natureza, o indivíduo e a sociedade. Lessa, Sergio; Tonet, Ivo. *Introdução à filosofia de Marx*. São Paulo: Expressão Popular, 2008, p. 19s.

> A terra é o grande laboratório, o arsenal que proporciona tanto os meios e objetos do trabalho como a localização, a base da comunidade. [...] Somente na medida em que o indivíduo for membro de uma comunidade [...] é que se considerará um proprietário.[44]

Essas sociedades eram igualitárias e o papel social não era hereditário, mas correspondia à liderança comprovada por carisma, capacidade e generosidade.

Na esteira de Marx e Engels, essas sociedades, historicamente comprovadas, porém não generalizáveis para a humanidade como tal, são sociedades sem Estado, sem domínio hierárquico e sem exploração econômica, consideradas sociedades de "comunismo primitivo".[45] Essas sociedades tribais de "comunismo primitivo" fizeram da construção da comunidade humana o objetivo da produção, e não da produção o objetivo do trabalho humano.

O próprio Marx admite que "a antiga concepção segundo a qual o homem sempre aparece [...] como o objetivo da produção parece muito mais elevado do que a do mundo moderno, na qual a produção é o objetivo do homem, e a riqueza, o objetivo da produção".[46] Mas nunca considera o retorno às origens viável ou desejável. Tais idealizações ainda hoje aparecem no discurso daqueles que situam os povos indígenas num mundo pré-moderno e idílico, que poderá servir de modelo para a sociedade moderna. O ponto de chegada de emancipação social das classes subalternas não será a pré-modernidade.

---

44 MARX, Karl. *Formações econômicas pré-capitalistas*. 7. ed. São Paulo: Paz e Terra, 2006b, p. 67.

45 Cf. MARX, Karl. *Opere citato,* 2006a, p. 66s; ENGELS, Friedrich. *A origem da família, da propriedade privada e do Estado.* Rio de Janeiro: Civilização Brasileira, 1979.

46 MARX, Karl. *Opere citato*, 2006b, p. 80.

A última etapa no processo histórico de formações pré-capitalistas é o feudalismo, que é um modo de produção no qual o poder político está relacionado à posse da terra. Aqui nos cabe apenas mencionar alguns traços essenciais, relacionados com a terra e a nova modalidade da exploração da mão de obra. Se o capitalismo enfatiza a "livre contratação" da mão de obra, o feudalismo exige diferentes formas de coerção. Essa coerção se faz presente no trabalho compulsório, nas relações de dominação e de servidão. As relações de coerção "se concretizam primordialmente no campo, onde o produtor direto não é proprietário da terra e trabalha para o senhor sob formas de dependência social e jurídica legitimada pelo poder político".[47]

No feudalismo, as três formas principais de apropriação da renda estão ligadas a três diferentes modos de propriedade da terra. No primeiro, a terra é dividida entre os pequenos lotes dos camponeses e as grandes propriedades dos senhores da terra. O camponês trabalha compulsoriamente no horário nobre para o senhor e no tempo que lhe resta trabalha em seu próprio lote. No segundo modo, as terras são oficialmente comuns ao senhor e ao camponês. Na verdade, a terra pertence ao senhor e este fornece ao camponês trabalhador das terras o necessário para a subsistência e se apropria do excedente. No terceiro modo, segundo Oliveira,[48] menos comum, o senhor cede por um determinado preço, como forma indireta de renda da terra, o direito de exploração do solo e da venda do excedente. O princípio do feudalismo "consiste na propriedade a diversos níveis sobre as terras e propriedade limitada sobre as pessoas, donde resultava um circuito mais ou menos fechado entre o produto agrícola e o consumo conjugado das classes camponesas e das classes feudais".[49]

---

[47] Oliveira, Carlos Roberto de. *Opere citato*, 2006, p. 48.

[48] *Ibidem*, p. 53.

[49] Vilar, Pierre. A transição do feudalismo ao capitalismo. In: Cerm. *Sobre o feudalismo*. Lisboa: Estampa, 1973, p. 39.

A servidão feudal, que podia variar de um trabalho forçado até uma simples relação tributária, associou-se "a um baixo nível de técnica, no qual os instrumentos de produção são simples [...] e o ato de produção em grande parte é individual".[50] A transição do feudalismo para o capitalismo deu-se pela baixa produtividade do trabalho, pelo modesto rendimento da terra, pela progressiva desapropriação do camponês da terra e pela emergência do mercantilismo. Em seguida, o Estado nacional se tornou hegemônico na gerência econômica de uma primeira globalização via sistema colonial. O trabalhador rural, "liberado" e separado de seu meio de produção (a terra), migrou para a cidade, onde o esperava a máquina a vapor, para vender sua força de trabalho e mudar profundamente suas relações sociais. A "manufatura" cede à "maquinofatura".[51] Com novas forças produtivas, surgiram novos modos de produção e, com estes, novas relações sociais. Um tanto plástico, como é de seu estilo, Marx dirá: "O moinho manual vos dará a sociedade com o senhor feudal, o moinho a vapor, a sociedade com o capitalista industrial".[52]

3.3. Capitalismo e trabalho industrial: fordismo e Estado de bem-estar social

O capitalismo como sistema econômico-político foi impulsionado pelas duas revoluções burguesas do final do século XVIII, a Revolução Francesa (1789-1815) e a Revolução Industrial (a partir de 1780), que consolidaram a modernidade. A primeira deu origem à modernidade sociocul-

[50] Dobb, Maurice. *A evolução do capitalismo*. Rio de Janeiro: Zahar, 1965, p. 53.

[51] Vilar, Pierre. *Opere citato*, 1973, p. 50.

[52] Marx, Karl. *Miséria da filosofia:* resposta à filosofia da miséria do senhor Proudhon. São Paulo: Livraria Exposição do Livro, s.d., p. 94.

tural e à democracia liberal; a segunda, à modernização tecnológica e econômica. Ambas estão na raiz da hegemonia do capitalismo mundial como sistema econômico com determinados pressupostos políticos. Exigem liberdade e propõem igualdade, que não são para todos, mas para a burguesia liberal, seus mercados e seus negócios privados. No decorrer dos últimos séculos, diferentes sistemas democráticos e até não democráticos se adaptaram a esses pressupostos de liberdade e igualdade de classes.[53] O novo conhecimento científico e a emancipação política transformaram, na civilização ocidental, a percepção do tempo e as crenças marcadas pela providência divina. Na modernidade, a própria humanidade cuida de seu futuro e o compreende como progresso do indivíduo, racional e secular.

Com a máquina a vapor, com novas técnicas de navegação e com os canhões, a expansão europeia se tornou o paradigma da universalidade capaz de integrar, assimilar, conquistar e destruir o diferente, tido como algo e alguém que pararam no tempo, como arcaico e atrasado.

A partir das duas revoluções, a ideológica e a tecnológica, a história europeia se tornou história mundial. Hobsbawm[54] tem razão em sua afirmação de que os eventos ocorridos entre 1789, com a Revolução Francesa, e 1848, com o Manifesto Comunista, que aponta para o proletariado como irrupção de uma nova classe social, constituem "a maior transformação da história humana desde os tempos remotos, quando o homem inventou a agricultura e a metalurgia, a escrita, a cidade e o Estado".

No feudalismo, o produto é gerado em relações de dominação e de servidão. A dependência entre senhores e servos é caracterizada pela apropriação dos meios e de um excedente estipulado pelos primeiros. Por causa

---

53 Zizek, Slavoj. Democracia corrompida. O potencial autêntico da democracia vem perdendo terreno hoje para a ascensão de um novo capitalismo autoritário. *Cult* 12/137, jul. 2009, p. 54.

54 Hobsbawm, Eric. *A era das revoluções*: 1789-1848. Rio de Janeiro: Paz e Terra, 2009, p. 16.

das diferenças históricas, políticas e econômicas das sociedades europeias, a transição do feudalismo em crise, que avançou pelo mercantilismo ao capitalismo, levou um longo período.

No mercantilismo assistimos à intervenção econômica do Estado centralizador na agricultura, nas manufaturas, sobretudo têxteis (seda, algodão, lã), no comércio e no controle da expansão colonial.

> A produção baseada na cooperação desaparece quando se instalam as manufaturas nas cidades europeias, e são elas que responderão pela separação entre capital e trabalho, acelerando a divisão de trabalho complexa das grandes indústrias no capitalismo.[55]

Divisão de trabalho e produção de mercadorias para um mercado que se abre ao mundo, através das colônias, já apontam para o capitalismo industrial.

Os resultados da revolução tecnológica, iniciada na Inglaterra, foram integrados aos processos de produção, que, por sua vez, transformaram as relações sociais. Os esteios da primeira fase da Revolução Industrial são transformações tecnológicas e sociais produzidas sob os protestos dos operários na indústria têxtil da Inglaterra e a substituição das antigas fontes de energia, a força manual, tração animal, energia hidráulica, pela máquina a vapor (1760-1850). A segunda fase da Revolução Industrial (1850-1900) inclui outros continentes e países centrais, outras fontes energéticas (eletricidade, petróleo), outras invenções tecnológicas (motores de explosão, automóveis, ferrovias, indústria naval, locomotivas a vapor, rádio). Assistimos no período entre o início da Revolução Industrial e o início da Primeira Guerra Mundial (1914) a um crescimento extraordinário do capitalismo industrial e liberal.

[55] Oliveira, Carlos Roberto de. *Opere citato*, 2006, p. 71.

Seguindo Marx,[56] Eric Hobsbawm[57] nos ajuda a analisar os dados acima sumariamente expostos, afirmando que "o primeiro avanço significativo na divisão social do trabalho consiste em separar o trabalho industrial e comercial do agrícola, o que conduz à distinção e oposição entre cidade e campo". Em seguida, uma "segunda fase histórica das relações de propriedade, a 'propriedade comunal e estatal da antiguidade'" substituíram a propriedade tribal. Pelo desenvolvimento da atividade manufatureira – da tecelagem, por exemplo – que já dependia de um maquinário simples, as nações começaram a competir por meio de guerras comerciais e políticas tarifárias. "Aí por diante o comércio passa a ter uma significação política."[58]

Nas manufaturas, a relação monetária-salarial entre trabalhador e capitalista substituiu progressivamente os traços patriarcais das antigas corporações profissionais. Pela conquista e colonização de novos continentes e países, os mercados nacionais tornaram-se mercados mundiais, acelerou-se a acumulação do capital móvel (ouro e prata das colônias) e incentivaram-se as guerras comerciais pelo monopólio da colonização.

> O comércio e a manufatura criaram a grande burguesia; nas corporações, efetuou-se a concentração da pequena burguesia, que daí por diante não mais reinava nas cidades como anteriormente, mas devia submeter-se ao domínio dos grandes comerciantes e dos *manufacturiers*.[59]

---

[56] Marx, Karl. *Formações econômicas pré-capitalistas*. 7. ed. São Paulo: Paz e Terra, 2006b.

[57] Hobsbawm, Eric. Introdução. In: Marx, Karl. *Formações econômicas pré-capitalistas*. 7. ed. São Paulo: Paz e Terra, 2006, p. 30. Ver também: Marx, Karl; Engels, Friedrich. *Opere citato*, 2007, p. 12.

[58] Marx, Karl; Engels, Friedrich. *Opere citato*, p. 65.

[59] *Ibidem*, p. 57.

Na segunda metade do século XVII, o comércio e a navegação tornaram-se mais importantes do que a manufatura. As nações que dominavam a navegação, como a Inglaterra, permaneceram hegemônicas também no comércio e na manufatura protegida por impostos. O século XVIII tornou-se o século dos comerciantes, das transações financeiras, dos empréstimos, da agiotagem e das dívidas estatais. A demanda crescente por produtos manufaturados, que a manufatura não conseguiu mais satisfazer, fez, segundo Marx, emergir um novo período da propriedade privada, a grande indústria com suas características de parque industrial de máquinas, o aprofundamento da divisão de trabalho e a livre concorrência entre as nações. Liberdade é liberdade comercial e marítima. Na França e na Inglaterra, a mecânica de Newton tornou-se a ciência mais popular do século XVIII.[60] A grande indústria, que cria o moderno mercado mundial, submete-se ao comércio e transforma o capital em capital industrial:

> Por meio da concorrência universal, ela forçou todos os indivíduos a uma tensão máxima da sua energia. Aniquilou o mais possível a ideologia, a religião, a moral etc. e, quando isso lhe era impossível, fez delas mentiras flagrantes.[61]

A satisfação das necessidades dos cidadãos tornou-se dependente do mundo inteiro. A grande indústria

> subordinou a ciência exata ao capital e privou a divisão do trabalho de sua última aparência de fenômeno natural [...] e conseguiu dissolver todas as relações naturais para transformá-las em relações monetárias. [...] As forças produtivas alcançam com a propriedade privada um desenvolvimento exclusivamente unilateral, tornam-se, em sua maior parte,

---

[60] Marx, Karl; Engels, Friedrich. *Opere citato*, 1979, p. 70.

[61] *Ibidem*, p. 71.

> forças destrutivas. [...] Entre as classes sociais, ela [a grande indústria] destruiu por isso o caráter particular das diferentes nacionalidades. [...] Para o operário, não só as relações com o capitalista se tornam insuportáveis, mas também seu próprio trabalho.[62]

A análise de Marx, que parcialmente já antecipa a situação trabalhista do século passado, nos permite dar o próximo passo em direção à nova morfologia do trabalho na virada do século XIX para o século XX.

Linha de montagem fordista

Ao propor uma rígida divisão técnica do trabalho e um controle exato do tempo na produção industrial, o engenheiro mecânico Frederick Taylor (1856-1915) foi um dos primeiros e mais importantes teóricos da "administração científica" do trabalho.[63] Em Henry Ford (1863-1947) encontrou seu realizador prático.[64] Na linha de montagem da Ford Motor Company de Detroit, a "administração científica" de Taylor foi transformada em administração prática. Na história do trabalho moderno e da alienação, Taylor e Ford deixaram seus rastros. O prático Ford incorporou a visão organizativa de Taylor, que pode ser resumida como:

a) padronização do produto;

b) delimitação rígida e especializada da função de cada operário;

c) monitoramento rigoroso do tempo necessário para cada função laboral;

d) premiação dos melhores, quer dizer, dos que se adaptaram melhor a esse tipo de organização.[65]

---

[62] *Ibidem*, p 71s.

[63] TAYLOR, Frederick Winslow. *Princípios de administração científica*. 7. ed. São Paulo: Atlas, 1970.

[64] FORD, Henry. *Henry Ford:* por ele mesmo. Sumaré, SP: Martin Claret, 1995, p. 107-159.

[65] GOUNET, Thomas. *Fordismo e toyotismo na civilização do automóvel*. São Paulo: Boitempo, 1999, p. 18-22.

Produzir o melhor produto já não é mais uma questão de qualidade garantida pelo indivíduo, mas pela máquina. Nesse sistema, a subjetividade migrou dos campos da criatividade ao campo da produtividade. Os melhores são aqueles que com menos tempo conseguem executar sua função específica. Na "racionalização" taylorista e na automação fordista, os operários são uma extensão da máquina. "A intervenção criativa dos trabalhadores nesse processo é praticamente nula, tal como sua possibilidade de conceber o processo produtivo como um todo, pois cada qual é fixado num mesmo ponto da produção o tempo inteiro."[66] Ganho de produtividade significa diminuição de tempo e custos. Aqui é o lugar do provérbio *time is money*. Gramsci[67] fez uma crítica contundente a Taylor, que:

> expressa com brutal cinismo o objetivo da sociedade americana: desenvolver em seu grau máximo, no trabalhador, os comportamentos maquinais e automáticos, quebrar a velha conexão psicofísica do trabalho profissional qualificado, que exigia uma certa participação ativa da inteligência, da fantasia, da iniciativa do trabalhador. [...] É certo que eles (os industriais americanos do tipo Ford) não se preocupam com a "humanidade", com a "espiritualidade" do trabalhador [...]. Esta "humanidade e espiritualidade" só pode se realizar no mundo da produção e do trabalho, na "criação" produtiva; ela era máxima no artesão, no "demiurgo", quando a personalidade do trabalhador se refletia inteiramente no objeto criado, quando era ainda muito forte a ligação entre arte e trabalho.

---

66 Pinto, Geraldo Augusto. *A organização do trabalho no século 20*. Taylorismo, fordismo e toyotismo. São Paulo: Expressão Popular, 2007, p. 33.

67 Gramsci, Antonio. Americanismo e fordismo. *Cadernos do cárcere*. Vol. 4: temas de cultura. Ação católica. Rio de Janeiro: Civilização Brasileira, 2001, 266s.

A padronização do produto, exigência da linha de montagem, e a cronometragem rigorosa da função laboral permitiram gerar uma produção cada vez maior e mais barata. A produção em massa exigiu demanda em massa do respectivo produto, e, por conseguinte, uma extensão dos mercados internos ou externos. Os próprios operários e funcionários da Ford receberam estímulos para se tornar compradores e consumidores de seus produtos. Na época, os chamados países subdesenvolvidos ainda não tiveram condições de aderir ao fordismo, que exigiu um consumo de massa interno. Suas elites importaram os produtos feitos na linha de montagem fordista alhures.

Os anos dourados do sistema taylorista/fordista foram períodos de crescimento econômico. Nos Estados Unidos, foram os anos de guerra e, juntamente com a Europa, os anos posteriores à Segunda Guerra Mundial, nas décadas de 1950 e 1960. O sistema fordista permitiu pouca iniciativa e se contentava com pouca formação dos trabalhadores. O operário alienado e cada vez mais explorado por seu trabalho cronometrado, trabalhando em pequenas unidades, as quais produziam peças, que, isoladas não tinham sentido, e a ameaça de revoltas, sociais, estimuladas pela alternativa socialista, exigiram medidas compensatórias. Essa tarefa foi assumida pelo Estado de bem-estar social.

Estado de bem-estar social

O fordismo criou uma classe operária domesticada, que, de certo modo, foi compensada por sua alienação consentida pelos compromissos sociais reformistas do Estado de bem-estar social. A classe trabalhadora da linha de montagem aceitava a alienação dos meios de produção, a disciplina no trabalho, a hierarquia, a vigilância, a perda do controle do processo de trabalho, portanto a heteronomia embutida no "trabalho abstrato", e recebia em troca, por sua vida alienada na fábrica, compensações em sua vida privada, que esvaziaram o imaginário de revoltas sociais. O Estado de bem-estar social serviu como fórmula de paz social para as democracias capitalistas desenvolvidas. O trabalho remunerado como trabalho alienado dos meios de produção se tornou o espaço da produtividade. O trabalhador se entregou à rotina e exploração nas horas em que vendeu sua força de trabalho.[68] Em sua vida privada esse mesmo trabalhador é, aparentemente, autônomo. O pressuposto do Estado de bem-estar social é a aceitação da linha divisória entre uma vida laboral heterodeterminada e uma vida privada com espaços de autodeterminação. A rigor, porém, se trata de uma ilusão pensar o mundo do trabalho separado da vida privada, e se trata de uma ilusão maior ainda pensar que seria possível setorializar a alienação. É impossível viver uma vida privada emancipada ao lado de uma vida alienada no mundo de trabalho. A linha divisória entre vida no trabalho e vida na esfera privada está desaparecendo, já que o mundo de trabalho coloniza progressivamente a vida privada.[69]

Depois da Segunda Guerra Mundial, que produziu um mercado interno considerável, os Estados Unidos precisavam de novos mercados externos, agora já disputados com a Europa e o Japão. Os países independentes não se ofereceram mais somente como fornecedores de matérias-primas e mercados consumidores, mas se tornaram produtores e transformadores de suas matérias-primas com mão de obra barata. Diante da dificuldade de novos mercados, a alternativa foi de elevar o consumo interno.

A produção em massa forja a comunicação de massa. Trabalho e língua, produção e propaganda acompanham a realidade nova do Estado de bem-estar social, que representa uma nova acomodação do Estado ao sistema capitalista e a desarticulação do movimento operário. Essa acomodação é resultado de uma negociação entre trabalho e capital. Sob a mediação do Estado burguês, que

---

68 Groppo, Luís Antonio. Das origens ao colapso do Estado de bem-estar: uma recapitulação desmistificadora. *Revista HISTEDBR On-line*, Campinas, nº 20, dez. 2005, p. 72s.

69 Dejour, Christophe. Suizid am Arbeitsplatz. Zur Psychopathologie der modernen Arbeitswelt. *POLAR*, Berlin, nº 4, p. 51-54, Frühjahr, 2008, p. 53.

representa basicamente os interesses do capital privado, o operariado, representado por partidos e sindicatos reformistas, se compromete a abrir mão da luta de classe e do horizonte utópico de uma sociedade igualitária sem classes sociais.

Em contrapartida, o capital compromete-se com reformas sociais, como redução da jornada de trabalho, assistência médica, distribuição de renda, seguro-desemprego. Atrás de cada benefício estão os interesses do capital e se abre um mercado que apela para o novo poder aquisitivo do trabalhador; se abre o mercado do lazer e turismo, o mercado automobilístico, o mercado hospitalar e dos remédios, o mercado escolar, desde a creche até a universidade. O seguro-desemprego é, de certa maneira, o seguro do consumo básico integrado ao capitalismo.

Em seguida, o próprio Estado se tornou empresário. Para gerenciar empresas estatais, os governos contraíram empréstimos que transferiram parte importante do capital privado para a esfera pública. O Estado passa a ser agente econômico e empresário, aprofundando a rachadura de lealdade com a classe operária. Algo semelhante ocorreu com os sindicatos, que se tornaram agentes e proprietários de ações de fundos de pensão.

Na esfera de influência do fordismo, a ideia da conquista do poder do Estado ganhou força no mundo inteiro. O Estado na mão de um partido de cunho social-democrata, que estivesse disposto a aceitar a "administração científica" taylorista do trabalho e que, ao mesmo tempo, afirmasse sua proximidade aos operários, teria um grande poder de barganha e poderia amenizar os efeitos nocivos do capitalismo. Vale destacar que esse sonho não representava um projeto alternativo ao capitalismo; não levou em conta a alienação e a exploração crescentes dos trabalhadores em razão da nova situação concorrencial do mercado de trabalho e bens globalizado nem a exclusão de uma parcela significativa de não empregados e a degradação do meio ambiente.[70]

---

[70] Bihr, Alain. *Da grande noite à alternativa:* o movimento operário europeu em crise. São Paulo: Boitempo, 1998, p. 47.

Os anos áureos do Estado de bem-estar social foram os anos depois da Segunda Guerra Mundial (1945) até o fim dos anos de 1960. Era uma época de crescimento econômico, desenvolvimentismo e relativa prosperidade de países centrais à custa dos países periféricos. O Estado de bem-estar social era um Estado de bem-estar nacional, no qual o operariado dos países centrais, domesticado por um "consenso social", perdeu sua responsabilidade e solidariedade universal. Seu pacto com o capital ou sua falta de resistência contra ele envolveu os operários num pacto neocolonial. Por um instante histórico, em 1968, através da aliança estabelecida entre operários e estudantes nas ruas de Paris e mundo afora, parecia palpável uma ruptura sistêmica, mas as expectativas de estudantes e trabalhadores eram incompatíveis. Os operários queriam mais participação nos lucros do sistema capitalista e os estudantes exigiam algo novo, sem saber o quê. Os aparelhos repressivos persuasivos do Estado impediram mudanças radicais.

O Estado de bem-estar social forjou ganhos de produtividade sem precedentes e benefícios materiais para a classe operária dos países centrais, mas esses ganhos e benefícios foram construídos à custa dos países periféricos, onde as multinacionais desmontaram estruturas sindicais e movimentos operários. Contudo, esses países do então chamado Terceiro Mundo ganharam uma integração econômica subordinada aos países centrais com a ajuda de seus próprios governos, em sua maioria autoritários. O Estado de bem-estar social intensificou a alienação dos operários pela produção, pelo consumo e pela participação empresarial da gestão pública. Segundo Boaventura Santos,

> o papel central do Estado nacional na mudança social reformista desdobrou-se em três estratégias fundamentais: acumulação, confiança e legitimação. Através das estratégias de acumulação, o Estado garantiu a estabilidade da produção capitalista. Através das estratégias da confiança, o Estado garantiu a estabilidade das expectativas aos

> cidadãos [...]. Através das estratégias de hegemonia, o Estado garantiu a lealdade das diferentes classes sociais à gestão estatal das oportunidades e dos riscos [...].[71]

Com a globalização da economia, que não permitiu mais, como antes, a intervenção do Estado nacional nem a construção do bem-estar social sobre a exploração da periferia, e, com a queda do muro de Berlim (1989), o Estado de bem-estar social não precisava mais temer, de imediato, a alternativa socialista e entrou em crise. Não se trata apenas de uma crise do Estado de bem-estar social, mas de uma das crises do capitalismo tardio, que socializa a produção e determina e privatiza os fins, o lucro. Trata-se também de uma das crises de legitimidade da sociedade capitalista e do gerenciamento do bem comum.[72] Enquanto outro modelo político e econômico ainda não é capaz de se legitimar por consenso majoritário, assistimos a um dos muitos ajustamentos da crise para possibilitar uma nova fase de acumulação na configuração do capitalismo neoliberal.

3.4. Do Estado de bem-estar social ao Estado de mal-estar utópico

Pela divisão da vida entre vida laboral heterodeterminada e vida privada autodeterminada que não correspondem integralmente à divisão entre vida alienada e vida emancipada, o Estado de bem-estar social forjou

---

71 SANTOS, Boaventura de Sousa. Para uma reinvenção solidária e participativa do Estado. In: PEREIRA, Luiz Carlos Bresser; WILHEIM, Jorge; SOLA, Lourdes (orgs.). *Sociedade e Estado em transformação*. São Paulo: Unesp, 1999, p. 245.

72 HABERMAS, Jürgen. *Legitimationsprobleme im Spätkapitalismus*. 3. ed. Frankfurt a.M.: Suhrkamp, 1975.

nova identidade para a classe operária. Abriu mão de sua consciência e luta de classe em troca de uma mentalidade consumista, que é retroalimentadora do sistema de exploração. Mesmo com esse consentimento produzido pelo Estado de bem-estar social perpassam pela vida privada e pela vida laboral respingos de utopia. Na sociedade moldada por esse Estado, coisas comestíveis e objetos de uso, produzidos pelo sistema econômico, tendem a substituir valores e horizontes de sentido, provenientes do sistema cultural.

A tarefa do Estado de bem-estar social é equilibrar os interesses dos trabalhadores com o sistema capitalista. Segundo essa tarefa, o Estado deve

> intervir no sistema econômico com o objetivo de cultivar o crescimento capitalista e de aplainar as crises, garantindo, ao mesmo tempo, a capacidade de concorrência das empresas em nível internacional, e assegurando os empregos, a fim de que haja um crescimento capaz de propiciar uma distribuição de renda que não implique, necessariamente, um desencorajamento dos investitdores.[73]

A luta operária reduzida a negociações sindicais afetou profundamente as energias utópicas do projeto de emancipação, mas não as eliminou totalmente. Mesmo no paradigma produtivo há originalmente restos desse projeto como participação política do operário cidadão, participação social, subjetividade de direitos, liberdade de opinião, participação de uma

---

[73] Habermas, Jürgen. Die Krise des Wohlfahrtsstaates und die Erschöpfung utopischer Energien. In: ______. *Die Neue Unübersichtichkeit.* Kleine Politische Schriften V, Frankfurt a. M.: Suhrkamp, 1985, p. 148. Ver também, do mesmo autor: A crise do Estado do bem-estar e o esgotamento das energias utópicas. In: ______. *Diagnósticos do tempo*: seis ensaios. Rio de Janeiro: Tempo Brasileiro, 2005, p. 18.

parcela no crescimento econômico. Obviamente, a vida não há de ser vivida na esquina do mal menor que reduz a alternativa de uma nova sociedade a melhorias da velha, na qual o bem-estar social é irmão gêmeo do mal-estar utópico, gerado no leito do capitalismo pelo conúbio da classe operária com o sistema patronal. As antigas resistências da noiva cederam ao consentimento com a violação pelo sistema. Hoje, ambas as partes procuram tirar vantagens desse casamento de fachada.

Havia ou ainda há alternativas maiores? A modernidade, essa mesma que desde as revoluções Copernicana, Francesa e Industrial procurou reverter as utopias escatológicas da cristandade em progresso histórico, expulsou não só o utopismo do paraíso terrestre, desde o início criticado por Marx, mas também o sonho de um projeto alternativo do bem-viver para todos. O que restou parece ser apenas a banalidade da sobrevivência que se afirma à custa da dignidade humana. As forças produtivas se transformaram em forças destrutivas e a racionalidade, pela mediação do sistema econômico, em irracionalidade. O futuro, como a Escola Crítica já há tempo previu, se torna descritível apenas por imperativos de negação do presente. Que nessas nuvens do não saber aparecem políticas e religiões afirmativas é compreensível. As aporias do mundo secular e moderno prepararam o caminho para um mundo pós-secular. E o mundo pós-secular preparou o chão para fundamentalismos políticos e religiosos que desvendam os mistérios do futuro com promessas concretas de prosperidade no presente. Apostam em milagres em que somente a ação humana mundialmente articulada poderia encontrar caminhos promissores.

Desde o século XIX, as utopias relevantes do bem-estar estavam intrinsecamente ligadas ao paradigma da produção e do trabalho. No decorrer do tempo, a vinculação entre bem-estar e trabalho emancipado, quer dizer, trabalho que passou pela revolução socialista, não conseguiu legitimidade democrática. Com poucas exceções, no século XX, a utopia configurou-se como articulação entre bem-estar e trabalho assalariado, amparado por uma legislação social trabalhista. Já que o "trabalho abstrato", que produz mercadorias, penetra e domina toda a esfera da vida social, era possível, segundo os clássicos da teoria social, "direcionar as expectativas utópicas à esfera de produção, ou seja, em síntese: era possível sustentar a utopia da emancipação do trabalho de sua heterodeterminação".[74] A utopia, ainda nos protestos de maio de 1968, se configurava como autodeterminação operária e autoadministração das fábricas pelos trabalhadores. Enquanto para Marx e os revolucionários o "trabalho abstrato" era um ponto de partida organizacional para a revolução, agora, como trabalho abstrato para todos em condições sempre melhores, se tornou ponto de chegada.

O Estado de bem-estar social apoiava-se no paradigma da produção, portanto numa perspectiva de humanização do trabalho assalariado heterodeterminado com seus acordos com o capital, e na promessa de possibilitar para a maioria dos cidadãos trabalho e uma vida de prosperidade e segurança social. Depois do primeiro recuo referente à transformação das relações trabalhistas heterodeterminadas em relações autodeterminadas, agora, por estar envolvido em tarefas contraditórias, o Estado de bem-estar social, democraticamente legitimado, se vê obrigado a recuar em sua tentativa de "humanizar" as relações de trabalho.

Até a queda do muro de Berlim, o sistema político mundial e bipolar ainda ofereceu utopias verbais, de um lado, pelas promessas de um reformismo social-democrata, defendido por quase todos os partidos, numa democracia de massa, e do outro lado, pelo comunismo autoritário. Com a queda do muro, se dissolveu também a situação concorrencial dos dois sistemas que lutavam para mostrar a evidência de sua superioridade. O frágil equilíbrio que antes caracterizou a relação capital e trabalho foi extinto em benefício do capital hegemônico.

---

[74] *Ibidem*, p. 145 e 13, respectivamente.

Hoje, as transformações profundas de igualdade com liberdade não podem ser mais pensadas a partir do "paradigma de produção" e trabalho assalariado no interior do Estado de bem-estar social que outrora moveu a classe trabalhadora e seus aliados intelectuais. As razões para tal afirmação são múltiplas:

a) O Estado de bem-estar social está acoplado ao "paradigma de produção" no interior do sistema capitalista, cujo pivô é o crescimento e a incorporação de territórios e mercados. A falência de qualquer projeto que aposte no crescimento é previsível, já que a estagnação desse crescimento é consequência de recursos limitados.

b) Face aos recursos naturais limitados e à natureza devastada, o "paradigma de produção" mostrou suas forças destrutivas inerentes, longe de uma perspectiva emancipadora capaz de articular a humanidade com a natureza. O paradigma de trabalho incorporado ao sistema do binômino crescimento-lucro perdeu sua força de barganha universal.

c) A transformação da propriedade privada dos meios de produção em propriedade coletiva dos operários não produziu, onde foi realizada, uma autoadministração equitativa dos operários, universalmente emancipadora. Tal emancipação deveria também incluir os não empregados e tantas outras causas sociais. Transformações emancipadoras não tratam de casos, mas de causas. Casos são corporativistas, causas são universais.

d) Pela evolução tecnológica, que substituiu em larga escala o "trabalho abstrato", esse trabalho se tornou um bem escasso. O Estado de bem-estar social não pode garantir o pleno emprego para todos. Entre os cortadores de cana permanentemente paira o medo da perda de seu posto de trabalho para a cortadeira.

e) O Estado de bem-estar social não é uma entidade neutra, que represente e defenda a democracia formal entre os interesses do capital e do trabalho. Ele representa pela sua constituição, pela delegação das urnas (maioria parlamentar) e por interesse próprio – por ser empresário – o crescimento, que é um pressuposto de sua existência e de seu "ser social".

Sem esse crescimento com sua exploração natural e social acoplada não haverá bens para serem socialmente distribuídos.

f) Um número crescente de cidadãos não vive mais do "trabalho abstrato", mas de uma renda mínima em suas múltiplas configurações de assistencialismo. O Estado de bem-estar social dispõe dos recursos para essa renda mínima graças à apropriação de partes da mais-valia sistemicamente produzida. Nessas rendas mínimas há uma perspectiva de sobrevivência, mas não de emancipação.[75]

g) A autorrealização do indivíduo e a dignidade humana precedem ao trabalho assalariado e não emergem dele. O mal-estar utópico, que hoje envolve o paradigma de trabalho, não significa necessariamente o fim da utopia, desde que seja historicamente situada. "Quando os oásis utópicos secam, espalha-se um deserto de banalidades e de perplexidades".[76] Precisamos, porém, desvincular a utopia de uma vida feliz e autodeterminada da exclusividade do "paradigma de produção", de progresso destrutivo, de sua perspectiva do crescimento e do "mais". É claro, quem tem fome precisa comer "mais". Não são os famintos que ameaçam o planeta Terra, mas os doentes por excesso de comida, luxo e lixo.

3.5. Reestruturação do trabalho: toyotismo e Estado mínimo

O cidadão que conquistou o estatuto de sujeito de direitos trabalhistas, de uma participação política formal e de consumidor de bens de massa, agora se vê abandonado pelo Estado que queria ser social sem ser autônomo diante da funcionalidade e dos interesses do sistema econômico. Esse abandono tem o nome de "reestruturação".

---

[75] Gorz, André. *Metamorfose do trabalho*: crítica da razão econômica. São Paulo: Annablume, 2003, p. 199s.

[76] Habermas, Jürgen. *Opere citato*, 2005, p. 34.

A terminologia da "nova morfologia" ou da "reestruturação" do trabalho poderia prender a nossa atenção à superfície de transformações meramente organizacionais e desviar nosso olhar dos interesses subjacentes ao fenômeno dessa reestruturação iniciada no fim dos anos 1960 ou no início dos 1970. Faz tempo que Mészáros nos adverte de que se trata de uma "nova fase histórica do imperialismo hegemônico global".[77] A lógica destrutiva do capitalismo acoplado à lógica da reestruturação, que se revela progressivamente como lógica da precarização, situa-se num contexto histórico-social amplo. Somos obrigados a reconhecer, como Mészáros[78] afirma,

> que a lógica do capital é absolutamente inseparável do imperativo da dominação do mais forte sobre o mais fraco, [...] e que o impulso ao monopólio e à subordinação ou extermínio dos concorrentes que estiverem no caminho da autoasserção de um monopólio lhe é necessariamente concomitante.

Novos ciclos de produção e consumo privilegiado, que são ciclos de expansão, de modo geral, são acompanhados não somente por cientistas e tecnocratas, mas também por militares. Taylorismo fordista e Estado de bem-estar social floresceram em tempos de pós-guerra, marcados por crescimento econômico e prosperidade num contexto de produção e consumo de massa, sobretudo nos países centrais. A construção ideológica de um "eixo do mal" legitima a expansão e a dominação implacável do mais forte.

---

[77] MÉSZÁROS, István. *O século XXI*: socialismo ou barbárie. São Paulo: Boitempo, 2003.

[78] *Idem. O desafio e o fardo do tempo histórico.* O socialismo no século XXI. São Paulo: Boitempo, 2007a, p. 136.

Deve-se observar como o linguajar bélico penetra nas relações comerciais do próprio setor sucroalcooleiro, ao qual é atribuída a responsabilidade do fornecimento de "produtos estratégicos", como o etanol. E como cada guerra tem seus vencedores e vencidos, seus heróis e suas vítimas, também no vasto território do plantio da cana-de-açúcar há heróis – os usineiros, recentemente declarados "heróis da nação"–, vítimas com "coluna travada" e sobreviventes calados, que estão no corte da cana, "soldados rasos da cana-de-açúcar".

Com esse pano de fundo mais amplo, voltemos à "nova morfologia" e à "reestruturação" do trabalho no interior do capitalismo formatado pelo neoliberalismo. No sistema neoliberal, a capacidade de intervir nos conflitos sociais através de medidas transformadoras depende cada vez menos de indivíduos ou instâncias políticas locais.[79] Relações e estruturas do comércio internacional interferem nos espaços locais, sem permitir uma interação simétrica entre ambos.

No final dos anos de 1960, "o regime fordista deu sinais claros de esgotamento do compromisso entre burguesia e trabalhadores. Manifestações proletárias se espalharam por todas as formações capitalistas".[80] Os trabalhadores não aceitaram mais ser mera extensão da máquina. Reivindicaram participação na produção, além de

---

[79] O neoliberalismo surge nos anos 1940, nos países capitalistas, como uma proposta teórica e política contra o Estado intervencionista e de bem-estar social. O texto que deu origem às bases do neoliberalismo foi escrito por Friederich Hayek, intitulado *O caminho da servidão,* em 1944. Em 1974 foi-lhe conferido o Prêmio Nobel de Economia. No sistema neoliberal é proposto que os mecanismos do mercado econômico pouco dependam do Estado. A hegemonia desse programa consolida-se no final dos anos 1970. A Inglaterra, sob o governo de Margareth Thatcher, torna-se um dos primeiros países capitalistas a pôr em prática o programa neoliberal (cf. Anderson, Perry. Balanço do neoliberalismo. In: Gentili, Pablo; Sader, Emir (orgs.). *Pós-neoliberalismo*: as políticas sociais e o Estado democrático. Rio de Janeiro: Paz e Terra, 1995, p. 9-23).

[80] Marcelino, Paula Regina Pereira. *A logística da precarização.* Terceirização do trabalho na Honda do Brasil. São Paulo: Expressão Popular, 2004, p. 55.

executar gestos repetitivos e destituídos de sentido. A crise interna do Estado de bem-estar social ficou patente quando a classe operária percebeu que por trás de um Estado, que agiu aparentemente como seu defensor, "pulsavam as contradições e as lutas de classe".[81] A partir de uma nova precariedade e escassez do trabalho, emergiu a questão do "sentido do trabalho" não só como sustento material, mas como realização humana integral.

A nova geração de trabalhadores e estudantes não estava mais disposta a pagar o preço que o Estado de bem-estar lhe cobrava. Uma moeda desse preço era a "rigidez", que clamou por "flexibilização";[82] a outra moeda era "a repressão dos desejos" e a aceitação "de uma vida em que tudo está decidido antecipadamente".[83] Nos protestos daqueles anos se manifestou a vontade de reconquistar "uma soberania do indivíduo diluída nas ideologias do progresso, da rentabilidade e do culto das curvas de crescimento".[84]

Na crise do fordismo, que forjou a reestruturação da economia mundial e da produção local, se manifestou o conluio de várias crises: a crise cultural da geração de 1968, a crise do Estado intervencionista e aparentemente interclassista, a crise política do modelo social-democrata e a crise do petróleo, em 1973. O modelo fordista, nessas crises, é expressão da crise do próprio capitalismo. Reestruturação significa desmontagem de estruturas sociais e Estado mínimo.[85]

---

[81] Groppo, Luís Antonio. *Opere citato*, 2005, p. 73.

[82] Harvey, David. *Condição pós-moderna*: uma pesquisa sobre as origens da mudança cultural. 17. ed. São Paulo: Loyola, 2008, p. 135s, 177s.

[83] Castel, Robert. *As metamorfoses da questão social*: uma crônica do salário. 7. ed. Petrópolis: Vozes, 2008, p. 504.

[84] *Ibidem*.

[85] Dupas, Gilberto. A lógica econômica global e a revisão do welfare state: a urgência de um novo pacto. In: Pereira, Luiz Carlos Bresser; Wilheim, Jorge; Sola, Lourdes (orgs.). *Sociedade e Estado em transformação*. São Paulo: Unesp, 1999, p. 221s.

Toyotismo

Uma experiência de reestruturação e flexibilização da organização produtiva e mais participativa que contribuiu para a crise do fordismo foi desenvolvida na empresa japonesa Toyota Motor Company, pelo engenheiro industrial Taiichi Ohno. Em seu conjunto, o sistema de organização do trabalho toyotista pode ser considerado um sistema que deu mais atenção à subjetividade, um tanto negligenciado no sistema fordista, que tratou os trabalhadores como simples fator humano. O modelo toyotista, um novo "modo asiático de produção", que leva em conta a mentalidade da sociedade nipônica, pôde ser considerado como contraponto à visão ocidental europeia do taylorismo fordista. A palavra-chave do toyotismo, que nos permite pensar que também no canavial e na usina sucroalcooleira não se esgotaram ainda as possibilidades de humanização do trabalho, é a "autonomação", a autonomia de pequenas unidades de produção automatizadas. Pequenas unidades de trabalho, nas quais um trabalhador controla várias máquinas, são acopladas a máquinas que produzem paradas automáticas em casos de falhas ou defeitos na produção. Enquanto Taylor havia descomposto atividades complexas em unidades mínimas executadas numa especialização monótona, Ohno exigiu dos trabalhadores a capacidade de executar concomitantemente várias funções e fases de um processo produtivo. Em seguida foi reorganizado o espaço da fábrica por "células de produção" nas quais os membros da equipe podem exercer todas as funções necessárias e assumem a maior quantidade possível de postos. As metas de "uso do tempo são recalculadas permanentemente pela gerência com o apoio das próprias células, até que se atinja um número fixo mínimo de trabalhadores, capazes de assumir todos os postos com suficiente produtividade".[86]

[86] Pinto, Geraldo Augusto. *Opere citato*, 2007, p. 61.

A automatização do processo de trabalho, a multifuncionalidade do trabalhador e a descentralização do trabalho para pequenas células de produção permitiram, através de um sistema de informação permanente, trabalhar com uma variedade de produtos. Esse sistema de automatização, polivalência e celularização possibilitou uma relação mais estreita com a demanda do consumidor, pois facilitou a pronta entrega e exigiu um estoque mínimo. Só era produzido o que já era vendido, e era produzido *just in time*, na quantidade e na hora certas. A produção era determinada pelo consumidor. O sistema de produção flexível, tendo o toyotismo como seu protótipo, gerou um aumento de produtividade e rapidez no atendimento às demandas, com cada vez menos trabalhadores.[87]

A participação mais abrangente no funcionamento do trabalho e a polivalência do trabalhador intensificaram o controle patronal sobre os trabalhadores. O toyotismo acelerou os ritmos e aumentou a responsabilidade das células e o volume do trabalho, sem contrapartida de maior estabilidade no emprego nem remuneração melhor. Criou-se um clima de vigilância permanente, que corrói o companheirismo de equipe. Enquanto a organização taylorista/fordista responsabilizou "as esferas gerenciais pelo aumento contínuo da produtividade e da qualidade do trabalho operatório", o toyotismo operou "a melhoria da produtividade e da qualidade do trabalho" a partir dos operários e da utilização flexível das forças produtivas e de trabalho dispostas. A horizontalização da responsabilidade sobre a produtividade do toyotismo forjou uma "gerência pelo estresse"[88] e fecundou células produtivas incorporadas a processos compulsivos, nos quais

---

[87] Antunes, Ricardo. *Os sentidos do trabalho*. Ensaio sobre a afirmação e a negação do trabalho. 8ª reimpressão. São Paulo: Boitempo, 2007, p. 54s.

[88] Pinto, Geraldo Augusto. *Opere citato*, 2007, p. 66s.

os trabalhadores se "autoaceleram, coletivamente, e o grupo, tomado por uma espécie de frenesi, passa a operar um poder seletivo sobre os mais lentos".[89]

O toyotismo representa nova acomodação do capital na economia global. Robert Kurz adverte para um dado essencial:

> A crise da terceira revolução industrial é também a crise da mais-valia relativa. Com as novas forças produtivas, já não é possível empregar de forma rentável grandes massas de força de trabalho em quantidade suficiente.[90]

A mais-valia relativa não garante a acumulação do capital. Passada a crise,

> o capital retorna à predominância da mais-valia absoluta. [...] A acumulação deve ser salva, à custa do prolongamento da jornada de trabalho para a mão de obra remanescente, de um crescente aumento da intensidade e drástica redução da proteção do trabalho.[91]

Pelo desemprego estrutural e pela destruição ambiental, a barbárie está novamente solta e o potencial civilizatório do capitalismo está desmentido.

---

[89] DEJOURS, Christophe. Sofrimento e prazer no trabalho: a abordagem pela psicopatologia do trabalho. In: LANCMAN, Selma; SZNELWAR, Laerte Idal (orgs.). *Christophe Dejours*: da psicopatologia à psicodinâmica do trabalho. 2. ed. Rio de Janeiro/Brasília: Fiocruz/Paralelo 15, 2008, p. 148.

[90] KURZ, Robert. Mais-valia absoluta. Disponível em <http://obeco.planetaclix.pt/rkurz190.htm>. Acesso em 18 fev. 2005.

[91] *Ibidem*.

Reestruturação como precarização

Ao falar da reestruturação do trabalho, referimo-nos ao trabalho de sustento e de trabalhadores que são obrigados a realizá-lo ou em uma profissão que escolheram e na qual se especializaram, ou em um serviço remunerado que *ad hoc* aprenderam. O trabalho de sustento se exerce cada vez menos numa profissão e num lugar garantido até a aposentadoria. Emergiu nas últimas décadas certa fluidez nas relações de trabalho em função de acumulação flexível. Exige-se do trabalhador flexibilidade em relação ao local de trabalho, tempo, conteúdo, salário, conquistas sociais e qualificação.[92]

No mar do trabalho caiu uma pedra gigante: a insegurança, cujas ondas atingem não só as relações familiares e sociais dos trabalhadores, mas a própria identidade das pessoas, seu estilo de vida e suas projeções para o futuro. Há um século, a identidade laboral era questão de "vocação" ou talento. Ela se tornou mais tarde a questão de uma "profissão útil" para a sociedade, enquanto hoje se confere a identidade social por meio de um "emprego" que insere no mercado. Ser reconhecido significa estar no mercado.

A reestruturação do trabalho foi impulsionada pela indústria automobilística, mas o *know how* adquirido na linha de montagem da Ford e, posteriormente, pelos computadores da Toyota atingiram toda a produção industrial, transformaram os processos de trabalho e nortearam a cadeia produtiva em sua reestruturação. O objetivo dessa reestruturação foi manter ou aumentar os lucros por meio de uma produção flexível, com altos índices de qualidade, a chamada "qualidade total", preços finais baixos e entrega rápida.[93]

---

92 Kocka, Jürgen; Offe, Claus (orgs.). *Geschichte und Zukunft der Arbeit*. Frankfurt a. M.: Campus, 2000, p. 9s.

93 Cf. Pinto, Geraldo Augusto. *Opere citato*, 2007, p. 38s.

No contexto da gênese da nova morfologia do trabalho nos interessam apenas alguns pressupostos que permitam compreender a cristalização dos impasses que configuram a reestruturação como precarização. A flexibilização tornou-se sinônimo de reestruturação e precarização: flexibilização dos contratos de trabalho, dos direitos, dos salários, da produção e da acumulação. A suposta vantagem da flexibilização e da mobilidade levou os trabalhadores a aceitarem o flagelo da desregulamentação do trabalho; tornando-se, na verdade, uma arma contra os trabalhadores, que se viram obrigados a recorrer a dois empregos para atender a suas necessidades básicas ou manter seu padrão de consumo. De fato, estendeu-se a jornada de trabalho com prejuízo à saúde e à qualidade de vida do trabalhador.

Nesse contexto, reestruturação significa a síntese entre "acumulação flexível",[94] terceirização de serviços e precarização de condições de trabalho imposta pela hegemonia do capital. A reestruturação é justificada como medida benéfica a todos os setores envolvidos. Sob a bandeira da reorganização, quer dizer, da reforma funcional do trabalho segundo os novos ditames do mercado mundial, promete conter o desemprego e garantir um aumento de produtividade.

Flexibilização significa desobrigação via terceirização. Uma forma de terceirização é o *outsourcing*, ou seja, a externalização de fases e processos produtivos para regiões com menor rigor fiscal.[95] A transferência de determinados serviços da cadeia de produção a terceiros fragmenta a classe operária em seu potencial reivindicatório e desresponsabiliza a empresa quanto ao cumprimento de obrigações trabalhistas da parcela terceirizada de trabalhadores. A opacidade da flexibilização

[94] HARVEY, David. *Opere citato*, 2008, p. 177s.

[95] VASAPOLLO, Luciano. *O trabalho atípico e a precariedade*. São Paulo: Expressão Popular, 2005, p. 21.

e da terceirização lança "um manto de invisibilidade sobre o mundo real do trabalho, bem como sobre os problemas de saúde relacionados ao trabalho".[96]

A flexibilização estatal a serviço da reestruturação produtiva criou duas categorias de trabalhador: os mais estáveis, especializados e escolarizados, dos quais se exige mais versatilidade, e os trabalhadores temporários, os subcontratados e os vinculados à economia informal. Esse grupo, ao qual pertence a grande maioria dos trabalhadores no setor sucroalcooleiro, é muito maior que o primeiro e "sofre a precariedade do emprego e da remuneração, a desregulamentação [...] das condições de seu trabalho em relação às normas legais e, consequentemente, vê regredir constantemente seus direitos sociais".[97] Também a fronteira entre esses dois grupos de trabalhadores é flexível. Nenhum setor do trabalho está imune "à miséria desumana do desemprego e do "trabalho temporário", e este é "tendenciosamente deturpado como 'emprego flexível'".[98] E Mészáros[99] nos provoca ao afirmar: "A globalização do desemprego e da precarização, até o momento, não pode ser remediada sem a substituição radical do sistema capitalista". O que pode significar: "Até o momento"?

A chamada "reestruturação produtiva" do trabalho e a "reengenharia empresarial", com todas as suas vicissitudes, forjaram o Estado mínimo.

---

96 Silva, Selma Cristina; Franco, Tânia. Flexibilização do trabalho: vulnerabilidade da prevenção e fragilização sindical. In: Druck, Graça; Franco, Tânia (orgs.). *A perda da razão social do trabalho*: terceirização e precarização. São Paulo: Boitempo, 2007, p. 120.

97 Pinto, Geraldo Augusto. *Opere citato*, 2007, p. 42.

98 Mészáros, István. Desemprego e precarização: um grande desafio para a esquerda. In: Antunes, Ricardo (org.). *Riqueza e miséria do trabalho no Brasil*. São Paulo: Boitempo, 2006b, p. 27.

99 *Ibidem*, p. 32.

O Estado mínimo

A partir dos anos 1970, dois novos atores entraram no cenário do mercado mundial: um operariado proveniente de países de salários baixíssimos e um comprador de proveniência e demanda socioculturalmente diversificadas. Salários baixos e demandas diversificadas desafiaram a antiga empresa nacional. Para garantir sua acumulação em face das novas circunstâncias, o capital identificou seu adversário principal, que já não era o proletariado desorganizado, mas o Estado nacional de bem-estar social, cuja legislação trabalhista o capital considerou caducada, burocrática e incapaz de realizar uma gestão racional e flexível dos bens coletivos de cada país.[100]

Flexibilização das leis trabalhistas, não intromissão no andamento do mercado e privatização dos bens até então administrados pelo Estado (saúde, transporte, educação, bens estratégicos como petróleo) se tornaram as reivindicações principais para garantir dinamismo e prosperidade no concerto das nações. O Estado-árbitro foi acorrentado para garantir o prazer do jogo livre e global. Os ponteiros do relógio da reestruturação apontaram para a desmontagem do Estado de bem-estar social. Com as privatizações e o despojamento de funções sociais promovidos pela flexibilização de uma legislação trabalhista conquistada no século passado, nasceu o Estado mínimo, que perdeu em grande escala o controle sobre a regulamentação das condições da acumulação do capital, que obtém seus grandes lucros, muitas vezes, não pela produção, mas pela especulação financeira. Essa especulação fica mais evidente em tempos de crises e incertezas. Não importa qual a nacionalidade da moeda, importa aos especuladores onde o dinheiro poderá ser aplicado com mais lucro. Trata-se

---

[100] SANTOS, Boaventura de Sousa. *Opere citato*, 1999, p. 243.

de renda parasitária, que, com maiores lucros, não só não produz mais empregos, como elimina postos de trabalho.

O itinerário do Estado mínimo passou pela independência dos últimos países até então colonizados, nos anos de 1960. Com a integração de países periféricos ao sistema capitalista mundial e com a fundação da Organização dos Países Exportadores de Petróleo (OPEP), Arábia Saudita, Irã, Iraque, Kwait, Venezuela, em 1960, causando seguidas "crises" de petróleo, o Estado de bem-estar social entrou numa crise multidimensional.

No mundo descolonizado e globalizado tornou-se difícil terceirizar o ônus do bem-estar social do centro para a periferia. Agora, as periferias foram reproduzidas em cada país. O Estado, que não conseguia mais pagar nem terceirizar o ônus do bem-estar social dos seus cidadãos, foi obrigado a permitir para a sua esfera econômica a terceirização da produção. A concorrência mundial, estimulada pelos chamados Tigres Asiáticos (Hong Kong, Cingapura, Coreia do Sul, Taiwan), com altas tecnologias e mão de obra barata, por dispor de uma classe trabalhadora mal organizada ou de regimes autoritários, exigiu transferir muitos setores produtivos para esses países emergentes. Essas transferências da produção a países de baixo custo geraram desemprego estrutural nos países centrais. Com o desemprego formal, as contribuições sociais de trabalhadores, empregados e empresários, às quais estavam vinculados os benefícios do Estado, começaram a minguar. No Brasil, nem as contribuições do setor de produção ao Estado de bem-estar social nem as retribuições do Estado tinham chegado aos índices dos países do norte da Europa ou dos Estados Unidos.[101]

---

[101] Pereira, José Matias. Repensando a administração pública: o futuro do Estado de bem-estar. *Revista de Informação Legislativa*, Brasília, 36, nº 142, p. 243, abr.-jun. 1999.

A crise do pacto reformista permitiu à esfera econômica impor ao Estado mais autonomia configurada por privilégios fiscais e desrespeito a conquistas sociais dos trabalhadores. Exigiu-se, para um bom funcionamento da economia, a redução drástica da interferência reguladora do Estado. Essa presença reguladora já estava enfraquecida pela própria globalização, que permitiu a muitas empresas multinacionais, com orçamentos maiores que os próprios Estados, escapar à fiscalização do Estado nacional.

Os meios de comunicação de massa, quase todos privatizados, fomentam a ideologia da não intromissão do Estado no mundo do trabalho e apoiam medidas compensatórias para aquele segmento dos cidadãos marginalizados, que carregam em si o germe da revolta. Nas campanhas publicitárias, a flexibilização do trabalho, que faz parte de sua precarização, é apresentada como empreendedorismo e como oportunidade para o bom uso da liberdade.[102] Vozes discordantes e movimentos sociais são, muitas vezes, silenciados e até criminalizados pelos meios de comunicação de massa.[103] Boaventura de Sousa Santos adverte que, atualmente, há muito mais líderes indígenas e do Movimento dos Sem Terra presos que líderes sindicais.[104]

---

[102] Buhl, Kathrin; Korol, Claudia (orgs.). *Criminalização dos protestos e movimentos sociais*. São Paulo: Instituto Rosa Luxemburg Stiftung; Rede Social de Justiça e Direitos Humanos, 2008. Ver também: Pinassi, Maria Orlanda. *Da miséria ideológica à crise do capital*: uma reconciliação histórica. São Paulo: Boitempo, 2009, p. 83-87.

[103] No decorrer dos anos 2008 e 2009, a Comissão Pastoral da Terra (CPT), o Movimento dos Trabalhadores Sem Terra (MST) e o Conselho Indigenista Missionário (Cimi), dirigiram-se por várias ocasiões à opinião pública, denunciando a criminalização de seus movimentos e lideranças pelos meios de comunicação e pelas forças repressivas do Estado Brasileiro. Cf. entrevista: A criminalização dos movimentos sociais, publicada em 28 jul. 2008, pela *Revista do Instituto Humanitas Unisinos* da Universidade do Vale do Rio dos Sinos, Unisinos, em São Leopoldo, RS. Disponível em <www.andes.org.br/imprensa/ultimas/contatoview.asp?key=5296>.

[104] Disponível em <http://assincramg.wordpress.com/2009/09/04/os-saberes-invisiveis>. Acesso em 5 jan. 2010.

O Estado mínimo, como veremos, tem um impacto sobre a gerência do complexo sucroalcooleiro, que é um setor do agronegócio. Nesse setor, tendencialmente, os lucros aumentam com cada vez menos mão de obra. Trabalhar em situação na qual o emprego representa um favor ou uma "espécie em extinção", obviamente, dificulta o poder de barganha.

4. À escuta das narrativas dos canavieiros

No quarto passo chegaremos ao cruzamento entre dados teóricos, anteriormente elaborados, e a narrativa dos trabalhadores inseridos no trabalho do corte da cana. No setor sucroalcooleiro, que articula o setor agrário com o setor industrial, não só repercutem as diferentes reestruturações econômicas e políticas, como se cruzam também conceitos e narrativas. "Conceitos" e "narrativas", em si, têm certa autonomia, mas apenas a partir do entrelaçamento de ambos, que se procura tecer no quarto capítulo, começam a iluminar-se reciprocamente.

A questão do trabalho penoso articulada com a dignidade no trabalho, que na parte histórica desta pesquisa nos fez percorrer os sulcos da cana na *terra brasilis*, desde a sua descoberta, nos leva novamente ao canavial neste quarto capítulo. Por meio de narrativas e entrevistas abertas, agora não com historiadores, mas com cortadores de cana-de-açúcar, sindicalistas e engenheiros da usina, procuramos aferir nosso material conceitual e verificar a evolução do dossiê histórico até os dias de hoje.

Nessa perspectiva, este capítulo representa em vários sentidos uma "purificação" dos conceitos pelas experiências, e das expectativas pelas reivindicações concretas recorrendo à práxis no canavial. As falas nos confrontam com o risco da pobreza pelo desemprego, com o trabalho precário sem grandes perspectivas e, indiretamente, com a tesoura que se abre cada vez mais entre os salários dos trabalhadores e os lucros empresariais, com a frieza da competitividade imposta pela lucratividade. A interlocução com os sujeitos desse processo histórico de exploração e transformação não produz respostas ou soluções simples, mas perguntas e, talvez, melhor compreensão da complexidade da questão em foco, sem aquele desespero que insiste na negação de um outro mundo possível.

Os contatos com os cortadores de cana da região de Cosmópolis, com seu sindicato e a usina de álcool da cidade mostraram as ligações entre política agrária e política industrial. A reestruturação do trabalho industrial tem impacto imediato sobre a reestruturação do trabalho no campo. E a reestruturação da usina de álcool é reflexo da reestruturação do trabalho no mundo globalizado.

Essa reestruturação no interior do Estado mínimo, que projeta suas racionalidades sobre a situação laboral e social dos cortadores de cana, não trouxe, como anunciou, mais espaços de autonomia, mas, pelo contrário, implantou um sistema de controle que permite apenas pequenas decisões em níveis secundários. O canavial representa para os trabalhadores um beco sem grandes saídas. A "opção" pelo canavial é uma necessidade. Ficar na cana é ruim, voltar para a terra de origem é pior. O canavial tem algo de prisão e os canavieiros são "escravos da precisão".[1] Ficar na cana é como "ficar em cana". Diminuir a parte "penosa" do trabalho através de salário, aposentadoria, proteção da saúde, seguro-desemprego, horários limitados, contrato supervisionado pelo sindicato não significa necessariamente eliminar o trabalho penoso.[2]

A pressão sobre a produtividade dos canavieiros e seu pagamento por produção estão na origem de vidas que se acabam antes do tempo e de agravos à saúde. O impacto físico e psicossocial do trabalho excessivo causa mortes prematuras e vidas mutiladas, não na aparência, mas na intimidade de sua existência. Os canavieiros, porém, não são apenas "vítimas" de uma situação de necessidade e dos impactos psicossociais dessa situa-

---

[1] Moura, Flávia de Almeida. *Escravos da precisão*: economia familiar e estratégias de sobrevivência de trabalhadores rurais em Codó, MA. São Luís: EDUFMA, 2009. Ver também: Silva, Maria Aparecida de Moraes. Introdução. A barbárie do i-mundo eito dos canaviais paulistas. In: Facioli, Inês *et al*. *Vozes do eito*. Coletânea de depoimentos sobre a vivência cotidiana de migrantes temporários rurais. Guariba: eco.das. letras, 2009, p. 12.

[2] Fernandes, Eda. *Opere citato*, 1996, p. 40.

ção. Eles são também atores, cujas intervenções trabalhistas, mesmo em situação de precariedade do trabalho e de governança reduzida do Estado mínimo, conseguiram mudanças, melhorias, vitórias.

4.1. A usina de álcool na reestruturação do trabalho

O processo de reestruturação produtiva visa a um novo patamar de acumulação. Esse se apoia em quatro pilares: flexibilização e/ou desregulamentação da agroindústria canavieira e das leis trabalhistas; terceirização de serviços; privatização dos meios de produção e serviços até então de domínio público; e redução da presença do Estado (Estado mínimo), juntamente com a transformação do Estado empresário em Estado facilitador. Deve-se entender, no entanto, que o Estado facilitador das empresas e da expansão do mercado externo há de ser ao mesmo tempo um Estado zelador pelos trabalhadores e pelo abastecimento do mercado interno com alimentos. A reestruturação teve um impacto específico sobre o setor sucroalcooleiro. A saída do Estado da regulamentação e a abertura econômica para a exportação tornaram as relações internas do complexo sucroalcooleiro privadas e mais competitivas.[3]

Depois de ocorrida a fase inicial protecionista do setor, a partir dos anos 1990, assistimos à extinção dos incentivos estatais, que teve sua expressão simbólica com o fechamento do Instituto do Açúcar e do Álcool (IAA), pela Lei nº 8.029/90. Nem por isso o setor empresarial do comple-

---

[3] Alves, Francisco [José da Costa]. Diagnóstico e propostas de políticas públicas para o complexo agroindustrial canavieiro na macrorregião de Ribeirão Preto. In: Moraes, Márcia Azanha Dias Ferraz de; Shikida, Pery Francisco Assis (orgs.). *Agroindústria canavieira no Brasil*: evolução, desenvolvimento e desafios. São Paulo: Atlas, 2002, p. 331.

xo sucroalcooleiro foi abandonado pelo Estado. Este favorece a produção pelo aumento da demanda do setor por meio da adição de álcool etílico à gasolina, atualmente fixada em 20%,[4] pelo discurso de divulgação do etanol como combustível ecologicamente correto, pelo prestígio governamental dado ao setor com seus "heróis da nação" e, sobretudo, pelo incentivo à exportação.

A partir da década de 1980, a reestruturação do setor produtivo de bens e serviços passou a ser orientada por três fatores inspirados nos chamados "Programas de Qualidade Total": pelas demandas de mercado externo, pela introdução de novas tecnologias de produção e por gestão empresarial. No segmento sucroalcooleiro, a reestruturação buscou inovar "a base técnica e os modos de gestão organizacional para tentar sobreviver e ampliar-se nos competitivos mercados da era da globalização".[5]

Essa reestruturação no Estado de São Paulo, onde são produzidos 64,1% do açúcar e 61,1% do etanol do país, envolve inovações em vários níveis: biológico, físico-químico e mecânico.[6]

No nível biológico, criaram-se variedades de cana mais resistentes, com alto teor de sacarose e menor tempo de maturação. O Centro de Cana do Instituto Agronômico coloca à disposição dos produtores de cana de todo o país quatro novas variedades que correspondem a essas exigências para diversos tipos de solo e ambiente. No nível físico-químico, a utilização de herbicidas para controle das ervas daninhas substitui a capinação manual.

No nível mecânico, assistiu-se ao aprimoramento cada vez mais eficiente das colheitadeiras ou colhedoras de cana. As inovações tecno-

---

[4] Cf. Resolução do Conselho Interministerial do Açúcar e do Álcool – CIMA nº 35, de 22 fev. 2006.

[5] Scopinho, Rosemeire Aparecida. Qualidade total, saúde e trabalho: uma análise em empresas sucroalcooleiras paulistas. *Revista de Administração Contemporânea*, vol. 4, nº 1, p. 94, jan./abr. 2000.

[6] Os dados de produção referem-se à safra de 2008-2009. Cf. Secretaria-geral da Presidência da República, 2008, p. 16.

lógicas, sobretudo a mecanização, causam preocupação entre os cortadores de cana, por representarem efetivamente a substituição de sua mão de obra. A colhedeira trabalha 24 horas e, nesse período, corta 400 toneladas de cana. No ano 2009, a Usina Ester, de Cosmópolis, contou com seis dessas máquinas, que cortam diariamente 2.400 toneladas. Se um boia-fria corta, por média, 10 toneladas por dia, uma máquina, trabalhando dia e noite, substitui 40 trabalhadores que, obviamente, só podem trabalhar durante 8 horas por dia. O aproveitamento dessas máquinas, que colhem e picam a cana em pedaços, é de 95% da cana cortada. Francisco Alves[7] fala do "novo paradigma de produção enxuta". Na realidade trata-se de uma mudança de paradigma no setor sucroalcooleiro, do paradigma subvencionista estatal para o paradigma tecnológico liberal.[8]

Modernizar, reestruturar ou reformular a base produtiva significa, no caso dos boias-frias, atender à exigência de novos patamares de produção e de controle, agora não mais imposta por um feitor, mas por um administrador. A modernização via mecanização produz impactos na organização do trabalho no campo e na usina.[9] A modernização mecanizada ocorrida no campo apresenta nova forma de organização no trabalho. Os cortadores de cana-de-açúcar em conjunto com o sindicato de Cosmópolis se adaptaram ao avanço tecnológico e criaram, por sua vez, um sistema de vigilância sobre o trabalho executado em vista de um controle mais exato

---

[7] Alves, Francisco. *Opere citato*, 2002, p. 333.

[8] Shikida, Pery Francisco Assis; Neves, Marcos Fava; Rezende, Ricardo Albuquerque. Notas sobre dinâmica tecnológica e agroindústria canavieira no Brasil. In: Moraes, Márcia Azanha Dias Ferraz de; Shikida, Pery Francisco Assis (orgs.). *Agroindústria canavieira no Brasil*: evolução, desenvolvimento e desafios. São Paulo: Atlas, 2002, p. 135.

[9] Scopinho, Rosemeire Aparecida; Valarelli, Leandro (orgs.). Modernização e impactos sociais: o caso da agricultura sucroalcooleira na Região de Ribeirão Preto (SP). São Paulo: Fase, 1995, p. 65.

de sua produção. Comumente, as medidas de reestruturação contemplam os mais adaptados aos novos princípios administrativos. A substituição contínua do trabalho vivo dos operários pelo trabalho morto da máquina funciona como uma possibilidade de estimular a competição e selecionar os mais adaptados.

Apesar da produtividade sob a pressão do mercado concorrencial, o Estado mínimo se reservou na questão ecológica alguns direitos de intervenção que impõem reestruturações do trabalho no canavial. O Protocolo Agroambiental, assinado pelo Governo do Estado de São Paulo e usinas de açúcar e álcool, prevê o fim das queimadas da cana até 2017.[10] Áreas queimadas, geralmente, são áreas não mecanizadas. Portanto, essa medida ecológica acelera o fim do corte manual que, em regra, pressupõe áreas queimadas.

A reestruturação, com auxílio das inovações tecnológicas e administrativas, modificou as relações sociais de produção. O efeito de conjunto dessa reestruturação para os trabalhadores "resultou em intensificação do ritmo de trabalho, precarização das condições e relações de trabalho e em desemprego".[11] Em pesquisa realizada na região de Ribeirão Preto, Scopinho[12] alerta quanto aos impactos da reestruturação produtiva sobre os trabalhadores daquela região, que "decorre do grau de insalubridade, periculosidade e penosidade existente nos ambientes de trabalho".

---

[10] O Protocolo Agroambiental é um dos 21 itens do pacote de projetos ambientais lançado pelo Governo do Estado de São Paulo. O documento foi assinado em 10 de março de 2008 pelo governador José Serra e Ismael Perina Júnior, presidente da Orplana (Organização de Plantadores de Cana da Região centro-sul do Brasil). Disponível em <www. saopaulo.sp.gov.br>.

[11] Rumin, Cassiano Ricardo; Navarro, Vera Lucia; Perioto, Nelson Wanderley. Trabalho e saúde no agrobusiness paulista: estudo com colhedores manuais de cana-de--açúcar da Região Oeste do Estado de São Paulo. *Cadernos de Psicologia Social do Trabalho*, vol. 11, nº 2, 2008, p. 196.

[12] Scopinho, Rosemeire Aparecida; Valarelli, Leandro (orgs.). Modernização e impactos sociais: o caso da agricultura sucroalcooleira na Região de Ribeirão Preto (SP). São Paulo: Fase, 1995, p. 70.

Essa forma de gestão impõe novas formas de relações sociais e de produção em toda a cadeia produtiva do açúcar e do álcool, que procura adaptar o trabalho às necessidades do crescimento e do lucro. Nessa perspectiva, surge outra proposta administrativo-organizacional. Como no toyotismo, ela foi concebida por especialistas em racionalizar os recursos técnicos e humanos e define as políticas de recursos humanos integradas ao conjunto de estratégias organizacionais para garantir a produtividade da força de trabalho.

As estratégias principais para aumentar produtividade do trabalho adotam a implementação e o desenvolvimento de programas participativos. No toyotismo do canavial, as medidas interventivas preveem treinamentos motivacionais que visam à otimização da força de trabalho pela adaptação da mão de obra rural à organização administrativa técnica. No caso dos boias-frias da Usina Ester, a adaptação passa por um curso de 24 horas, chamado "Cana Limpa", que consiste de um treinamento justificado pelas necessidades de eficiência produtiva. Busca-se, nesse curso, a capacitação da mão de obra por meio da melhoria contínua da qualidade do serviço prestado; concretamente, o fornecimento de uma cana livre de impurezas. Entre outras orientações técnicas, busca-se a gestão de excelência. O discurso empresarial enfatiza qualificação, competência, compromisso e envolvimento.[13] Os trabalhadores são convocados esporadicamente para a reciclagem profissional, cujo objetivo é a "integração orgânica do trabalhador, pela mobilização da sua subjetividade e cooperação".[14]

O processo de reestruturação do trabalho prevê em suas ações uma reorganização operacional e o condicionamento de novo comportamento do trabalhador. Os projetos implantados com essa finalidade são diferen-

---

[13] Esse discurso não está afinado com os últimos dados fornecidos pelo IBGE, que revelam baixa escolaridade dos trabalhadores rurais. Disponível em <jornalcana.com.br>. Acesso em 1º out. 2009.

[14] Cesar, Mônica de Jesus. Serviço social e reestruturação industrial: requisições, competências e condições de trabalho profissional. In: Mota, Ana Elizabete Mota (org.). *A nova fábrica de consensos*: ensaios sobre a reestruturação empresarial, o trabalho e as demandas ao serviço social. 2. ed. São Paulo: Cortez, 2000, p. 118.

tes nas formas, semelhantes nos conteúdos e, para o nosso expediente, compactados em cinco itens:

1) cinco pontos pontos básicos, os chamados 5S, que preveem produtividade e desempenho através da disciplina na organização do ambiente produtivo: (a) separar o necessário do desnecessário – senso de utilidade, (b) colocar cada coisa em seu devido lugar – senso de ordenação, (c) limpar e cuidar do ambiente de trabalho – senso de limpeza, (d) tornar saudável o ambiente de trabalho – senso de saúde, (e) rotinizar e padronizar a aplicação das recomendações acima – senso de autodisciplina;

2) qualidade total. Preocupação sistemática com a imagem da produção/produto.

3) *Just in Time*. Integração e otimização do processo produtivo, melhoria contínua do processo de produção, da empresa e dos funcionários – empreendimento coletivo para ganhar e manter a vantagem competitiva, entender as necessidades do cliente e atendê-las.

4) metodologia Kaizen. Melhorar a qualidade do processo de produção e do produto, reduzir e controlar o custo e oferecer pontualidade em sua entrega.

5) análise transacional. Controle emocional nas relações conflitantes; nesse caso, muda-se o comportamento sem alterar as condições de trabalho que proporcionaram o conflito: pressão, competição, hostilidade.

As novas formas de relação na organização do trabalho "foram introduzidas a partir da preocupação gerencial em desviar o ímpeto participativo dos trabalhadores para formas alternativas de organização que contassem com maior controle gerencial".[15] Nesse caso, treinamentos de motivação ou implantações técnicas de gestão não só estimulam a excelência de desempenho como também promovem mudanças de comporta-

---

[15] LEITE, Márcia Paula. *Trabalho e sociedade em transformação*: mudanças produtivas e atores sociais. São Paulo: Fundação Perseu Abramo, 2003, p. 72.

mento dos trabalhadores visando adaptá-los às necessidades da produção. "O que está em questão é a produtividade e a qualidade do trabalho e não a qualidade de vida dos trabalhadores".[16] Escondem-se, atrás de um discurso polido, novas formas de dominação e exploração. A condição de trabalhador e operário cede lugar à condição de colaborador. O crachá de "colaborador" intenta esconder a estrutura hierárquica rígida e mostrar uma imagem de relações iguais entre trabalhadores e setores.

A nova configuração social do trabalho, que substitui o imaginário da figura do funcionário hierárquico pelo imaginário da horizontalidade do colaborador, repercute na participação dos lucros. Ao funcionário, paga-se; com o colaborador, reparte-se. Também nas usinas de cana-de-açúcar se propagou a ideia de participação nos lucros da empresa. Isso revela dois pontos perversos que se coadunam: reforça a exigência de desempenho ao estabelecer metas de produção e promove mudança na perspectiva dos trabalhadores, ao empenharem-se coletivamente no cumprimento de metas e não nas reivindicações de melhores condições de trabalho. Na Usina Ester, os cortadores de cana participam nos lucros da empresa quando a usina atinge a meta de produção por ela estabelecida. É o sistema "Participação nos Lucros e Resultados" (PLR). Segundo dados fornecidos pelo sindicato dos trabalhadores rurais da região de Cosmópolis, nos anos de 2008 e 2009 a Usina Ester alegou não ter atingido a meta, portanto, não houve participação nos lucros para os cortadores. Em alguns anos anteriores, essa participação chegou a um salário-mínimo por safra.

A medida aparentemente compensatória de participação visa à sujeição da força de trabalho e adesão dos trabalhadores à nova organização do trabalho. Trata-se de um consenso negociado a duras penas, que "passa,

---

16 SCOPINHO, Rosemeire Aparecida. Qualidade total, saúde e trabalho: uma análise em empresas sucroalcooleiras paulistas. *Revista de Administração Contemporânea*, vol. 4, nº 1, p. 93-112, jan./abr. 2000, p. 109.

necessariamente, por formas de incentivos materiais e simbólicos que possibilitam a concretização da integração dos trabalhadores aos requisitos da produção".[17] O capital faz questão de apontar, no campo simbólico, para uma forma de parceria e cooperação entre trabalhador e empresa em que todos pareçam ser beneficiados.

No complexo sucroalcooleiro estamos sempre lidando com duas categorias de trabalhador: a dos cortadores de cana no campo e a dos funcionários e trabalhadores da usina. O discurso gerencial, que postula a necessidade de todos participarem efetivamente das decisões da empresa atribuindo autonomia às ações e iniciativas individuais, refere-se mais ao âmbito da usina, onde também é empregado com contradições. O trabalhador se vê diante de uma imposição de obediência às regras e, ao mesmo tempo, diante de um convite à iniciativa que garantiria a autonomia das decisões.

Na lógica da reestruturação produtiva, porém, o conceito de autonomia carrega consigo a responsabilidade por sua própria atuação no trabalho, no interior de um sistema iníquo orientado por lucro e não por qualidade de vida. Pode-se observar que, nessa lógica, se confunde a autonomia no ato das decisões com o autocontrole no ato da produção. O *savoir faire* do operário é colocado à disposição do processo produtivo, sobretudo quando mobiliza forças para otimização do tempo na execução das tarefas.[18] A voz ativa do coletivo é substituída pelo monólogo da caixinha de sugestões instalada em pontos estratégicos da usina. A bandeira dessa autonomia pode fragilizar a mobilização coletiva na usina e no campo, mas sobre isso vamos escutar a voz dos próprios trabalhadores.

---

[17] Soares, Rita de Cássia Murta Rocha. *A particularidade da responsabilidade social no setor sucroalcooleiro de Alagoas*. Dissertação (mestrado em Serviço Social). Universidade Federal de Pernambuco, 2003, p. 18.

[18] Antunes, Ricardo. *Opere citato*, 2005, p. 63. Ver também: Rosa, Hartmut. Kritik der Zeitverhältnisse. Beschleunigung und Entfremdung als Schlüsselbegriffe der Sozialkritik. In: Jaeggi, Rahel; Wesche, Tilo (orgs.). *Was ist Kritik?* Frankfurt a. M.: Suhrkamp (stw 1885), 2009, p. 23s.

4.2. O canavial como necessidade

Desde o início do ano de 2006 estou em contato com cortadores de cana, sindicato e, em algumas ocasiões, com a usina de açúcar e álcool da cidade de Cosmópolis. O contato com essas três instâncias me permitiu ouvir narrativas distintas, geralmente espontâneas da parte dos trabalhadores, mais elaboradas da parte do setor sindical e dos representantes da usina. Nas entrevistas abertas procuro ouvir a voz, sobretudo, dos cortadores de cana e, mais tarde, de seu segmento sindicalizado.

O interesse que guia essas entrevistas é o interesse nas elaborações subjetivas que norteiam a "fidelidade" dos entrevistados ao canavial e suas expectativas do "bem viver". Por que voltam a cada ano e, muitas vezes de longe, como aves de arribação, ao mesmo lugar? Essa "fidelidade" a um trabalho penoso poderá ter muitos nomes: necessidade, desemprego, sobrevivência, dever social, transformações possíveis, possibilidade de proporcionar melhores condições de vida aos filhos amanhã.

Na necessidade imposta e no dever social cumprido pode haver "gozo" e "prazer"? A interlocução com o campo é sempre uma caixa de surpresas. Nem sempre encontrei nas conversas realizadas, no horário de almoço ou noite adentro, e nas respostas dos interlocutores aquilo que procurei, nem sempre o que achei lógico, nem sempre indignação ou revolta como motores de transformação.

Carlos Antunes (A.C.A.),[19] boia-fria de 48 anos de idade, relata sua entrada na lavoura canavieira com naturalidade. Parece ter orgulho de que alguém possa interressar-se por sua vida:

> Vim pra Cosmópolis cortar cana por necessidade mesmo. Faz seis safras que estou aqui. Tinha amigo meu que já estava aqui e eles me falaram que toda safra pegava gente pra corte de cana. Me avisaram que o serviço era pesado, mas que se eu fosse bom de serviço dava pra tirar uma boa graninha. Acho que era a safra de 2003 quando cheguei. Morei no começo com parente em alojamento.

De onde veio? O que fazia lá? Carlos Antunes prossegue na conversa, que resume muitas outras narrativas:

> Eu tenho um pedacinho de terra lá na Paraíba. Toda vez quando terminava a safra da cana, eu voltava com um dinheiro e comprava semente de feijão pra plantar. Eu preparava a terra e minha família cuidava da roça. Quando começava o corte da cana eu voltava de novo pra cá. Tenho oito filhos e eles davam conta do trato com a roça de feijão. O dinheiro do seguro-desemprego ajudava segurar o tempo entre uma safra de cana e outra, mas minha intenção era mesmo trazer todo mundo pra ficar perto de mim. Aqui ainda está melhor do que lá, mas eu não queria filho meu no corte de cana; então eu sempre sondava um serviço na cidade e toda vez que voltava da Paraíba

---

[19] Os nomes dos entrevistados foram mudados. A sigla original de Carlos Antunes é A.C.A. As entrevistas originais se encontram em meu arquivo. A escolha dos interlocutores não foi previamente determinada, mas decorreu da disponibilidade de cada trabalhador para as entrevistas.

> eu trazia um filho pra morar comigo e arrumava pra ele um empreguinho na cidade. Minha filha, por exemplo, trabalha na casa de uma família. Não deu pra todos conseguirem um serviço na cidade. Dois estão comigo no corte da cana. No fim, trouxe todo mundo pra morar aqui comigo. Minha esposa até gosta daqui, mas reclama de vez em quando da saudade. [...] Se eu pudesse, eu ficaria por lá mesmo, mas sem estudo, dinheiro e trabalho sobra isso aqui.

A estratégia de "arrumar um empreguinho" na cidade para os filhos coloca o pai numa atitude sacrificial. Ele vende seu trabalho "para conseguir os meios de subsistência necessários. [...] Ele trabalha para viver. Não considera nem mesmo o trabalho como parte de sua vida, é antes o sacrifício de sua vida".[20] Não é mais o pai que sacrifica o filho, como no conto do migrante Abraão (cf. Gn 22), mas o pai que se sacrifica pelo filho. Os filhos devem ficar fora do trabalho que o pai executa. A "classe redentora" de Marx se dissolveu num ajuntamento de "indivíduos redentores" de sua prole, que procuram evitar que seus filhos sobrevivam do trabalho que eles, os pais, são obrigados a executar, e que nesse esforço redentor paterno perde algo de seu caráter degradante.

E Carlos Antunes, o pai migrante, é vítima da expansão cíclica do complexo agroindustrial canavieiro, que necessita de trabalhadores, expulsos de suas terras, de regiões cada vez mais distantes. Apesar dos esforços para explorar o solo, os pequenos proprietários frustram-se com as safras agrícolas, que não alimentam mais as suas famílias. Carlos Antunes é um dos muitos safristas da Usina Ester que chegaram de tantos outros estados do Brasil, como Paraíba, Maranhão, Ceará e Piauí, retirantes pintados por

---

[20] MÉSZÁROS, István. *A teoria da alienação em Marx.* São Paulo: Boitempo, 2006a, p. 113.

Portinari e Severinos descritos por João Cabral de Melo Neto, submetidos à colonização interna de um país cujas desigualdades regionais são gritantes. A partir do "êxodo rural" começou a migração – espontânea, por conta própria, ou organizada por uma empreiteira que servia a diferentes usinas.[21] A terceirização da mão de obra para o corte da cana no sistema manual era muito frequente. Também na Usina Ester, o corte mecanizado avançou além de 40%; o safrista, até 2009 muitas vezes contratado em sua terra natal pelo "gato", a partir de 2010, segundo a promessa da Usina Ester, é diretamente contratado pela usina, que promete a ele um contrato de dois anos. Tudo isso foi resultado da luta sindical, do Ministério Público e do "Compromisso Nacional" de 2008, que previa a contratação direta dos "trabalhadores para as atividades manuais de plantio e corte da cana-de-açúcar".[22] Nos canaviais da macrorregião do Estado de São Paulo, onde se entrelaçam inúmeras biografias e se cruzam becos da história do Brasil contemporâneo com autoestradas, muitos migrantes se tornaram campeões de produtividade, mas não tinham afinidade com os cálculos complicados de seu salário.[23]

O que poderia descrever melhor a metamorfose do "paradigma de produção" e trabalho do que esse estreitamento do horizonte subjetivo do trabalhador que deixou a terra própria para trabalhar no território dos outros? Sua "fidelidade" ao trabalho corresponde à necessidade imposta por um princípio de obrigação social e ética familiar. Mesmo assim, na so-

---

[21] MORAES, Márcia Azanha Dias Ferraz de *et al.* Migração espontânea de trabalhadores no setor sucroalcooleiro. Relatório de pesquisa do grupo de extensão em mercado de trabalho da Escola Superior de Agricultura Luiz de Queiroz, da Universidade de São Paulo. Piracicaba, SP: ESALQ/USP, abr. 2008, mimeo, 22p.

[22] SECRETARIA-GERAL DA PRESIDÊNCIA DA REPÚBLICA (SGPR), 2008, p. 8.

[23] NOVAES, José Roberto. Idas e vindas: disparidades e conexões regionais. Um estudo sobre o trabalho temporário de nordestinos na safra de cana paulista. In: ALVES, Francisco; NOVAES, José Roberto (orgs.). *Migrantes*: trabalho e trabalhadores no complexo agroindustrial canavieiro. São Carlos, SP: EdUFSCar, 2007b, p. 101.

ciedade das mercadorias, seu trabalho é chamado de "trabalho livre". Sua força de trabalho, numa relação de troca de mercadorias, é "livremente" vendida e comprada "em função das necessidades do mercado".[24] Com o produto "trabalho", os próprios produtores desse produto foram integrados ao mercado, como se fossem mercadoria, e o mercado de trabalho tornou-se um mercado de trabalhadores.

A migração está presente nos apelidos dos boias-frias, que muitas vezes apontam para o estado de origem. O Ceará (C.A.O.) me recebeu em sua casinha alugada por 200 reais. Ao fim de um longo dia de trabalho ele contou:

> O trabalho na cana é muito pesado. Ganho uns 900 reais. Está bom, mas é preciso um esforço danado pra conseguir tirar esse valor. O bom seria mesmo se tivesse ganho fixo, mas tinha que ser uns 1.200 pra compensar. Agora, vou lhe dizer, se tivesse outro trabalho aqui na cidade pra mim e que eu fosse registrado, eu pegava na hora, mesmo que ganhasse um pouco menos. Eu saía da cana rapidinho.

Ceará reflete sobre a insegurança de sua condição de trabalhador sazonal. Mais importante que o dinheiro, opinou ele, é o futuro, a segurança, a saúde. Semelhante ao Carlos Antunes, também Ceará quer manter fora do canavial a pessoa que ele ama, a sua esposa. Num misto de orgulho e preocupação comentou:

> Na roça é perigoso e acaba com a saúde da gente. Eu pago aluguel, às vezes aperta um pouco, mas eu não quero que minha mulher vai pra roça não. As meninas que cortam cana estão bem acabadas. Enquanto eu puder evitar eu não quero que minha mulher vai cortar cana.

---

[24] Castel, Robert. *Opere citato*, 2008, p. 186; cf. 226ss.

Parece ter um consenso de que mulher só deveria entrar no trabalho do canavial em casos extraordinários. Por outro lado, um "dinheirinho" ganho pela mulher diminui a sua dependência do marido. Dona Maria (M.R.G.O.), cortadora de cana de 42 anos, argumentou assim:

> Casei cedo, com 16 anos. Quando tinha 18 anos tive uma filha. Ela completou 2 anos e apareceu na barriga um caroço. Eu e meu marido levamos a menina para tudo quanto é lado, desde médico até em Aparecida do Norte na promessa de cura, e em benzedeira, mas não adiantou. Ela morreu. Ficamos de novo só eu e meu marido. Eu tinha 20 anos e era ruim pra mim ficar esperando meu marido em casa sozinha pensando na menina que tinha morrido. Também queria reformar a casa sem precisar ficar esperando ele me dar dinheiro. Então disse pra ele que queria cortar cana também. No começo ele não queria deixar, mas de tanto eu falar ele acabou deixando.

O Ceará acima mencionado trabalha na mesma turma do Mineirinho, do Paraíba e do Bahiano. Ao chegar na cidade de destino para o tempo da safra, os trabalhadores trazem os hábitos e padrões culturais de seus locais de origem. Por vezes, ocorrem situações de estranhamento entre "os de fora" e os habitantes locais. Ceará, Mineirinho e Paraíba com seus costumes distintos pertencem ao grupo denominado "os de fora". A situação dos migrantes é diferente da situação dos nativos da cidade local. Os migrantes são desterritorializados de sua terra de origem e nas periferias das pequenas cidades ou alojamentos onde moram durante a safra.[25] Entre

---

[25] Oliveira, Ana Maria Soares de. O processo de reordenamento territorial e produtivo do capital agroindustrial canavieiro e a nova geografia do trabalho migrante no Brasil. Comunicação livre na VIII Jornada do Trabalho, Unesp, 29 a 31 de outubro 2007, 18 p. Disponível em: <www4.fct.unesp.br/ceget/>. Acesso em: 10 jan. 2010, p. 5s.

ambos os grupos pode haver conflitos culturais e sociais, decorrentes de sua situação concorrencial.

Quem corta mais cana, por força física, habilidade ou opção – quase sempre trabalhador migrante que fica pouco tempo no local –, é concorrente daquele que corta menos. Nos canaviais visitados da região de Assis/SP, vi uma lista circulando com os nomes dos "melhores" e dos "piores" cortadores de cana. Os dez primeiros da lista, em sua maioria trabalhadores sazonais, migrantes do nordeste ou do sul de Minas Gerais, "puxam a média de cana cortada para cima".[26] São cortadores que atingem uma diária de 12 a 15 toneladas de cana cortada. O próprio "gato" da turma considera essa quantidade, por ele aceita como referência para os outros trabalhadores, o "resultado de um esforço sobre-humano".[27] "Os sazonais", dizem os trabalhadores locais, "vieram somente para trabalhar e ganhar dinheiro para depois voltar para a sua região de origem. Nós ficamos aqui. Queremos não só trabalhar, mas também viver". Os últimos 10, de uma lista de 45 trabalhadores, são nomeados os "piores".

A situação concorrencial entre os cortadores de cana pode-se configurar preconceito cultural, genericamente dirigido contra migrantes, nordestinos ou índios da região. Se eles trabalham muito, são considerados concorrentes, se trabalham pouco, são chamados de preguiçosos. "As qualidades do bom trabalho não são as mesmas do bom caráter", nos advertiu Sennett.[28] Trata-se na distinção entre os "de fora" e os "de dentro" mais de tipologia do que de realidade social rígida. No decorrer do tempo, surgem também laços afetivos entre ambos os grupos. Teodoro (T.D.S.), com 22 anos de idade, conta:

---

[26] Comentários de Marta (M.I.S.N.), de 38 anos de idade, boia-fria desde os 15 anos. A indignação, presente no comentário, decorre do seu esforço excessivo e da humilhação por que passam seus colegas caracterizados como "piores".

[27] O "gato", que prefere não ser identificado, segue seu discurso sobre o "extraordinário desempenho, sobretudo, dos sazonais".

[28] SENNETT, Richard. *A corrosão do caráter*: as consequências pessoais do trabalho no novo capitalismo. Rio de Janeiro: Record, 1999, p. 21.

> É a minha quarta safra na usina. Vim para cá através de parentes que como eu também trouxe outros parentes. Aqui foi minha primeira experiência de trabalho. Nessa safra conheci minha esposa, Diva. Acabei casando com ela e agora moro nos fundos da casa do meu sogro.

Apesar da constante pressão do mercado para uma qualificação melhor do trabalhador, Teodoro suspeita da propaganda que promete bom trabalho a quem tiver boa qualificação.

> Eu estudei até a 8ª série. Tem gente aqui com segundo grau e está tirando eito do meu lado. Antigamente, talvez, era assim: estudava tinha bom trabalho. Hoje em dia quem estuda tem a mesma sorte de quem não estuda.

Segundo a informação do sindicato, grande parte dos cortadores de cana é analfabeta, fato que se revela na hora do acerto de contas. Muitas biografias confirmam que no canavial os estudos não garantem vantagem no trabalho nem no salário. Essa irrelevância da própria formação frustra as expectativas e se torna geradora de angústias e decepções. Manoel (M.A.O.), com seus 35 anos, morador da cidade de Cosmópolis e cortador de cana há oito anos, lamenta:

> Me sinto incompetente por não conseguir um emprego melhor, já que tenho um grau de ensino razoavelmente bom. Dentro de uma família de nove irmãos, nenhum deles chegou tão longe nos estudos, mas eu não tenho recompensa por esse estudo.

A realidade do canavial desmente o discurso oficial dos usineiros e de outros empresários que afirma ter vagas, mas não dispor de pessoas qualificadas para preenchê-las. Para aprender a cortar cana e tantos outros trabalhos penosos basta um dia. Ter estudos não diminui a penosidade do trabalho no corte da cana, mas permite melhor desempenho na organização dos cortadores, um discurso mais bem articulado ou, às vezes, outras escolhas de trabalho. Manoel resgata da memória sua trajetória profissional entre uma usina e outra:

> Aos catorze anos comecei a trabalhar com a cana-de-açúcar. Fiz de tudo, catação de cana (bituca), capina, plantio, arranque de colonião e matação de formiga. Para mim, levantar cedo era muito difícil; era muito gelado, eu sentia muito frio nos pés e nas mãos; capinar naquelas canas altas era horrível; a gente ficava todo molhado e sujo, fedendo; a catação fedia muito e eu me sujava todo, o corpo, o rosto; os meus óculos não serviram mais para nada. Depois, a minha primeira experiência de demissão. A sensação foi terrível. A gente se sente humilhado e rejeitado pela empresa e a sensação é de ser culpado e incompetente. A gente fica muito pra baixo.

Hoje, Manoel é cortador de cana sindicalizado no Sindicato dos Empregados Rurais (SER) de Cosmópolis, onde suas atividades não mudaram muito. O imaginário acerca de outras oportunidades e a conformidade quase naturalizada com aquilo que se faz por necessidade aflora em todas as conversas com os trabalhadores do campo sucroalcooleiro. O canavial estrutura a biografia de gerações. Não deixa margem para grandes narrativas com variantes novelísticas. A fala de Ari (A.S.O.) expressa a aceitação de um trilho traçado para gerações, com pouca opção e muita necessidade:

> Eu tinha 18 anos quando entrei pro corte. Na verdade eu entrei porque as coisas lá em casa tava difícil. Meu pai já não aguentava trabalhar mui-

> to na cana. Parecia que ele tava adivinhando. Um ano depois ele morreu. Cosmópolis é uma cidade pequena. Falta oportunidade. Então o que tem é isso mesmo, cana, cana, cana. Parece injusto, né? Mas eu sabia que ia ser isso mesmo, meus dois irmãos mais velhos já estavam no corte, então só faltava eu.

Encontramos no canavial uma parte da história do Brasil condensada em quadras entre 30 e 60 mil hectares. Nessas quadras é executado um trabalho semiescravo cuja necessidade se impõe de modo não muito diferente do "princípio da obrigação"[29] por pais, que sacrificam a sua vida pela família;[30] por migrantes, que sacrificam a liberdade de produzir em sua própria terra, que não lhes sustenta mais, para trabalhar na terra de outros, onde são competidores explorados; por trabalhadores, cuja inteligência é desperdiçada ao agitarem 180 mil vezes ao dia seu facão. A história sem perspectiva de transformação volta como mito do eterno retorno ou como pesadelo de fuga impossível do trabalho considerado uma peste.[31]

No círculo vicioso de sacrifício, penosidade, exploração, competição e "eterno retorno" pode haver futuro, esperança, perspectiva de felicidade? O canavial como necessidade imposta é expressão de impotência e perda de autonomia. Adorno constrói a partir dessa impotência, que considera uma caraterística do trabalhador no sistema capitalista, seu conceito do "narcisismo coletivo". Na organização capitalista, segundo Adorno,[32] prevalecem os

---

[29] Castel, Robert. *Opere citato*, 2008, p. 186.

[30] O "princípio da obrigação" determinou não só o trabalho escravo, mas norteia também trabalhos forçados impostos pelos Estados aos indigentes. Em alguns países da Europa (na Alemanha, por exemplo) voltou como trabalho obrigatório para os que querem receber algum benefício do Estado, semelhante à cesta básica no Brasil.

[31] Marx, Karl. *Opere citato*, 2004a, p. 83.

[32] Adorno, Theodor W. Bemerkungen über Politik und Neurose. In: *Gesammelte Schriften*, Band 8 (Soziologische Schriften I). Frankfurt a. M.: Suhrkamp, 1997a, p. 438.

fenômenos: "do sentimento de sobejar", "da miséria do desemprego tecnológico" e "da impossibilidade econômica de vencer na vida com força própria". A esse conjunto acrescenta o fracasso nos primeiros processos de socialização de uma ligação objetal constante. A energia libidinosa, em vez de confluir no "amor a outras pessoas", volta-se para o "próprio Ego", um Ego enfraquecido, marcado pela pobreza de afetos e submetido à autoridade coletiva da lei.[33] Para Adorno, o "narcisismo coletivo" é sintoma de regressão da razão mimética, portanto, da razão social. A formação dessa razão social depende de condições sociais, "de modo que o mero pressuposto da emancipação de que depende uma sociedade livre já se encontra determinado pela ausência de liberdade da sociedade".[34]

Eu arrisco uma pergunta nessa direção da "necessidade do canavial". José Antônio (J.A.), com seus 22 anos e no vigor de sua juventude, começa a pensar em voz alta:

> Eu não queria ficar a vida toda no canavial, tem tanta gente arrebentada de tanto trabalhar. Acho que todo esse serviço esgota qualquer um. [...]. A gente tinha que ganhar mais pra compensar o esforço. Também se a gente conseguisse diminuir as horas de serviço seria melhor. Cortá cana não é ruim. Ruim é que a gente tem que se esforçar demais. Acho que, se o patrão quisesse, ele poderia atender nossos pedidos, mas quem tem quer sempre mais. Olha esse pessoal que está aqui no ônibus voltando pra casa. Pouco mais de 2 horas da tarde e metade estão dormindo com a cabeça caída no ombro do outro. Isso não é um cochilo depois da comida. Isso é cansaço mesmo. Se diminuísse a hora de serviço, sem cair nosso

---

33 *Ibidem*, p. 437.

34 Adorno, Theodor W. *Educação e emancipação*. 2. ed. São Paulo: Paz e Terra, 2000, p. 172.

> ganho, esse pessoal que você vê ai derrubado estava em casa, fazendo o que quisesse. Mas quem está estudando isso é você; então, fala aí o que dá pra fazê pra melhorá nossa situação aqui.

Fiquei incomodado com a devolução da pergunta. Respondi que nas reuniões e nos encontros organizados pelo sindicato foram discutidas as mesmas propostas que acabei de ouvir de José Antônio: reduzir a jornada de trabalho, remuneração justa, mais cuidado com a saúde, prevenção de aposentadoria, organização. Fui interrompido por suas próprias conclusões: "Não sei não. Esperança a gente tem; fazer... a gente faz. Tem muita promessa. O negócio também não pode ficar só na promessa. O amanhã mesmo ninguém sabe. O que depende da gente a gente faz".

4.3. Produção, remuneração, adoecimento

O cortador de cana e o trabalhador da fábrica de automóveis ou mesmo o cientista universitário não podem ser considerados sujeitos revolucionários. Antigas propostas revolucionárias assumiram o reformismo de ajustes salariais, redução das horas de trabalho, controle da produção e equipamentos de proteção. Sergio Lessa,[35] com uma crítica implícita a essa perda aceita sem mais nem menos por vários autores, põe o dedo em riste: "Perdeu-se de vista a revolução proletária e os projetos 'revolucionários' vão se amesquinhando a projetos de distribuição de renda ou [...] a um 'neossocialismo utópico' [...] nos 'interstícios do capital'".

[35] Lessa, Sergio. *Trabalho e proletariado no capitalismo contemporâneo*. São Paulo: Cortez, 2007, p. 125.

Reconhecendo o encolhimento revolucionário do paradigma do trabalho, Jürgen Habermas[36] ampliou, com sua "Teoria da Ação Comunicativa", o "mundo do trabalho" para o "mundo vivencial" (Lebenswelt), procurando recuperar a sociabilização do trabalho perdida pela mundaneidade vivencial da intersubjetividade, que incorpora a totalidade das experiências vividas. Como a sociabilização no "mundo vivencial" contemporâneo está igualmente fragmentada e colonizada, a proposta de Habermas não trouxe argumentos suficientes para nos obrigar no enfoque específico deste estudo e mudar do "paradigma do trabalho" para o "paradigma da ação comunicativa". O "mundo vivencial" de Habermas desfocou o "mundo do trabalho" e se tornou contraponto da centralidade do trabalho.[37]

Admitimos o crescimento do trabalho morto em detrimento do trabalho vivo, mas o capital é incapaz de prescindir do trabalho vivo. Pelo contrário, "ao fragmentar, exteriorizar e precarizar as relações de trabalho, tem se utilizado do trabalho vivo e incrementado a articulação entre mais-valia absoluta e mais-valia relativa";[38] "absoluta" quando resultado do prolongamento da jornada de trabalho ou da redução dos salários, "relativa" quando o desenvolvimento das forças produtivas (novas tecnológicas) gera um rendimento maior sem reflexo nos salários dos trabalhadores (cf. cap. 3.1). Os papéis e lugares sociais conferidos pelo trabalho estão em construção permanente, como estão permanentemente ameaçados, não só pela extinção do trabalho, mas também pelos agravos provocados à saúde.

Uma questão é a permanência do paradigma de trabalho, outra é a qualidade desse trabalho. É possível reduzir a penosidade do trabalho e transfor-

---

[36] Habermas, Jürgen. *Teoria de la acción comunicativa I:* racionalidad de la acción y racionalización social. Madri: Taurus, 1987a. Ver também, do mesmo autor: *Teoria de la acción comunicativa II:* crítica de la razón funcionalista. Madri: Taurus, 1987b.

[37] Organista, José Henrique Carvalho. *O debate sobre a centralidade do trabalho*. São Paulo: Expressão Popular, 2006, p. 97-126.

[38] *Ibidem*, p. 170.

mar esse trabalho penoso em trabalho que perdeu o caráter de sua penosidade, ou a penosidade é tão inerente a determinados trabalhos, que reformas ou reivindicações trabalhistas representam apenas paliativos? Como definir a penosidade para estabelecer as fronteiras entre trabalho penoso e trabalho não penoso? Com outras palavras: existem determinados trabalhos essencialmente penosos, para os quais a alternativa deveria ser abandoná-los, ou conformar-se com sua penosidade, embora o seja em graus diferentes, ou é possível transformar, mesmo restos de penosidade, que poderiam ser aceitos como simples adversidades em uma bandeira política? Trabalhar em condições de penosidade é apenas uma adversidade que requer solidariedade ou se trata de uma questão de injustiça social que poderá mobilizar ações políticas transformadoras? E uma última pergunta que nos atormenta: a sobrevivência justifica a conformidade com um trabalho penoso ou se trata de alternativa falsa, até perversa, propondo a escolha entre sobrevivência e penosidade? Há situações nas quais o próprio trabalhador procura justificar o injustificável e suportar o insuportável. Procuramos verificar se no mundo específico dos cortadores de cana as ameaças à saúde e, com elas, o sofrimento físico e psíquico estão indissoluvelmente ligados à condição de seu trabalho.

Os impactos sobre a saúde dos cortadores de cana-de-açúcar têm, entre outras, três causas principais: a remuneração por produção, a exigência do horário padrão para o trabalho rural, que no caso dos cortadores de cana é excessivo, e a exposição às condições ambientais. Lourival (L.C.C.), com seus 36 anos de idade, vai mais longe quando reivindica a diminuição do tempo de serviço para a aposentadoria da categoria:

> Uma coisa que não escutei ninguém falar ainda, mas que eu estou pensando faz tempo. Acho que a gente tinha que se aposentar mais cedo. Mas aposentar não por invalidade, se aposentar por tempo de serviço. Nosso tempo de serviço deve ser menos do que de outras profissão. Talvez, depois de 15 anos de serviço no corte, o

> governo tinha que fazer o boia-fria descansar ainda com alguma saúde. O trabalho é digno como todo trabalho, mas a situação não.[39]

Em seu conjunto, esses aspectos apontam para a diminuição do tempo de trabalho possível no canavial, favorecem uma seleção discriminatória de trabalhadores cada vez mais jovens, causando-lhes envelhecimento precoce. Em novembro de 2008, numa reunião convocada pelo sindicato de Cosmópolis, a líder sindical dos cortadores advertiu:

> A situação de saúde dos cortadores de cana está ficando muito grave. Não tem um trabalhador que corte cana acima de oito ou dez anos e saia com condições de entrar em outra firma. Tem gente que esta lá tendo que engessar braço, saindo aleijado. Isso começa a dar desespero, porque é tudo gente nova.

Para uma classe trabalhadora que luta por sua sobrevivência, a pressão do pagamento por produção é como um aguilhão autodestrutivo na carne do trabalhador, ou no dizer do sindicato: "Eles se matam desse jeito por causa da produção". O boia-fria não quer e não pode trazer menos dinheiro para sua casa que seu colega de trabalho. Não se trata, nesse caso, de ganância, mas de autoestima e necessidade; no entanto, eles têm seu preço cobrado pelo taylorismo implantado no canavial, que conseguiu por toda parte colocar gesto, movimento e ritmo a serviço disciplinado do cronômetro. Ritmo e disciplina produziram a invisibilidade da pessoa e a

---

[39] O trabalho rural está regulado pela Lei nº 5.889/73, regulamentado pelo Decreto nº 73.626/74 e o Artigo 7º/XIII da Constituição Federal/88. Segundo essa legislação, a jornada de trabalho é de 44 horas semanais, padrão observado na Usina Ester de Cosmópolis-SP. Essa legislação, porém, não leva em conta a complexidade do trabalho rural e, em nosso caso, o desgaste físico dos cortadores de cana.

visibilidade do movimento do corpo.[40] O corpo há de ser vigiado, porque no caso de sua mutilação, deve ser substituído.

O trabalhador mais rápido, que traduz corretamente o *time is money* em maior produção com menos tempo, serve de padrão à categoria. Nessa simulação de corrida olímpica, nem todos podem ganhar, mas todos procuram sobreviver e desenvolvem pobres mecanismos de sobrevivência como "adaptação", "reclamação" e recursos psíquicos de autodefesa, sem perspectiva de ganhar troféus.

A adaptação, nessa condição específica, tem dois rostos. Por um lado, ela pode embaçar a perspectiva de transformação. Por outro, a adaptação pode ser uma estratégia camaleônica que sabe esconder e revelar seus desacordos na hora certa. Hallack e Silva,[41] pautando-se na perspectiva teórica de Dejours, apresentam a reclamação como forma de resistir aos agravos provocados à saúde no ambiente de trabalho. Consideram a reclamação uma possibilidade de vivenciar o sofrimento e, ao mesmo tempo, de dominá-lo. "A reclamação evoca o sofrimento, tornando-se uma estratégia de vinculação grupal poderosa enquanto construção de sentido subjetivo através dos laços discursivos, na tentativa de resistência grupal à doença." A reclamação não é fofoca dispersa ou simples descarga emocional. Ela é protesto, reivindicação, oposição, queixa, descontentamento e clamor polissêmico de protesto e lamento compartilhado com os pares. Trata-se de ato de linguagem comum aos trabalhadores, que possibilita a coesão grupal. As autoras advertem para o destino de alienação inevitável desse mecanismo de defesa, questão essa que precisa ser logo retomada:

---

[40] Martins, Sergio Pinto. *A aparição do demônio na fábrica*: origens sociais do Eu dividido no subúrbio operário. São Paulo: Editora 34, 2008.

[41] Hallack, Fernanda Sansão; Silva, Claúdia Osório. A reclamação nas organizações do trabalho: estratégia defensiva e evocação do sofrimento. *Psicologia e Sociedade*, Rio de Janeiro, vol. 17 (3), p. 74-79, set.-dez, 2005. Disponível em: <http://scielo.bvs-psi.org.br>.

> A preciosidade da reclamação enquanto mecanismo de defesa encontra-se no fato desta estar inscrita no campo simbólico e do discurso, lançando mão da via de descarga psíquica dos trabalhadores e da elaboração mental. Sua contradição fundamental e intrigante é mesmo seu destino inevitável de alienação, na medida em que sua face social inscreve-se nas subjetividades de cada indivíduo e na necessidade pulsional primordial de recordar, repetir e elaborar suas experiências individuais, traumáticas ou não.[42]

"Reclamação" e "adaptação" como mecanismos de defesa podem tornar-se nocivas à própria saúde por camuflar os limites da suportabilidade física e psíquica do trabalho exigido. Na década de 1980, um cortador tinha que cortar seis toneladas de cana por dia. Dos anos de 1990 para cá, esse trabalhador deve cortar no mínimo 10 toneladas por dia, mas, já depois de poucos anos, não será o mesmo trabalhador. "Caso os trabalhadores não consigam manter essa média nos dois primeiros meses de experiência, eles são substituídos por outros."[43]

Diante dessa sobrecarga de trabalho, todos os mecanismos que não reduzem horários e metas são paliativos e, quando consentidos, alienantes. Por isso, Dejours[44] chama a atenção para a armadilha dos mecanismos de defesa que podem operar como um analgésico e impedir o trabalhador de sentir o grau de sofrimento acometido pelo trabalho imposto:

---

[42] *Ibidem*, 2005, p. 78.

[43] Alves, Francisco. Migração de trabalhadores rurais do Maranhão e Piauí para o corte de cana em São Paulo. In: Alves, Francisco; Novaes, José Roberto (orgs.). *Migrantes*: trabalho e trabalhadores no complexo agroindustrial canavieiro. São Carlos, SP: EdUFSCar, 2007, p. 23.

[44] Dejours, Christophe. *A banalização da injustiça social*. 7. ed. Rio de Janeiro: Fundação Getúlio Vargas, 2007b, p. 18.

> Na verdade, homens e mulheres criam defesas contra o sofrimento padecido no trabalho. As "estratégias de defesa" são sutis, cheias mesmo de engenhosidade, diversidade e inventividade. Mas também encerram uma armadilha que pode se fechar sobre os que, graças a elas, conseguem suportar o sofrimento sem se abater.

Essa advertência vale para os dois âmbitos de produção, para o canavial e para a usina.

Acompanhado pelo supervisor da área de produção, percorri a Usina Ester para conhecer os lugares onde a cana é transformada em açúcar e álcool. Em alguns pontos da fábrica, as moendas, motores e esteiras fazem um barulho que paralisa o visitante. Nesses locais, só é possível se comunicar por gestos, e comunicação verbal só no grito. Aproximei-me de um funcionário e em voz alta perguntei se aquele barulho não o incomodava. Com a mão em forma de concha ao redor da boca, grita: "Já estou acostumado". Conformado, adaptado ou acostumado? Entre os cortadores de cana não encontrei quem se dissesse acostumado às condições de seu trabalho.

Como "pente-fino" para as causas do sofrimento, Christophe Dejours indica:

a) o medo da incompetência;

b) o sofrimento pelo trabalho malfeito por causa da pressão e

c) o não reconhecimento do trabalhador através do não reconhecimento do trabalho.

Entre os cortadores de cana tive de refazer esse "pente-fino". O medo do cortador de cana não é o medo da incompetência, mas o medo de perder o posto de trabalho e de não alcançar as 12 toneladas. Seu trabalho é bem e competentemente feito, mas talvez a sua força física não seja suficiente, ou a sua idade já avançada demais para alcançar não a qualidade, mas a quantidade exigida. O reconhecimento do trabalho no complexo sucroalcooleiro está desvinculado da qualidade. Açúcar, álcool e etanol têm padrão de qualidade indiscutível. O vício da produção capitalista está na quantidade, no mais, na expansão, na desapropriação, na incorporação. Segundo Dejours, esse não reconhecimento, ou melhor, essa insatisfação permanente com a quantidade alcançada coloca em risco a saúde mental, devido à desestabilização do referencial em que se apoia a identidade.

A saúde profissional, permanentemente ameaçada pelo corte da cana, ultrapassa o mero item de "reivindicação trabalhista" específica dos canavieiros. Ela precisa da interface com o campo mais amplo da saúde pública e da intervenção com a atuação psicológica no campo da saúde, como também a psicologia social necessita para sua atuação de referências que passem permanentemente pela peneira dos próprios trabalhadores e pelas interferências do local de produção onde estão inseridos. O "caso" regional é uma "causa" do país.

Em junho de 2008, uma comissão de psicólogos pesquisadores, apoiados pelo Conselho Federal de Psicologia (CFP), elaborou um documento sobre a saúde do trabalhador no âmbito da saúde pública como referência para a atuação do psicólogo. O documento visa introduzir a leitura dos "condicionantes sociais, das condições e da organização do trabalho na determinação do processo do adoecer e sofrer no trabalho".[45] No campo da saúde do trabalhador, pede-se uma atenção especial para os nexos causais entre condições de trabalho e adoecimento, ou seja, fatores de risco para o desenvolvimento dos transtornos mentais.[46] São apresentados três nexos causais:

[45] CREPOP – Centro de Referência Técnica em Psicologia e Políticas Públicas. *Saúde do trabalhador no âmbito da saúde pública:* referências para a atuação do(a) psicólogo(a). Brasília: Conselho Regional de Psicologia (CRP), 2008, p. 28. Disponível em: <http://crepop.pol.org.br>.

[46] A comissão que discute o tema adverte sobre o termo genérico "distúrbios mentais", que deve considerar a variedade dos contextos de produção e a diversidade das condições específicas. Caso contrário poderia reforçar a compreensão positivista e essencialista dos transtornos mentais, "contra a qual o profissional de psicologia deve estar de sobreaviso" (CREPOP, 2008, p. 36).

a) o trabalho como causa exclusiva do respectivo adoecimento;

b) o trabalho que contribui, não exclusivamente, para o adoecimento;

c) o trabalho como detonador ou agravador de distúrbio psíquico latente ou de doença já estabelecida.[47]

No canavial encontramos os três nexos causais:

a) a invalidez por exaustão ou até morte no canavial;

b) "esgotamento profissional em um contexto de estresse laboral prolongado";[48]

c) síndrome de dependência do álcool, manifestada nas poucas horas depois de um dia ou de uma semana de trabalho exaustivo.

Para diagnosticar esses nexos causais não foram feitas apenas observações externas. Eles se confirmam e se mesclam nas narrativas que trouxemos do canavial e se verbalizam como: "não tem um trabalhador que corte cana por mais de oito ou dez anos", ou "é tudo gente nova", ou "todo esse serviço esgota qualquer um". Eraldo (E. P. S.), de 26 anos de idade e morador da região, admite com naturalidade: "O fim de semana costuma ser de bebedeira". E essa bebedeira desestrutura a convivência familiar. Dona Maria (M.R.G.O.) passou por isso; sofreu o distúrbio da agressividade do marido e conta resumidamente:

> Quando a gente casou, ele nem era de beber, mas aí começou. [...] O negócio é que esse homem começou a chegar em casa agressivo; pensava que isso ia passar, mas que nada, só piorava. Então eu disse que queria separar dele. Ele ficou ainda mais agressivo, mas acabou conformando.

---

[47] CREPOP. *Opere citato*, p. 36.

[48] *Ibidem*.

Ainda outras variantes de adoecimento relacionadas à condição e organização do trabalho aparecem nas narrativas. Lourival (L. C. C.) aponta para recursos dispensados por alguns trabalhadores na tentativa de atenuar o cansaço, como o grito, o canto, a conversa e a droga:

> Quando você corta cana, movimenta o corpo sempre do mesmo jeito. Parece que os ossos vão se ajeitando meio deslocado. O grito que você ouviu é a gente voltando o osso do corpo no lugar certo. De manhã quando você acorda você também estica o corpo e boceja alto. Aqui funciona do mesmo jeito. Outro jeito é cantar. A gente canta alto pra caramba. [...] Outro jeito de deixar o serviço menos difícil é assim: na hora do almoço a gente senta junto e conversa de qualquer coisa, de futebol, de televisão, de reunião no sindicato, da saudade de tudo. Enquanto não melhora, a gente se vira como pode, mas de um jeito certo. Já teve caso de droga para aguentar a lida e aumentar a tonelada cortada.[49]

O elemento fundamental, que causa os danos à saúde, encontra-se na vinculação do salário à produção. Cabe aqui distinguir as duas formas existentes de pagamento e uma terceira almejada pelos cortadores de cana e assumida pelos sindicatos como bandeira de luta. A primeira, já apresentada, é o pagamento por produção. No segundo semestre de 2009, as usinas de Assis/SP pagaram R$ 4,40 pela tonelada de cana cortada do primeiro corte, que é mais difícil, e R$ 4,10 pela tonelada cortada do segundo corte. Na Usina Ester, segundo o sindicato, o pagamento por produção não era muito diferente. Pagava-se,

[49] Como o objetivo deste trabalho é pesquisar a capacidade organizativa dos trabalhadores para transformar suas condições de trabalho através de processos reivindicatórios, não aprofundamos saídas individuais, como o uso de drogas. Sobre o item particular da droga no canavial confere a dissertação de ANDRADE, A.F., 2003.

nesse período, por tonelada cortada R$ 5,37 e R$ 4,89 pelo primeiro e segundo corte respectivamente.

Geralmente no período da entressafra, entre dezembro e abril, tempo destinado ao plantio e aos cuidados com a cana (capinação, aplicação de pesticidas, catação dos restos da cana cortada, chamada bituca), há o pagamento de um piso salarial da categoria, que varia entre as regiões. A partir de 1º de maio de 2009, o piso salarial era de R$ 570. Como esse piso se compõe de 30 diárias, a diária paga para os diaristas, na região de Assis/SP, era de R$ 19,00.[50] Na Usina Ester, na safra de 2009, pagava-se como piso salarial R$ 575,00.[51]

A terceira forma de pagamento, e a desejada pelos cortadores de cana, é o pagamento por salário fixo, que desvincularia o nexo rígido entre produção e remuneração, que corrói a sáude do trabalhador. O esforço físico extenuante, trajando vestimentas pesadas, como botas, luvas, calças de brim, perneiras, camisa de manga comprida, lenço no pescoço e rosto, óculos de proteção somados ao equipamento de trabalho produzem doenças decorrentes dessas condições de trabalho, por exemplo, lesões por esforço repetitivo (LER).[52] Esforço excessivo por um salário melhor não raro resulta em morte. "Evidentemente, as usinas não concordam com isso, insistindo na falta de "nexo causal" entre mortes e excesso de trabalho."[53]

---

[50] O Grupo de Trabalho criado no dia 17 de junho de 2008 com representantes da Contag, Unica, Confederação da Agricultura e Pecuária do Brasil e representantes da SGPR para estabelecer um acordo sobre um piso salarial comum dos cortadores de cana-de-açúcar, segundo informações da Contag, até meados de janeiro de 2010, não encaminhou esse acordo.

[51] A informação é do sindicato de Cosmópolis. O responsável indicado pela Usina Ester, o senhor Lucas, se declarou não autorizado a fornecer informações sobre preços de toneladas, diárias e piso salarial.

[52] Alves, Francisco. Processo de trabalho e danos à saúde dos cortadores de cana. Interacehs, *Revista de Gestão Integrada em Saúde do Trabalho e Meio Ambiente*, vol. 3, nº 2, Artigo 2, abril/agosto 2008, p. 11. Disponível em: <www.interfacehs.sp.senac.br>. Acesso em: 11 out. 2009.

[53] *Ibidem*, p. 12.

Nem em Cosmópolis, nem em lugar algum que conhecemos, as intervenções decorrentes da união entre sindicato e trabalhadores rurais mudaram a estrutura expansiva do sistema capitalista. Os atores sociais, sua práxis histórica e seu imaginário, já fazem aparentemente parte desse "sistema do mais", que parece racional, natural e imutável. Lutam por alguns centavos a mais pela diária ou pela tonelada cortada. O peso justo da "quadra fechada" não é o óbvio, mas resultado de uma luta. O óbvio se tornou vitória; e o absurdo, cotidiano e natural. A margem para a intervenção é pequena: resistir contra os abusos no trabalho, não contra o abuso do trabalho. Faz uma diferença? Resistir contra o "destino inevitável de alienação" ou contra a alienação compensada por alguns centavos, que supõe uma consciência que, através do sofrimento, acordou e começou a reagir? Os cortadores de cana, que começam através do sofrimento a pensar a própria alienação, rompem com a racionalidade instrumental, mas não com o fetichismo de valores socialmente atribuídos ao produto de seu trabalho, às mercadorias e ao dinheiro. A realidade do trabalho continua oculta por trás dos valores de mercadorias produzidas.[54]

O desbloqueio da irracionalidade começa sempre na unidade menor, como no caso dos cortadores de cana dessa pesquisa, com os abusos no trabalho e com pequenos gestos coletivamente organizados na microestrutura. Ainda sem grande projeto, esses gestos são protestos contra abusos no trabalho que coisificam o sujeito. Apontam para a possibilidade de uma vida desalienada que, além da reorganização econômica da sociedade, visa mudanças nas esferas pública e privada. A desalienação não representa o futuro num presente alienado. A desalienação e a negação do assujeitamento através da luta e da organização cotidianas marcam o espaço do sentido possível.

---

[54] Bottomore, Tom. *Opere citato*, 2001, p. 149s.

4.4. Intervenções e propostas

O trabalho no canavial exerce dupla pressão, a pressão de um bem escasso que faz aumentar a procura e ameaça com a falta (desemprego) e a pressão de sua penosidade, que ameaça a vida e a saúde dos trabalhadores, em função de competitividade e lucratividade. Como esses trabalhadores precisam do canavial para seu sustento, mas não querem morrer no canavial nem do canavial, forjaram um duplo imperativo, um negativo (proíbe-se!) e um positivo (lute-se!). Os trabalhadores do canavial se empenham:

a) para que seu trabalho não seja extinto pela máquina,

b) na luta para que esse mesmo trabalho seja, no meio da precariedade do sistema capitalista e da salubridade do próprio canavial, humanizado até os limites possíveis.

Essa luta inclui não só a organização dos próprios trabalhadores, mas também o respaldo político de diferentes instâncias do Estado, com autoridade propositiva, normativa e punitiva.

Os dois imperativos acima mencionados exigem alguns pressupostos programáticos, como por exemplo,

a) a fragilidade do "paradigma de produção" na transformação da sociedade não significa o fim do paradigma de trabalho;

b) mesmo no regime do Estado mínimo, esse Estado tem o dever e a real possibilidade de proteger seus operários contra a arbitrariedade e a lógica acumulativa do mercado;

c) o Estado mínimo não age por espontânea vontade, mas por pressão de grupos legitimados pelos canavieiros;

d) esses grupos (sindicato, grupos de solidariedade, que se formaram em torno das questões dos indígenas, do operariado, dos migrantes e da terra) estão na contramão de processos de individualização, cujo motor é o mercado. Procuram em longos processos de conscientização embutir no paradigma do trabalho os princípios da interdependência (trabalho, capital, governo, campo jurídico), da reciprocidade (trabalho, remuneração, lucro) e da subsidiariedade (invocação da instância superior, quando se esgotaram os recursos da instância inferior).

Na perspectiva dos dois imperativos acima formulados, ocorrem permanentemente intervenções trabalhistas que envolvem negociações entre trabalho e capital. Essas negociações ainda não representam "os limites da humanização do canavial", mas devolvem ao trabalho canavieiro a sua dimensão histórica. Conquistas feitas são sempre etapas de um longo caminhar, cuja memória remete a outras conquistas que devem e podem ser feitas.

Segundo a representante do sindicato, Carlita da Costa, em 1998, a Usina Ester queria implantar o sistema de trabalho 5 por 1: cinco dias corridos de trabalho, um dia de descanso. A proposta garantiria o fornecimento mais contínuo e orgânico da cana na moenda sem a interrupção do descanso dominical coletivo. Também o domingo não interrompe esse fornecimento, porque o trabalho manual dos cortadores é substituído pela cortadeira, que ainda não é apta para trabalhar em todos os solos. Mesmo antes da utilização da cortadeira mecânica, turmas complementares tiveram de fornecer uma reserva de cana cortada para que aos domingos a moenda não parasse. Não é o domingo como tal, mas o descanso coletivo que quebra a socialização do cortador de cana como sujeito industrial 24 horas a serviço da lógica da produção, que deve ser contínua e crescente. Nessa lógica, o descanso coletivo representa falta de flexibilidade. Por que na produção do açúcar e do etanol não deveria haver essa flexibilidade, que, faz tempo, o comércio, já incorporou em seus balcões e páginas de venda pela internet, que funcionam 24 horas?[55]

---

[55] Em decisão de 29 de setembro de 2004, os juízes da Terceira Turma do Tribunal Regional do Trabalho da 9ª Região (Paraná) se pronunciaram sobre o sistema 5x1, que declararam prejudicial aos trabalhadores rurais e que não poderia ser implantado

Antes que a usina conseguisse implantar essa flexibilização da jornada de trabalho, o sindicato discutiu a mudança prevista com os boias-frias, que resistiram à socialização industrial total de sua vida privada e à transformação total de seu trabalho em produto que deveria estar disponível *just in time*. Na condição de trabalho 5 por 1, os cortadores de cana não teriam como planejar um fim de semana familiar em comum, já que os filhos estudam durante a semana e estão em casa apenas nos sábados e domingos. Na reunião plenária, os trabalhadores rejeitaram por unanimidade a proposta, que depois saiu definitivamente de pauta. Pequena vitória? Vitória em todo caso contra a reestruturação desestruturante. No retrovisor de sua subjetividade, Teodoro resume o episódio:

> Estava rolando uma história aí que iam fazer a gente trabalhar sem dia certo pra descanso. Não dava pra programar folga. A coisa era no rodízio, tinha folga que caía na terça, depois na segunda e assim vai. Fizemo umas reunião do coletivo e conseguimo manter nossa folga de domingo, e no sábado a gente trabalha até às 14 horas.

A sindicalista Carlita se lembra da luta pelo descanso dominical com certo orgulho: "Pelo que sei, somos a única região em que os trabalhadores têm dia certo para descansar, para poder ficar com a família e visitar amigos". O processo de individualização imposto pelo mercado ia interferir no último reduto de socialização familiar e no lazer dominical. Trabalho penoso, ainda sim, mas "sem rodízio de pizza, onde a gente nem sabe início nem fim". O trabalho penoso é o prefixo da vida, tem significado

---

em uma usina da região. Cf. o documento "Dissolvendo a neblina. O encontro dos trabalhadores canavieiros da região Sudeste: saúde, direito, trabalho", p. 11. O evento foi organizado pela Fundacentro, São Carlos, 26 a 28 de outubro de 2004, na Universidade Federal de São Carlos/SP.

de ganho, não de vida. A vida começa quando o trabalho penoso cessa, no caminho para casa, no bar, na mesa, na cama, nas poucas horas com a família.[56] Dona Maria (M. R. G. O.), com muita jovialidade manifesta sua satisfação sobre essa vitória cultural, que derrotou os argumentos econômicos da Usina. Ela explica:

> A gente já passou muita coisa aqui, coisa boa e coisa ruim. Dá pra fazer uma lista das duas coisas. Uma coisa boa foi do coletivo, que a gente conseguiu guardar o domingo em casa. A usina queria que a gente trabalhasse sem dia certo pra ficar em casa. Isso não é coisa boa. Pra mim é melhor o domingo porque eu posso cuidar de casa e fazer outras coisas. E depois tem outra: se eu quero sair à noite, é no sábado que a coisa pega fogo. Já pensou eu ter que trabalhar no domingo cedo? A cidade é pequena e tem dia certo pro lazer, então tem que ter dia certo pro trabalho.

Num mundo que apenas disfarça com flexibilidade a utilidade econômica e a submissão política, cada gesto de teimosia do canavial significa a afirmação de um frágil "não" à incorporação disciplinadora e controladora do mercado.

O ritmo de trabalho dos canavieiros demanda, muitas vezes, em seu próprio dizer, "um esforço sobre-humano". Esse esforço sobre-humano fez com que as mulheres, muitas vezes, fossem excluídas das contratações para o canavial. O que parecia ser um motivo "nobre", a preservação das mulheres dos esforços sobre-humanos que o canavial exige, na realidade cruel dos contratos trabalhistas, foi uma questão de rentabilidade. Uma ação organizada entre sindicato e trabalhadoras questionou sua exclusão do canavial e reverteu a situação. Obrigaram a Usina a concordar que uma cota em torno de 30% de contratos trabalhistas seja preenchida pelas mu-

---

56 MÉSZÁROS, István. *Opere citato*, 2006a, p. 113.

lheres. Ao fazer o trajeto entre Cosmópolis e o canavial observei a ocupação dos lugares. Nos primeiros bancos sentavam mulheres, no restante, homens. Ana (A. S.) explica para mim:

> Não queriam mais pegar mulher pro corte da cana. O pessoal caiu em cima porque nem todo mundo tem muito estudo; nem todas querem ser doméstica ou dona de casa. Eu mesma tenho que ajudar a criar dois filhos pequenos e ainda cuidar da minha mãe. Quando começava a safra, eram só homens. Não deu outra. O pessoal do sindicato e mesmo os homens do corte caíram em cima. Então eles tinham que pegar também mulher. A gente corta, às vezes, melhor do que alguns homens.

Sobre a relação entre homens e mulheres, Ana comenta que os homens respeitam as mulheres, "mesmo porque ofensa contra nós é considerada coisa grave, motivo pra advertência".

De repente, eu me tornei o entrevistado: "Mas porque você quis estudar o cortador de cana?" Ao pedir licença de Dona Ana para essa conversa, eu havia me apresentado como pesquisador da situação de boias-frias no canavial e de sua capacidade organizativa para melhorar suas condições de trabalho. Mas Ana não queria informações sobre meus objetivos acadêmicos, queria conhecer minhas motivações pessoais. Então expliquei que também eu tinha sido boia-fria e que essa pesquisa talvez fosse um jeito de olhar para minha história no retrovisor da história dos outros. Em tom de brincadeira, Ana comenta: "É bom ficar firme nos estudos. Melhor a caneta do que o facão".

Nas conversas com os cortadores de cana-de-açúcar e com os representantes do sindicato percebi que uma conquista particularmente significativa feita na microestrutura do canavial foi a mudança no sistema de controle de produção no corte da cana. Trata-se da passagem de uma primeira conquista, do "sistema campeão" para o "sistema quadra fechada".

Antes de tudo, vale ressaltar que no corte manual da cana o ganho é pela produção. O controle do canavial pelos usineiros é feito pelo mapa agrícola, que mostra o canavial repartido em setores. Esses setores são divididos em áreas menores denominadas "talhões" ou "quadras". Nessas quadras, a cana é plantada em linhas e o espaçamento entre elas é chamado de ruas. Cada trabalhador corta cinco linhas, que configuram o eito (cf. 1.1.).

No "sistema campeão", o cortador de cana não tinha o controle da quantidade de sua produção. A única coisa que os cortadores sabiam ao final do dia era quantos metros de cana haviam cortado, mas era um sistema muito complicado transformar a metragem em peso e salário, e por isso pairava a incerteza sobre o valor a ser pago pelo metro de cana cortada.

No "sistema campeão", um caminhão destinado ao transporte de cana, chamado de campeão, se dirigia ao canavial para retirar amostras de cana de três pontos diferentes de uma quadra ou "talhão".[57] Em algumas ocasiões, o "campeão" recolhia a cana depois de estar já "enxuta" pelo sol e do talhão com cana "mais fraca", portanto, mais leve, tornando o sistema desfavorável ao pagamento.

Depois de cheio, com a cana escolhida, e devidamente medida pelo fiscal que seguiu o caminhão, o "campeão" rumava para a pesagem na usina. A sua carga correspondia a um determinado número de metros de cana cortada, sempre na mesma largura de cinco ruas. Depois dessa pesagem era feita a conversão das toneladas da cana em seu correspondente metro/peso. O peso do campeão e, portanto, o valor/metro cortado, variava a cada dia e segundo as escolhas do fiscal, embora o preço por tonelada cortada já estivesse definido em acordos prévios. Um exemplo para explicar: suponhamos que um cortador de cana cortasse 10 toneladas de cana/dia. Se o valor preestabelecido para a tonelada cortada fosse

---

[57] Alves, Francisco. Por que morrem os cortadores de cana? *Saúde e Sociedade*, São Paulo, vol. 15, nº 3, p. 95s, set.-dez. 2006.

de R$ 3,50, esse trabalhador teria um ganho de R$ 35,00 naquele dia. Mas, para ganhar os R$ 35,00, ele precisaria cortar num dia 200 metros e num outro dia 250 metros. A variável, arbitrária segundo as escolhas matutinas, não estava no preço da tonelada, mas nos metros que esse trabalhador deveria cortar para antingir as 10 toneladas, e no fato de que o controle sobre a remuneração dos trabalhadores seria feito pelas usinas. Um trabalhador poderia acompanhar todo o processo de pesagem, mas, por ganhar por produção, não teria como abrir mão de um meio dia de trabalho com essa operação. Esses fatores contribuíram para um conflito entre cortadores de cana e usina sucroalcooleira. Na Usina Ester, depois de longas lutas, esse "sistema campeão" foi substituído pelo sistema de "quadra fechada".

A "quadra fechada"[58] é basicamente um sistema que elimina a escolha arbitrária das amostras matutinas e de outros fatores que implicavam na pesagem e atribui aos trabalhadores o controle de produção a partir de uma quadra inteira (e não de pequenas amostras). Esse sistema foi implantado pelo Sindicato dos Trabalhadores Rurais de Cosmópolis e Região, em 1998.[59] O controle mais rigoroso da quantidade, permitido pelo sistema de "quadra fechada", aumentou, segundo o sindicato, o ganho dos trabalhadores em 30%. Seus salários, em média, atingem hoje um patamar de R$ 1.200 a R$ 1.500, muito além do ganho em outras regiões. Segundo o sistema de "quadra fechada", a pesagem da cana é baseada no peso e na metragem de uma quadra fechada de cana cortada e controlada pelo computador do sindicato, que registra a pesagem. A partir da pesagem da cana referente a essa quadra, se estabelece o preço da cana cortada/metro

---

[58] Em 2007, José Roberto Novaes dirigiu um documentário sobre o sistema da "quadra fechada", em que registra a memória de luta dos trabalhadores nos canaviais da Usina Ester, de Cosmópolis-SP.

[59] Novaes, José Roberto. *Quadra fechada*, DVD, Rio de Janeiro: Universidade Federal do Rio de Janeiro (UFRJ), Instituto de Economia, e Sindicato dos Empregados Rurais (SER) de Cosmópolis e Região, 2007a.

para aquele dia. Pelo mapa agrícola, o sindicato calcula a metragem total da cana dessa quadra. Dividindo-se o peso total pela metragem, calcula-se o rendimento real da cana. De acordo com a cartilha do sindicato (SER, 2009), na safra de 2008, os preços na Usina Ester variavam entre R$ 0,10 a R$ 0,35 o metro e de R$ 2,70 a R$ 3,60 a tonelada de cana cortada (cf. SER, 2009).[60] Segundo o acordo coletivo de 2008, pela tonelada de cana cortada, tipo padrão (cana de 18 meses, queimada, embolada, esteirada), a Usina Ester paga R$ 3,39. Foi essa a maneira mais justa de controle de produção encontrada pelos trabalhadores.

Os que lutaram pela "quadra fechada" têm muita clareza sobre o avanço que esse sistema significa. Amaro (A. S. O.) descreve a "quadra fechada" como grande conquista:

> Só aqui tem o esquema da quadra fechada, que é um jeito de controlar o que a gente corta. Quer dizer que isso foi uma conquista que a gente e o sindicato conseguimos. Como já te falei, eu trabalhei em outras usinas, mas só aqui tem esse esquema de ganho com a quadra fechada.

A "quadra fechada" permanece um referencial para novos trabalhadores que entram para o corte da cana. A sindicalista Carlita nos fala da tarefa pedagógica do sindicato para envolver sobretudo os novatos e os migrantes, que não participaram das lutas pela "quadra fechada", e envolvê-los como propagadores dessa conquista:

---

[60] A cartilha do sindicato (SER, 2009) permite ao cortador de cana calcular seu salário e o valor do metro cortado seguindo este exemplo: 1. O computador registra a pesagem total da cana da quadra num determinado dia em 1.502.470 kg. 2. O mapa agrícola registra a metragem total das linhas de cana da quadra em 17.185 m. 3. Divide-se o peso total da cana (1.502.470 kg) pela metragem total (17.185 m) para obter o peso por metro: 87,43 kg por metro. 4. O próximo passo é o cálculo do preço por metro da quadra: R$ 3,39 : 1000 x 87,43 = 0,296. Portanto, o preço pago por metro de cana cortada naquele dia é de R$ 0,296.

> Nossa preocupação é que nós trabalhamos com um grande número de trabalhadores migrantes. Esse ano o migrante está aqui, ano que vem já está em outra usina, sempre circulando. Qual é a nossa pretensão? É que esses trabalhadores, quando não mais estiverem aqui, saibam que é possível controlar a produção e de que jeito fazer; quando estiverem em outras regiões do país, eles saberem exigir e dizer: "não; eu não trabalho por campeão, eu quero trabalhar com quadra fechada", porque com a quadra fechada o trabalhador controla a produção.

Resolvido o problema do controle de produção, ainda estamos no início de um longo caminho para alcançarmos condições mínimas da chamada "humanização do trabalho" no canavial, que se deve distinguir do "humanismo do trabalho", que era "a grande utopia dos movimentos socialista e sindical até os anos 1920".[61] Todos os problemas dos cortadores exigem luta, aliança e articulação política. Em evento realizado em 16 de novembro 2008, em Cosmópolis-SP, que contou com a presença de cortadores de cana, do sindicato e de pesquisadores do campo sucroalcooleiro, a presidente do sindicato conclamou os participantes a uma mobilização política contínua. Produção, saúde e formação não devem ser desvinculadas:

> Nós precisamos chegar até o governo com uma reivindicação concreta. Esses trabalhadores no corte da cana têm que ter um amparo especial, diferenciado. Têm que ter. Surgiu a ideia de fazermos uma filmagem e entrevistar algumas pessoas que estão totalmente arrebentadas com o corte da cana. E não são pessoas que trabalharam 30 anos.

[61] Gorz, André. *Opere citato*, 2003, p. 62.

No encontro foi elaborado um plano de ação. Entre as propostas se destaca a criação de um espaço de formação contínua no sindicato para os boias-frias; essa formação deve incluir a requalificação dos trabalhadores para outras profissões, cursos de alfabetização, ensino de cálculos para controle da produção. A memória das greves na década de 1990 e das conquistas realizadas recentemente, apesar do menor poder de barganha, estimula novas ações transformadoras: "O passado ganha um sinal positivo não só pela [...] remuneração, mas, sobretudo, porque faz aflorar sentimentos de dignidade: um ponto de partida e de chegada para a construção de identidade de classe".[62]

Dimas (D. A. S.), um jovem paraibano, nos deixa entender que a "quadra fechada" não é ponto de chegada. É ponto de saída. Dimas chama a atenção para a redução da jornada de trabalho:

> Aqui tem a quadra fechada, mas já tem tempinho; temos que continuar. Tem outras coisas a caminho, ao menos foi o que conversamos na reunião. Você estava lá quando a Carlita e o professor Beto falaram com a gente. A ideia de nós mesmo controlar a nossa produção é boa, mas [...] a gente tinha que pedir pra reduzir nossa hora de serviço, mas sem diminuir o ganho.

Também Amaro (A. S. O.) fala dos próximos passos:

> Nas empresas, todo mundo recebe hoje vale de refeição. A usina não poderia também fornecer o almoço, em vez de dar marmita térmica, mas vazia? Com a marmita térmica vazia, conti-

[62] ALVES, Francisco; NOVAES, José Roberto. Os trabalhadores(as) da cana: falas e imagens. In: ALVES, Francisco; NOVAES, José Roberto (orgs.). *No eito da cana:* exploração do trabalho e luta por direitos na região de Ribeirão Preto, SP. Realização: Feraesp; Serviço Pastoral do Migrante; UFRJ (Instituto Econmia); UFSCar (Depto. Engenharia de Produção), Rio de Janeiro, 2003, p. 13.

> nuamos boias-frias. Podia ter ganho fixo e, quem sabe, diminuir a hora do serviço. A gente podia terminar o serviço mais cedo. O sol está cada dia mais quente. Acho que é essa camada de ozônio. Tudo isso são coisas que dá pra fazer sem deixar ninguém mais rico ou mais pobre. [...] Difícil é, mas também ninguém falou que ia ser fácil. É só começar.

O povo do canavial não quer condições sofisticadas para comer, mas quer alimentação quente e preparada por nutricionista. Ser boia-fria não é destino, é a sigla de uma condição histórica aviltante. Os trabalhadores do campo sabem distinguir entre o possível e o impossível, entre o absolutamente necessário e o desejável. As suas biografias são diferentes, as suas reivindicações são semelhantes. Teodoro (T.D.S.), um baiano de 22 anos, nos fala do básico: "O serviço é cansativo e nisso não dá pra mudar muita coisa, mas o que é possível melhorar então tem que melhorar; água gelada, facão novo a cada mês, dar o almoço, melhorar o pagamento e ensinar a fazer aquelas conta do ganho".

Durante minha permanência no campo, os trabalhadores, em conversas soltas, falam de sua terra, de suas famílias e de tudo pelo que vale a pena viver e lutar. Para poder sobreviver precisam diminuir a jornada de trabalho, cuidar da saúde, não chegar quebrados em casa. No trajeto do campo para a cidade, sentei-me ao lado de Jonas (J.A.). Era sábado. Expectativa de diversão à noite. Animadamente conversamos. "Hoje vou sair com uns colegas. Passar no bar e se rolar um bailinho pode ser também. Beleza, o futuro mesmo só Deus que sabe", disse ele.

Um fala do lazer, outro do fim da terceirização e do contrato por safra. Querem contratação efetiva, alimentação gratuita e salário fixo, não por produção. E Expedito (E.P. S.) remata: "Eu acho que depois de uns quatro anos na roça, eles tinham que mudar a gente de serviço e colocar dentro da usina, pra trabalhar lá dentro". Segue um minuto de silêncio, até que um colega pergunta ao Expedito: "Qual é a tua formação? Você sabe fazer outra coisa?". "Não sei, não. Por enquanto nada, mas, se ensina, eu aprendo. Eu também não sabia cortar cana e aprendi. Ninguém nasce sabendo. Vivendo, a gente aprende."

4.5. Respaldo político

Avanços significativos para os cortadores da cana-de-açúcar ocorreram a partir de 2008. Denúncias internacionais chamaram a atenção para as condições calamitosas de trabalho e saúde dos trabalhadores no corte da cana.[63] Concretamente, tratava-se de mortes de boias-frias por exaustão nos canaviais. Essas denúncias mobilizaram a imprensa, alertaram organizações de Direitos Humanos, produziram comoção em setores da sociedade civil e fizeram o governo assumir parte de sua responsabilidade.[64] Tendo em vista a repercussão negativa internacional de um produto de exportação vinculado à exploração e morte dos trabalhadores, o Governo Federal procurou reverter a situação. A produção de açúcar e etanol haveria de ser articulada com uma política social, econômica e ecologicamente correta.

Em julho de 2008, a convite da Presidência da República, sentaram-se numa mesa de diálogo empresários, trabalhadores e Governo Federal para construir um "Compromisso Nacional para Aperfeiçoar as Condições de Trabalho na Cana-de-Açúcar".[65] Esse "Compromisso Nacional",

---

[63] Burghardt, Peter. Alles auf Zucker. Ethanol, der Treibstoff der Zukunft: Brasilien berauscht sich am Boom. *Süddeutsche Zeitung,* München, nº 133, p. 3, 13 jun. 2007.

[64] Cf. Folhaonline, da BBC Brasil (1º out. 2007).

[65] O evento foi coordenado pela Secretaria-geral da Presidência da República e por

que foi assinado por 331 usinas brasileiras, que representam 80% das empresas do setor, visa "garantir[66] novos direitos e melhor a qualidade de vida para os trabalhadores da lavoura da cana-de-açúcar".[67] A mesa de diálogo teve, segundo o "Compromisso Nacional", a intenção de debater e propor soluções para "tornar mais humano e seguro o cultivo manual da cana-de-açúcar e também para promover a reinserção ocupacional dos trabalhadores desempregados pelo avanço da mecanização da colheita".[68] Trabalhou-se durante 17 reuniões uma agenda de 18 temas:

> (1) contrato de trabalho; (2) saúde e segurança do trabalho; (3) transparência na aferição da produção; (4) alojamento; (5) transporte; (6) migração; (7) escolaridade, qualificação e recolocação; (8) remuneração; (9) jornada de trabalho; (10) alimentação; (11) trabalho infantil e trabalho forçado; (12) organização sindical e negociações coletivas; (13) proteção ao desempregado, com atenção aos tra-

Ministérios e entidades afins: Fórum Nacional Sucroenergético; União da Agroindústria Canavieira do Estado de São Paulo (Unica); Confederação Nacional dos Trabalhadores na Agricultura (Contag); Federação dos Empregados Rurais Assalariados do Estado de São Paulo (Feraesp) e Ministérios: Casa Civil da Presidência da República, Ministério da Agricultura, Pecuária e Abastecimento (Mapa), Ministério do Trabalho e Emprego (MTE), Ministério da Educação (MEC), Ministério do Desenvolvimento Agrário (MDA) e Ministério do Desenvolvimento Social e Combate à Fome (MDS).

[66] A qualidade de vida no mundo e no Brasil está anualmente descrita pelos Relatórios de Desenvolvimento Humano (RDH) da Organização das Nações Unidas (ONU), orientados pelo Programa das Nações Unidas para o Desenvolvimento (PNUD). Os oito Objetivos de Desenvolvimento do Milênio, com os quais todos os 191 Estados-membros da ONU se comprometeram, merecem um destaque especial: 1) Erradicar a extrema pobreza e a fome; 2) Atingir o ensino básico universal; 3) Promover a igualdade entre os sexos e a autonomia das mulheres; 4) Reduzir a mortalidade infantil; 5) Melhorar a saúde materna; 6) Combater o HIV/Aids, a malária e outras doenças; 7) Garantir a sustentabilidade ambiental; 8) Estabelecer uma parceria mundial para o desenvolvimento. Disponível em: <www.pnud.org.br/odm>. Acesso em: 4 mar. 2010.

[67] Secretaria-geral da Presidência da República – Sgpr. *Opere citato*, 2008, p. 3.

[68] *Ibidem*.

> balhadores no corte manual no período da entressafra; (14) responsabilidade sobre as condições de trabalho na cadeia produtiva; (15) responsabilidade no desenvolvimento da comunidade; (16) Programa de Assistência Social – PAS da atividade canavieira; (17) trabalho por produção; (18) trabalho decente e trabalho análogo ao escravo.

O "Compromisso Nacional" contempla uma longa lista de reivindicações dos trabalhadores no canavial, se preocupa aparentemente com a reinserção dos trabalhadores afetados pelo desemprego em decorrência da mecanização da colheita e procura articular o aumento da produção com qualidade e justiça social.[69] A partir do "Compromisso Nacional" tripartite – trabalhadores, empresários e Governo Federal –, que textualmente assumiu o linguajar politicamente correto da "sustentabilidade ambiental e social da produção econômica do país",[70] sumiram as notícias alarmantes da imprensa. O Compromisso foi aprovado pela Federação dos Empregados Rurais Assalariados do Estado de São Paulo (Feraesp), Confederação Nacinal dos Trabalhadores na Agricultura (Contag), União da Indústria da Cana-de-Açúcar (Única) e Fórum Nacional Sucroenergético. Mas o "Compromisso Nacional" ainda não produziu o prometido "vigoroso salto de qualidade nas condições e relações de trabalho do setor sucroalcooleiro".[71] Segundo a minuciosa pesquisa de Repórter Brasil,[72]

---

[69] *Ibidem*, p. 4.

[70] *Ibidem*, p. 8.

[71] *Ibidem*, p. 1.

[72] Repórter Brasil. *O Brasil dos agrocombustíveis*. Cana 2009. Impactos das lavouras sobre a terra, o meio e a sociedade. Disponível em: <www.agrocombustiveis.org.br> (relatórios). Acesso em: 25 mar. 2010, p. 4.

> há pelo menos três problemas graves envolvendo a gestão do "Compromisso": 1) o filtro foi largo demais, ou seja, mesmo usinas que sistematicamente violam os direitos dos trabalhadores foram aceitas como signatárias; 2) usinas que violaram os direitos dos trabalhadores mesmo após terem assinado o documento continuam como signatárias; 3) apesar de previsto, não há ainda monitoramento para confirmar se as usinas estão seguindo ou não os termos do Compromisso.

O "Compromisso Nacional" não é normativo. "A adesão das empresas sucroalcooleiras ao Compromisso Nacional tem caráter voluntário".[73] Concretamente reúne usinas que respeitam os direitos dos trabalhadores e outras que os desrespeitam. E estas últimas podem usar "o fato de ter assinado o documento como uma peça de *marketing* para seus clientes [...]. Um dos casos mais evidentes de equívocos na gestão do Compromisso é a inclusão entre as signatárias da Usina Santa Cruz, do Grupo José Pessoa, localizada no município de Campos dos Goytacazes, no Estado do Rio de Janeiro".[74] Há outros signatários do Compromisso em situação semelhante. O mecanismo de reconhecimento das empresas que aderirem ao Compromisso está desvinculado de seu efetivo cumprimento. Pelo sindicato de Cosmópolis, o "Compromisso Nacional" foi considerado aquém das conquistas já alcançadas. Os participantes da comissão tripartite, segundo a opinião do sindicato, "não ouviram os trabalhadores, e se ouviram foi aqueles que estão no limite da miséria. Para nós, o avanço teria sido o fim do trabalho por produção".

O "Compromisso Nacional" pode ainda não ter produzido resultados concretos no canavial, mas representa um código referencial para futuras negociações, sobretudo para regiões menos organizadas. Vai de-

---

73 Secretaria-geral da Presidência da República. *Opere citato*, p. 6.

74 Repórter Brasil. *Opere citato*, p. 14.

pender muito dos trabalhadores e de suas organizações a transformação do "Compromisso Nacional" em compromisso normativo nas regiões, contra a voracidade do livre mercado. Mesmo sem referência explícita, esse compromisso normativo como consequência indireta do "Compromisso Nacional" já está em andamento, através de um maior respaldo para a atuação do Ministério Público e por compromissos e ajustamentos de condutas regionais relacionados ao trabalho no canavial. Através da Federação dos Empregados Rurais Assalariados do Estado de São Paulo (Feraesp), entidade assinatária do "Compromisso Nacional", o Estado de São Paulo já estava institucionalmente envolvido no aperfeiçoamento das condições que envolvem os trabalhadores no canavial.[75] Outros Estados seguiram esse exemplo. Pernambuco e Rio Grande do Norte realizaram, no primeiro semestre de 2009, através do Ministério Público, uma fiscalização cabida, da qual surgiu o "Relatório de Atuação do Programa de Combate Nacional às Irregularidades no Setor Sucroalcooleiro nos Estados de Pernambuco e Rio Grande do Norte".[76] Nos dias 3 e 4 de março de 2009, em ambos os estados, foram realizadas inspeções em 15 usinas, que agregam aproximadamente 30 mil trabalhadores. Algumas das irregularidades trabalhistas encontradas foram:

1) não fornecimento e substituição de equipamentos de proteção individual (EPIs);
2) inexistência de banheiros fixos ou móveis e de abrigos contra adversidades climáticas nas frentes de trabalho;
3) instrumentos cortantes de trabalho (podões e limas) sem bainha protetora;

[75] As 192 usinas do Estado de São Paulo, que funcionaram durante a safra 2008/2009, corresponderam a 46,5% do total das usinas do país.

[76] Ministério Público da União – MPU; Ministério Público do Trabalho – MPT. Relatório de atuação do programa de combate nacional às irregularidades no setor sucroalcooleiro nos estados de Pernambuco e Rio Grande do Norte. Brasília, 2009.

4) não fornecimento de água potável;
5) excesso de jornada devido ao pagamento por produção (5 a 10 toneladas/dia por trabalhador);
6) controle inadequado de jornada e produtividade;
7) não concessão de pausas e períodos para repouso e refeição;
8) transporte dos trabalhadores em ônibus em péssimo estado de conservação;
9) ausência de material de primeiros socorros;
10) não realização de exames médicos;
11) alojamentos com condições precárias de saúde e segurança;
12) atraso de pagamento dos salários.

A partir de 5 de março foram realizadas audiências administrativas e judiciais com os representantes legais das usinas. Os relatórios do Ministério Público sobre cada usina inspecionada, que fazem parte do "Relatório de Atuação do Programa de Combate Nacional às Irregularidades", contêm entrevistas com trabalhadores, análises detalhadas da situação trabalhista de cada usina e recomendações específicas.

Considerando toda a legislação trabalhista brasileira e as recomendações das inspeções, realizadas pelo Ministério Público da União e do Trabalho, os representantes do setor sucroalcooleiro do Estado de Pernambuco firmaram, em julho de 2009, o "Termo de Compromisso e Ajustamento de Conduta pela Preservação do Trabalho Decente e um Meio Ambiente de Trabalho Sadio e Seguro no Setor Sucroalcooleiro no Estado de Penambuco".[77] Exemplar, o documento assume o "Compromisso Nacional"[78] de julho de 2008, sem mencioná-lo, e procura sanar as omissões que constavam no "Relatório de Atuação", de abril de 2009.

---

[77] MPT: Ministério Público do Trabalho; PRT: Procuradoria Regional do Trabalho da 6ª Região, 2009.

[78] Secretaria-geral da Presidência da República. *Opere citato*.

A intervenção das várias instâncias, que permitiram frear o galope da penosidade do trabalho no canavial, mostraram que, ao se priorizar o social ao econômico, algo pode ser feito. Nesse "algo pode ser feito" participamos da transformação do mito em história. O mito se torna história pela intervenção organizada de entidades como a Pastoral do Migrante, que tornou públicas as mortes de boias-frias por exaustão; o Sindicato dos Trabalhadores Rurais de Cosmópolis, que ajudou a conquistar um sistema de melhor remuneração aos trabalhadores da cana; a Federação dos Empregados Rurais Assalariados do Estado de São Paulo (Feraesp), que teve grande influência para que se firmasse o "Compromisso Nacional para Aperfeiçoar as Condições de Trabalho na Cana-de-Açúcar"; o Ministério Público, cujo relatório forjou o "Termo de Compromisso e Ajustamento".

Apesar do reduzido poder de barganha dos trabalhadores, os cortadores de cana sindicalizados da cidade de Cosmópolis e de muitos outros canaviais se movimentam a passo firme para manter seu posto de trabalho – trabalho que hoje é menos penoso do que ontem e que garante sua sobrevivência. Caminham em direção a uma qualidade de vida maior no trabalho, que passa por melhorias nas condições em que ele é exercido. Nesse passo lento e firme, estão articulados com companheiros de outros lugares, que também dão passos lentos e firmes, como os cortadores de cana do estado de Pernambuco. Representam esperança para aqueles trabalhadores dos canaviais esparramados por esse Brasil afora que ainda não conseguiram seu grau de organização e, portanto, dão passos mais lentos ainda, como, por exemplo, os canavieiros de Mato Grosso do Sul.

Volto do canavial marcado por três considerações: "esperança a gente tem", "nem tudo depende da gente", "a saúde vale mais do que a produção". Como operacionalizar esperança, organizar alianças, priorizar a vida no contexto do canavial? Será que a necessidade desse trabalho no canavial não é também um mito? Será que não confundimos a necessidade do capital com a necessidade do trabalhador? Numa zona sombria, no fundo do canavial, o sofrimento dos cortadores de cana, que se faz grito, denúncia e advertência, já mostra os primeiros resultados de organização além e aquém da cana cortada pelo podão. Vagalumes de esperança ou faíscas de um incêndio?

5. Saídas no canavial e do canavial: a psicologia do trabalho no eito interdisciplinar

Com o quinto capítulo, chegamos ao ponto crucial da tese: saídas no canavial ou saídas do canavial. Talvez essa alternativa ainda não esteja bem colocada, porque o canavieiro como sujeito do trabalho no canavial não tem o poder de fato para fazer essa escolha. Quem não queria transformações além de negociações de melhorias, além de medidas paliativas, de mitigações? A antiga classe operária praticamente perdeu e os canavieiros nunca tiveram um estatuto de classe para intervir nos processos degenerativos de proteção legal, que os corroem.[1]

Este capítulo nos envolve em relações dialéticas entre acomodação impotente ao sistema do canavial, consentimento com uma cultura de menoridade e negociações em torno de lutas sindicais e transformações mais amplas do próprio modelo de desenvolvimento e produção. Transformações podem emergir da desconstrução daquilo que estorva autonomia, emancipação e dignidade, portanto da desconstrução sistêmica. Lutas contra abusos do trabalhador e por melhorias das condições de trabalho dos canavieiros já fazem parte dessa desconstrução. A desconstrução é um primeiro passo para a reconstrução da vida danificada que encontrará seu norte na "dignidade humana".

Descartamos a "acomodação sistêmica passiva" como alternativa, porém não como prática, às vezes, necessária à sobrevivência. Contudo, acreditamos que o sofrimento causado pelo sistema de produção canavieiro aos seus trabalhadores produz formas de lucidez e coragem que podem contribuir para sua resistência organizada. Restam outras alterna-

---

[1] Sennett, Richard. *Opere citato*, 1999, 16s.

tivas: negociar melhorias para mitigar a penosidade do trabalho ou lutar por transformações estruturais. As ações parecem contradizer-se entre o possível e o desejável. O possível é a permanência no canavial em busca de dignidade no trabalho canavieiro. O desejável seria o trabalho não alienado e desvinculado do emprego remunerado por produção, o trabalho autodeterminado de sustento e prazer.

Para poder discernir e decidir entre as duas alternativas, a da "negociação" e a da "transformação", procuramos num primeiro momento analisar as possibilidades de "humanizar" o trabalho canavieiro. É a luta contra abusos impingidos aos trabalhadores canavieiros e por melhorias em suas condições de trabalho. Resta saber quem nos dará a medida certa para qualificar abusos como abusos e não apenas como condições precárias aceitáveis. A partir do conceito universalmente reconhecido e contextualmente experimentado da "dignidade humana", procuramos avançar nessa questão.

O conceito da "dignidade humana" participa de certa forma da "negatividade", que na Teoria Crítica aponta para aquilo que não deve ser, sem poder afirmar, materialmente, aquilo que deve vir a ser. Tal "negatividade" mostra que não existe uma exterioridade operacional em face aos processos históricos de alienação e coisificação da pessoa humana. Portanto, procuramos pensar o conceito da dignidade como algo inerente à pessoa humana desde sua origem, além de negociações históricas e aquém de pressupostos metafísicos. No entanto, mesmo pensando a dignidade humana próxima a uma estrutura ontológica, ela não está livre de interpretações e apropriações históricas variáveis. Também a percepção da "dignidade humana" passou por transformações.[2] Ela não é dogma ou posse garantida por um cartório transnacional. Mesmo assim, pode orientar e criticar a ação. Nem sempre é fácil identificar a linha divisória entre meios e fins, como nem sempre é fácil distinguir entre abuso laboral e trabalho

---

[2] NEGT, Oskar. O irrepetível: As mudanças no conceito cultural da dignidade. *Concilium*, vol. 2, nº 300, p. 20-30, 2003.

penoso, entre trabalho precário e decente. A finalidade do trabalho é a comunidade humana em seu conjunto e não a lucratividade do trabalho em si.

O marco orientador da "dignidade humana" é hoje universalmente aceito. A partir da Declaração Universal dos Direitos Humanos, foi transformado em dispositivo legal na Constituição e nas Convenções da Organização Internacional do Trabalho – OIT. O atacado legal universal foi assumido no varejo nacional brasileiro desde a Consolidação das Leis do Trabalho, de 1943, até a "Agenda Nacional de Trabalho Decente", de 2006, construída entre OIT e governo brasileiro, mas pesquisas sobre o varejo do canavial e da indústria canavieira mostram-nos a grande disparidade entre o "legal" e o "real" (item 5.3). Por fim, devemos responder à pergunta que norteia este capítulo: saída no canavial ou saída do canavial? A história, geralmente, não nos permite escolhas maniqueístas ou dicotômicas; por isso, pode ser que na penosidade do trabalho sobreviva a dignidade da pessoa – não resignada, mas de cabeça erguida.

5.1. "Humanizar" o trabalho canavieiro

A pergunta que surge neste contexto é: "humanizar" o trabalho canavieiro significa humanizar o capitalismo? Um capitalismo humanizado seria um "capitalismo decente", substituto do capitalismo selvagem. Talvez fosse mais adequado falar em "capitalismo menos indecente", menos explorador, menos expansivo, menos alienante. Esse "menos", no entanto, questionaria premissas essenciais do sistema capitalista. Exigiria um controle rígido do Estado ou de outra instância. E esse controle seria o túmulo do capitalismo. Como "trabalho decente" no canavial leia-se "trabalho menos penoso". Assim, precisamos compreender o "capitalismo decente" como um capitalismo menos selvagem. Enquanto ninguém apresenta uma alternativa sistêmica, vale a pena lutar por um sistema de produção e por um trabalho mais "decentes". É preciso não abrir mão do espírito crítico e da prática transformadora nas rachaduras que qualquer sistema ofereça.

Em face da ausência de alternativas de trabalho para a maioria dos canavieiros, surgem perguntas sobre a possibilidade de humanizar o trabalho no canavial. O já mencionado "Compromisso Nacional para Aperfeiçoar as Condições de Trabalho na Cana-de-açúcar" teve

> o duplo objetivo de debater e propor soluções para tornar mais humano e seguro o cultivo manual da cana-de-açúcar e também para promover a reinserção ocupacional dos trabalhadores desempregados pelo avanço da mecanização da colheita.[3]

Contudo, onde quer que surja hoje a questão do trabalho escravo, os interlocutores apontam espontaneamente e com razões empíricas para o trabalho dos cortadores de cana. O "Relatório de Atuação do Programa de Combate Nacional às Irregularidades no Setor Sucroalcooleiro nos Estados de Pernambuco e Rio Grande do Norte", de 15 de abril de 2009, confirma o diagnóstico da proximidade entre trabalho escravo e canavial. Inovações tecnológicas, flexibilização de poder, tempo e produção, amplamente descrita por Sennett,[4] interação no trabalho e capacitação – todas essas caraterísticas do "trabalho novo" – não tiveram nenhuma influência no trabalho dos canavieiros. O impacto do "trabalho novo" sobre seu trabalho se restringe à exigência da aceleração de produção. O curto prazo em tudo afrouxa laços sociais de solidariedade e estruturas pessoais de identidade, "corrói a confiança, a lealdade e o compromisso mútuo".[5] Aliás,

---

[3] Secretaria-geral da Presidência da República – SGPR. *Opere citato*, 2008, p. 3.

[4] Sennett, Richard. *Opere citato*, 1999, p. 53-73.

[5] *Ibidem*, p. 24.

os cortadores de cana, quando batem à porta da usina, não procuram trabalho, procuram emprego, que é intrinsecamente penoso. A penosidade desse emprego é negociável dentro dos limites da penosidade sistêmica.

Cosmópolis, como consideramos ao iniciar esta pesquisa, não é apenas um caso localizável no interior do Estado de São Paulo. Cosmópolis – cidade--mundo – é metáfora pelo mundo dos canaviais do Brasil e mundo afora. E o canavial pode ser considerado metáfora da "vida danificada" em sua totalidade. Ao tentar negociar melhorias em vista de transformações mais profundas, a primeira atitude estratégica é a tentativa de ampliar a distância entre o trabalho escravo e o trabalho do cortador de cana. Tentativa essa que descrevo aqui como "humanização do trabalho canavieiro", indispensável e, ao mesmo tempo, impossível, vista a racionalidade do capitalismo industrial a serviço da otimização técnico-organizacional (tempo/quantidade de cana cortada) e da maximização de meios e fins econômicos (máquina/lucro). "Humanizar" o canavial significa assumir a tarefa ingrata do lixeiro, que remove rejeitos específicos sem poder interferir na estrutura que os produz; significa insistir em "negócios menos ruinosos para o meio ambiente e mais justos para com os trabalhadores e as comunidades envolvidas".[6] O lixeiro humanizador encontra-se numa situação semelhante à descrita por Engels[7], falando do revolucionário na contramão de uma determinada situação social cristalizada:

> O que realmente pode fazer não depende da sua própria vontade, mas sim do grau de tensão a que chega o antagonismo entre as diferentes classes, e do desenvolvimento das condições de vida materiais, do regime de produção e circulação, que são a base fundamental do desenvolvi-

[6] Repórter Brasil. *Opere citato*. 2009, p. 5.

[7] Engels, Friedrich. *A revolução antes da revolução*: as guerras camponesas na Alemanha. Revolução e contrarrevolução na Alemanha. São Paulo: Expressão Popular, 2008, p. 144.

> mento dos antagonismos de classe. [...] Encontra-se, pois, necessariamente perante um dilema insolúvel; o que realmente pode fazer encontra-se em contradição com toda a sua atuação anterior, com os seus princípios [...]; o que deve fazer não é realizável.

O trabalho nos canaviais de Cosmópolis não aponta para um tipo de exploração ou penosidade específicas. É o trabalho canavieiro como tal que está em jogo, mesmo fora da esfera do trabalho em condição análoga à de escravo. Onde começa e onde termina essa "condição análoga à de escravo"? Os legisladores não são unânimes na definição das fronteiras semânticas e práticas da transição entre trabalho escravo e trabalho livre, já que o conceito "trabalho livre" diz pouco onde não existem condições de escolha.

A seguir procuramos mostrar como o canavial é o lugar de um trabalho instrinsecamente penoso e as lutas reivindicatórias no canavial são lutas pela redução da penosidade e não por sua abolição. Trata-se de lutas no âmbito de um sistema salarial assimétrico, legal e injusto. Na melhor das hipóteses, pode-se falar de lutas pela redução da assimetria, que, mesmo sendo parcialmente atendidas, não configuram lutas contra a injustiça do sistema salarial. Não são lutas emancipatórias por autonomia, autodeterminação ou dignidade no trabalho. O trabalho no canavial pode tornar-se menos penoso. Pode tornar-se humano?

Uma série de fatores atribui ao trabalho dos canavieiros uma penosidade permanente, aqui entendida como expressão de precariedade estrutural de um trabalho e emprego. A penosidade estrutural faz que o trabalho canavieiro não seja nem possa ser um dever ético que produz integração social através da vida reta e moralmente partilhada com os demais cidadãos. É antes de tudo, em função da sobrevivência física, obrigação que produz integração sistêmica na economia de mercado.[8]

---

8 OFFE, Claus. *Opere citato*, 1984, p. 28.

A integração sistêmica segue o modelo taylorista e minimiza o "fator humano, que associa a variantes falhas, perda de tempo e potencial de protesto. O "fator humano", na lógica da empresa industrial, é um fator de instabilidade. Do canavieiro não se exige responsabilidade, formação ou virtude laboral, a não ser a de entregar no fim do dia no mínimo 12 toneladas de cana cortada. A racionalização produtiva fez desaparecer espaços de autonomia, criatividade e lealdade além das 12 toneladas. Christoph Dejours[9] dedicou um instigante estudo ao "fator humano", em que sistematiza as consequências psicopatológicas dessa minimização do fator humano com suas dimensões éticas, políticas e culturais. No canavial, a bandeira da relevância do "fator humano" não está sendo desfraldada. O excesso de mão de obra disponível está na origem de contratos trabalhistas efêmeros de curtíssimo prazo e de biografias curtas de trabalhadores. Quem adoece é substituído na próxima safra, sem direito a eventuais conquistas sociais do setor sucroalcooleiro e sem vínculo à solidariedade sindical de seu lugar de trabalho, longe de seu lugar familiar. De uma ou outra maneira, no canavial todos são migrantes – alguns, estrangeiros. Ninguém trabalha em seu território. Cada um sabe que toma o lugar de outro: "A circulação no terreno estranho é perigosa, principalmente quando os próprios contornos se encontram mais fragmentados pela perda dos suportes originais".[10]

Até há pouco tempo, o cortador de cana pós-safra podia ser comparado ao bagaço de cana-de-açúcar que deu o que tinha para dar e representa um terço da produção desse produto. Na safra de 2009, que alcançou 600 milhões de toneladas de cana-de-açúcar, o bagaço representa 200 milhões de toneladas.[11] Antigamente, esse bagaço era utilizado num aproveita-

[9] DEJOUS, Christophe. *Opere citato*, 2007b.

[10] FERREIRA, Ademir Pacelli. A psicanálise no terreno do outro. In: PÓVOA NETO, Helion; FERREIRA, Ademir Pacelli (orgs.). *Cruzando fronteiras disciplinares*: um panorama dos estudos migratórios. Rio de Janeiro: Revan, 2005, p. 158.

[11] REYNOL, Fábio. Bagaço de qualidade. *Pesquisa Fapesp*, São Paulo, nº 167, p. 72s, janeiro 2010.

mento secundário na queima para alimentar caldeiras geradoras de energia elétrica e na produção de ração animal e de fertilizantes. Hoje, através de pesquisas avançadas, cujo resultado ainda não está sendo industrializado, o bagaço torna-se matéria-prima para a produção do chamado etanol de segunda geração. O bagaço humano do canavial é irrecuperável. Humanização do trabalho canavieiro significaria impedir que o cortador de cana, em consequência de seu trabalho, se tornasse metáfora do bagaço da cana.

No canavial se tece uma rede humana com fios soltos, sem nós, extremamente individualizados e concorrenciais; cada um deles recebe por sua produção, e a produção é algo à parte do mundo vivencial, que depois da safra ocorre em outro estado. A maioria dos cortadores de cana é constituída por migrantes alienados de sua terra e do produto de seu trabalho; perdeu as raízes em seu lugar de origem e não conseguiu criar outras onde se estabeleceu para o trabalho. Aliás, o canavial é um lugar sem raízes, um lugar de passagem fugaz e de incubação de uma invalidez prévia. A fugacidade da passagem, a aceleração concorrencial da produção e a insignificância subjetiva no interior do sistema de produção dificultam a criação de laços de solidariedade canavieira.

O trabalho profissional perdeu sua dimensão vocacional e está totalmente desligado de talentos pessoais específicos. O canavial dispensa talentos, criatividade e atualização profissional permanente. "Deixem seus cérebros do lado de fora da empresa" teria dito Taylor, o inventor da administração científica, aos trabalhadores da linha de montagem.[12] Os canavieiros não são produtores de objetos dos quais mais tarde se possam tornar compradores, como os operários de Ford, no início do século passado. Aparentemente, eles mesmos se tornaram produtos uniformizados, selecionados em cenários de horror e banalidade, como os ascensoristas no *Admirável Mundo Novo*, de Huxley, cuja única apdidão

---

[12] Gorzoni, Priscila. Admirável trabalho novo? *Sociologia – Ciência e Vida*, São Paulo, nº 27, p. 30, 2010.

para a admissão ao cargo é deixar seus cérebros do lado de fora.[13] Não vamos, no entanto, confundir alienação com robotização. Alienação pode ser consentida, mas não é totalmente inconsciente. A cada instante é possível que sofrimento e desejo rompam com programações comportamentais, que pareciam produzir resultados irreversíveis de adaptação, e induzam os sujeitos a puxar freios de emergência disponíveis. O sofrimento causado pelo modelo de desenvolvimento, tanto pelo excesso de produção e consumo como pela penúria, é o germe de sua própria derrota.

É difícil afirmar que alguém tenha vocação para trabalhar no canavial. Se a empresa fornece cursos de alfabetização ou algumas horas de formação, esses estão mais vinculados à excelência externa da empresa, à sua imagem e pontuação propagandística e à conformidade sistêmica do que à qualificação do boia-fria no canavial. Experiência no canavial é reduzida à experiência de rotina cega, de penosidade e cansaço. Qualificação no canavial teria de ser necessariamente uma informação e/ou formação processual que questionasse todos os pressupostos organizacionais e ideológicos do canavial. Seria uma formação verdadeiramente democrática e revolucionária, uma bússola "para além do capital". Essa formação, que visa "a uma ordem social qualitativamente diferente",[14] teria de transmitir um quadro de valores que deslegitima os interesses dominantes, sobretudo os processos de acumulação de capital, que são constitutivos para a reprodução da sociedade de classes. O lugar dessa educação formativa não é o canavial nem o sindicato. Teria de ser um lugar, um ponto arquimédico, em que a educação ainda não se tornou mercadoria nem ideologia.

Com a desprofissionalização do trabalho, que se manifesta no canavial exemplarmente, a penosidade não se limita mais aos âmbitos

---

[13] Adorno, Theodor W. Aldous Huxley e a utopia. In: ______. *Prismas:* crítica cultural e sociedade. São Paulo: Ática, 2001, p. 93.

[14] Mészáros, István. *A educação para além do capital*. São Paulo: Boitempo, 2005, p. 71.

físicos. Ela dispensa qualquer instrução específica, que permitiria posteriormente certa ascensão social, o lado subjetivo do orgulho profissional baseado em habilidades e reconhecimentos específicos. Penoso é também um trabalho que na consciência individual dispensa a satisfação de se ter feito algo pessoalmente relevante. A relevância social da cana-de-açúcar, que hoje deveria ser chamada "cana-de-etanol", está na aceleração sistêmica. Na produção material, o etanol aponta para a aceleração da produção. No imaginário simbólico, porém, esse mesmo etanol significa, como o tênis que cada vez mais cidadãos usam para suas andanças cotidianas, aceleração do sistema. A corrida coletiva do sistema é garantida pela produção quase ilimitada de energia, e a corrida individual é simbolizada pela troca do sapato pelo tênis. A abundância do etanol disponível permite pisar fundo no acelerador do carro. Etanol e tênis, instrumentos de aceleração coletiva e individual, conotam as duas dimensões do "freio de emergência", que, segundo Walter Benjamin, configura a verdadeira revolução.

Penoso também é um trabalho que na consciência social é reservado não "para nós", mas "para outros", para forasteiros ou migrantes. Os que têm os cortadores de cana em alta estima querem vê-los fora do canavial, como Carlos Antunes, que anteriormente citamos: "Na roça é perigoso e acaba com a saúde da gente. [...] Enquanto eu puder evitar eu não quero que minha mulher vai cortar cana". Na força bruta que o corte da cana exige se encontra pouca virtude socialmente reconhecida.

Tendo-se em conta que não existe nenhum aperfeiçoamento profissional destinado ao cortador de cana, tampouco existe alguma ascensão salarial. À mobilidade geográfica do migrante corresponde uma imobilidade social. O canavial não produz mestres com habilidades especiais. O único diferencial requisitado é a força física, que não sustenta uma identidade coletiva de um "nós cortadores de cana". É impossível definir uma identidade a partir de uma ausência, de uma negatividade, de força física que isola e individualiza. Quem ganha o prêmio de melhor cortador de cana é o indivíduo que logo desaparece do cenário propagandístico da usina. No triângulo vicioso que se estabelece entre as condições penosas de trabalho, a dependência salarial heterodeterminada e o contrato temporário do emprego está estruturalmente embutida uma penosidade que obriga o termo da "humanização" a revestir-se de aspas e qualificar "o humano" como "o menos inumano". A relação entre ambos é dialética. A "grande recusa", de Marcuse,[15] pode significar "empenho máximo" numa ação transformadora e, portanto, resistência sem prometer "sucesso", como a psicanálise não promete cura. Minorar o inumano pode também ter o significado de humanizar.

Quais são os parâmetros para distinguir aquilo que é apenas novo daquilo que é melhor? São os parâmetros que emergem não só do objeto observado, da experiência local e do culturalmente disponível e válido da microestrutura, mas de valores universais, que permitem defender uma "causa" – em vez de um "caso" –, necessariamente universal. Para obter luz nessa penumbra, procuro perscrutar a questão da "dignidade humana", que permite averiguar se a promessa de modernidade de que se imbuiu o projeto cultural e econômico de autonomia e emancipação no canavial de Cosmópolis está real e simbolicamente enterrada. Procuro dar ênfase à "dignidade no trabalho", na qual a dignidade do cortador de cana, e especificamente a sua "dignidade no trabalho", está embutida e amparada.

[15] Marcuse, Herbert. *Ideologia da sociedade industrial.* Rio de Janeiro: Zahar, 1967, p. 235.

5.2. Dignidade humana no trabalho

Desde o final do século XX, observa-se certa valorização do "fator humano" na produção industrial. Na mesmice das máquinas em que se baseva o processo até então, só o talento e a excelência da equipe poderiam garantir alguma vantagem na produção e na venda, agora não mais concentradas em torno do produto, mas do cliente. No canavial, essa revalorização do "fator humano" não aconteceu. Etanol é etanol, garantido universalmente por padrões tecnológicos de qualidade. O diferencial – que garante venda e lucratividade num mercado internacional de demanda crescente – está unicamente na diminuição dos custos. O pagamento de uma diária justa para os canavieiros, que substituiria a remuneração por produção, está na contramão da "racionalidade" que procura baixar os custos. A diária justa será resultado de lutas organizadas e greve geral. A ameaça de substituir por máquinas os trabalhadores insatisfeitos e a organização frágil do setor emperram a negociação para mudar o sistema de remuneração, o que significaria um primeiro passo em direção à "dignidade humana no trabalho" no canavial.

A continuidade histórica da indiferença em face da pessoa do cortador de cana nos obriga a buscar critérios e normas externos à produção, ao mercado e à cultura local. Esses critérios e normas deveriam permitir a ruptura ou ao menos a cobrança de rupturas com condições de trabalho "análogas à de escravos", condições, muitas vezes, não explicitamente proibidas pela legislação, mas muito próximas ou até além das condições "análogas à de escravos". Tais critérios, que devem ser universais e legalmente amparados, se encontram nas conquistas históricas dos "direitos humanos", fundamentados ao longo de muitos séculos por discussões em torno do núcleo filosófico da "dignidade humana". "A ideia da dignidade humana foi arrancada da inumanidade percebida".[16] Reconhecer essa dignidade significa compreender as pessoas como seres que têm direito de cobrar justificativas de ações sociais que os atinjam em suas condições de vida.[17] Entre direito e dever existe uma relação de reciprocidade generalizável, que permite cobrar direitos negados devido a privilégios concedidos a outra classe social.

A compreensão normativa da pessoa humana e de sua dignidade nos permite insistir em reivindicações morais e legais que são o fundamento da crítica de situações e normas sociais assimétricas. À surdina dessas assimetrias existem relações privilegiadas de poder e blindadas contra as razões críticas de reciprocidade e universalidade. O espaço blindado contra a justificação recíproca de seu agir social, portanto contra a crítica de assimetrias e privilégios, é o espaço da ideologia, mantenedora da sociedade de classes.

A pessoa humana em discussão não é um ser abstrato. Trata-se do cortador de cana, com sua felicidade limitada aos poucos anos que o trabalho penoso lhe permite estar no canavial, com seu sofrimento e suas condições de "vida danificada".[18] O canavieiro é um ser psicologicamente dividido, acordado e consciente do sofrimento, apaziguado por compensações e mitigações, e alienado por desejos que não são seus, mas que o mundo capitalista lhe inculca pela propaganda. O mundo capitalista se sustenta pela "consciência falsa" que cria.

O espaço social é um espaço de razões e justificativas recíprocas que permite viver no mundo dado, danificado e criticado. As ciências sociais nomeiam

---

[16] Nos textos originalmente em alemão optamos em várias ocasiões por tradução própria. Cf. Adorno, Theodor W. *Zur Dialektik des Engagements*. Aufsätze zur Literatur des 20. Jahrhunderst II. Frankfurt a. M.: Suhrkamp, 1973, p. 152.

[17] Forst, Rainer. Der Grund der Kritik. Zum Begriff der Menschenwürde in sozialen Rechtferigungsordnungen. In: Jaeggi, Rahel; Wesche, Tilo (orgs.). *Was ist Kritik?* Frankfurt a. M.: Suhrkamp (stw 1885), 2009, p. 151.

[18] Adorno, Theodor. *Opere citato*, 1993.

a distinção entre as normas vividas por uma comunidade e a normatividade universalmente reconhecida, através da alternativa de uma normatividade *fraca* e uma normatividade *forte*.[19] Valores familiares, por exemplo, têm normatividade fraca. Não valem em todo lugar nem podem ser cobrados em fóruns internacionais. A normatividade fraca pode até entrar em conflito com a normatividade forte. Valores regionais ou familiares podem representar protecionismo particular, que se indispõe com normas ou valores que valem para todos.

Com a modernidade, no interior dos Estados constitucionais, foram reconhecidos valores de relevância universal. Tais valores, intrinsecamente articulados com o conceito supracontextual da pessoa humana, se tornaram normas de conduta desejáveis por toda humanidade. Perpassam todos os contextos culturais. Ao se distinguir entre o moralmente reto, que é universal, e o eticamente bom, que é cultural, torna-se possível articular os conceitos supracontextuais da pessoa e dignidade humanas com o projeto de vida local dos cortadores de cana.[20]

A "construção" dessas normas, por serem também supracontextuais, exigiu certo distanciamento dos contextos sobre os quais voltam como normas indicativas e imperativas. No idioma, que é cultural, exige-se o respeito à dignidade humana e insiste-se num direito que pertence a cada

---

[19] Jaeggi, Rahel; Wesche, Tilo (orgs.). *Was ist Kritik?* Frankfurt a. M.: Suhrkamp (stw 1885), 2009, p. 9.

[20] A universalidade da dignidade humana com seu pressuposto da autonomia moral não é apenas expediente da civilização ocidental, sem possibilidade justificável para as demais civilizações ou culturas do planeta Terra. Ao distinguir entre autonomia ética e autonomia moral, Rainer Forst, da quarta geração da Escola de Frankfurt, nos responde a essa objeção, inclusive corrigindo algumas posições da primeira geração dos frankfurtianos e do próprio Habermas. O respeito à dignidade humana – não negar a ninguém o direito moral de justificação recíproca – não significa que somente a vida moralmente autônoma represente a vida boa. A vida sem tutelagem humilhante, de valor universal, não pode ser confundida com a vida boa e feliz no respectivo contexto, mas também a vida na integridade contextual e plural exige a possibilidade de excluir a arbitrariedade e de insistir na evolução histórica do projeto local (cf. Forst, 2009, p. 159s; 2007, p. 100).

pessoa; exige-se o direito de cada um e de todos. Por isso é possível, a partir dos direitos humanos universais, insistir em mudanças que visem aos "direitos humanos no trabalho" de Cosmópolis.

A Declaração Universal dos Direitos Humanos[21] considera na primeira linha de seu Preâmbulo "que o reconhecimento da dignidade inerente a todos os membros da família humana e de seus direitos iguais e inalienáveis é o fundamento da liberdade, da justiça e da paz no mundo". E em seu artigo 1°, essa mesma Declaração fornece as bases para parâmetros da vida em sociedade: "Todos os homens nascem livres e iguais em dignidade e direitos". A compreensão moderna da "dignidade humana" está estreitamente vinculada a essa Declaração. Na Constituição Brasileira, de 1988, faz parte do artigo 1° em que a "dignidade da pessoa humana" está elencada ao lado da "soberania", da "cidadania", dos "valores sociais do trabalho e da livre iniciativa" e do "pluralismo político". A afirmação constitucional da dignidade humana, heterônoma para uns, histórica e autônoma para outros, tornou-se direito humano universal, cosmopolita. Sua normatividade forte e universal nos permite discernimentos qualitativos para enfocar a questão dos canavieiros como "causa" universalmente relevante. Na dignidade humana está embutida a dignidade no trabalho não só do canavial, mas a dignidade no trabalho como tal.

A dignidade humana não é idêntica à condição de vida, mas ambas, dignidade humana e condição de vida, estão estreitamente vinculadas entre si. No canavial de Cosmópolis ouve-se dos boias-frias sazonais: "Gostaria de comprar uma casa para minha família, mas minha condição de vida ainda não me permite"; "as condições de trabalho são ruins por falta de material adequado"; "as condições de saúde nessa cidade são precárias". Nos três casos apresentados – casa, trabalho, saúde – não se poderia dizer "minhas condições humanas não me

[21] A Declaração Universal dos Direitos Humanos foi proclamada pela resolução 217 [A (III)] da Assembleia Geral das Nações Unidas em 10 de dezembro de 1948.

permitem comprar uma casa" ou "as condições humanas no trabalho são ruins" ou "as condições humanas de saúde são precárias". Essas expressões apontam para a diferença entre a "condição humana" e a "condição de vida".[22] Em todos os casos, no entanto, a "condição de vida" não deixou de ser "condição humana"; um trabalho desumano *in loco* não deixou de ser um trabalho humano universal. Precisamos distinguir entre aquilo que é feito por seres humanos em condições humanas e aquilo que é feito em condições que não correspondem ao ser humano, portanto, um trabalho realizado em condições indignas – um trabalho inumano. Para que a dignidade humana se realize, para que um trabalho seja humanamente executado, são necessárias determinadas condições de vida, de saúde ou de trabalho, as quais passam pela "interpretação do valor que se vincula à ideia de pessoa humana, não como simples categoria linguística, mas como conceito balizador das lutas e das conquistas que levaram à noção de Constituição".[23] Os fenômenos psicossociais de hoje tornam-se compreensíveis e parcialmente transformáveis somente a partir de sua gênese. Procurei desde o início desta pequisa dar certa ênfase à reconstrução histórica dos fenômenos e conceitos em questão. Sem a pretensão de reconstruir a genealogia do conceito "dignidade humana" em sua totalidade, sinto-me obrigado a sintetizar elementos históricos essenciais. Esses elementos permitem construir o conceito de "dignidade humana" como instância de apelação desde o canavial, inclusive para a supressão ou não do trabalho canavieiro.

"Dignidade humana" como atributo da pessoa tem suas origens na antiga Grécia, a partir da bifurcação entre o conceito que enfatiza a heteronomia da dignidade humana e o conceito que enfoca sua autonomia. Entre ambos os conceitos se instalou uma compreensão ontológica da dignidade humana.

---

[22] Conversas espontâneas dos boias-frias anotadas em diário de campo.

[23] ALBRECHT, Sofia Mentz. *A dignidade da pessoa humana como fundamento da ordem constitucional.* Tese (Doutorado em Direito). Universidade de São Paulo/USP, São Paulo: 2006, p. 72.

a) O conceito heterônomo

No decorrer da história, os conceitos heterônomos articulam a dignidade humana com uma lei eterna ou cósmica divina (*Logos*), com a racionalidade da natureza (lei natural) ou com a imagem do Criador. No estoicismo, por exemplo, que é a primeira corrente filosófica que reflete a questão da dignidade humana, o princípio norteador dessa dignidade é o *Logos*. O *Logos* corresponde a Deus e à lei racional que ordena o mundo. A racionalidade humana emana desse *Logos*, e dignidade do ser humano significa levar uma vida segundo essa racionalidade.

No cristianismo, a dignidade humana tem sua origem na ideia da criação do homem segundo a imagem e semelhança a Deus (cf. Gênesis 1,26s). Nessa compreensão, a dignidade é algo inerente ao ser da criatura, independentemente de merecimento ou bom uso. Por conseguinte, essa dignidade não pode ser perdida nem por desmerecimento, nem por abuso. Essa posição é hegemônica no cristianismo de vertente católica e foi confirmada[24] pelo Concílio Vaticano II.[25] Obviamente, essa fundamentação "da criação do homem segundo a imagem e semelhança de Deus" não é universal porque se dirige somente àqueles que reconhecem esse pressuposto religioso, portanto aos "fiéis" daquela denominação. Segundo esse discurso, ateístas ou

[24] Dignitatis Humanae. Declaração "Dignitatis Humanae" sobre a liberdade religiosa. *Compêndio do Vaticano II*: constituições, decretos, declarações. 14. ed. Petrópolis, Vozes, 1969, p. 599-616. Ver também: Gaudium et Spes. Constituição Pastoral "Gaudium et Spes" sobre a Igreja no mundo de hoje. In: *Compêndio do Vaticano II*: constituições, decretos, declarações. 14. ed. Petrópolis: Vozes, p. 141-256.

[25] Historicamente, essa opção não era tão clara. Para Tomás de Aquino, por exemplo, que localiza a razão da dignidade na liberdade do ser humano, essa dignidade está vinculada à tarefa de fazer livremente o bem. Quem não corresponder a esse preceito da racionalidade, codificada na Lei de Deus (dez mandamentos), perde a sua dignidade (São Tomás, II-II, qu. 64, Art. 2 resp. ad 3.). Essa possibilidade da perda ou violabilidade da dignidade pelo mau uso mostra sua relevância prática na discussão sobre a pena de morte.

agnósticos não poderiam entender a validade ou fundamentação dos direitos humanos.[26]

Historicamente, depois das guerras religiosas do século XVI, os pressupostos teológicos dessa fundamentação mostraram sua fragilidade no interior dos próprios cristianismos nos quais o zelo por essa imagem forneceu pretextos para guerras reciprocamente eliminatórias. Em seguida, iniciou-se um processo de secularização e democratização dos fundamentos da dignidade humana. Nas discussões jusnaturalistas modernas surgiram três alternativas sobre a origem da "lei natural", das quais a dignidade dada por Deus é apenas uma. A dignidade humana embutida nessa lei se revela na prática social da liberdade das pessoas e emana da natureza humana ao longo de uma evolução biológica.[27] Nessa discussão, a dignidade humana encontra seu amparo finalmente nas diferentes vertentes da "lei natural", que é imutável, mas socialmente orientada. A natureza se torna fonte do direito justo e da vida digna. A ambas, à natureza e à dignidade, corresponde um "direito natural" que precede o direito positivo. O "direito natural" representa a busca permanente de codificar o universal, o permanente e o comum a todos os homens: "Se o direito positivo se define pela sua mutabilidade, sua regionalidade, sua circunstancialidade, sua especialidade, a busca do direito natural expressa a angústia do homem num mundo em que tudo, sendo positivo, é relativo".[28] Se o direito positivo é regional, o direito natural como base da dignidade humana é universal.

---

[26] Cf. Forst, Rainer. *Opere citato*, 2009, p. 155.

[27] O jusnaturalismo marca uma posição antitética ao positivismo jurídico. Segundo a época histórica, podemos distinguir três versões fundamentais desse jusnaturalismo: (a) a "lei natural", como vontade divina e embutida nas leis reveladas por Deus; (b) a "lei natural", inscrita na natureza "física" de todos os seres humanos (instinto); (c) a "lei natural" ditada pela razão autônoma das pessoas.

[28] Ferraz Júnior, Tercio Sampaio. *Introdução ao estudo do direito*: técnica, decisão, dominação. 2. ed. São Paulo: Atlas, 1995, p. 172.

Ao livrar-se das amarras metafísicas de sua legitimidade, a "dignidade humana" precisava de nova âncora universalista, que se considerou ser encontrada na ontologia.

As visões ontológicas modernas da "dignidade humana" são herdeiras da "ontologia fundamental" proposta por Heidegger. A partir do "princípio", que significa "origem", estabelecem uma conexão com a verdade (*aletheia*), que significa, no original grego, "memória" e "não esquecimento".[29] Atribuindo ao espírito plena realidade e refletindo a autonomia desse espírito em relação à autonomia do restante do mundo, o corte ontológico não consegue livrar-se de sua herança metafísica. Vestígios da reflexão apriorística sobre o real o acompanham, fazendo-nos situar o enfoque ontológico no lugar de transição do conceito heteronomístico para o conceito autonomístico.

b) O conceito ontológico

No mundo pós-metafísico, a ontologia apresenta-se como herdeira das antigas tarefas metafísicas vinculadas à religião. Na base da "lei natural" e da "razão", a ontologia procura cumprir a mesma tarefa da fundamentação dos pressupostos universais da dignidade, encontrados na origem da vida humana e independentes do contexto histórico e sociocultural.

A dignidade humana que surge com o ser humano abre novas questões. Quando surge o ser humano? Habermas[30] procura dissolver o conflito inerente a essa pergunta. Ao responder no campo da ética, distingue entre "dignidade humana" e "dignidade da pessoa humana":

---

[29] HEIDEGGER, Martin. *Vorträge und Aufsätze*. 10. ed. Stuttgart: Klett-Cotta, 2004, p. 67s. 249s.

[30] HABERMAS, Jürgen. *O futuro da natureza humana*: a caminho de uma eugenia liberal? São Paulo: Martins Fontes, 2004, p. 51.

> A vida pré-pessoal, anterior a um estágio em que se pode atribuir a ela o papel destinado a uma segunda pessoa, a quem se pode dirigir a palavra, também conserva um valor integral para a totalidade de uma forma de vida eticamente constituída.

A dignidade é garantida ao humano por ser humano.[31] Para essa tese haveria dificuldade em se criar uma antítese sem negar a condição humana. Abriríamos aqui um precedente para a discussão sobre a dignidade de um ser humano que ainda não é pessoa. A partir de que momento da vida – óvulo fertilizado, embrião, feto ou bebê – fica caracterizada a "dignidade da pessoa humana" e não apenas a "dignidade humana"? O que quer dizer: violar "apenas" a dignidade humana? Uns fazem a defesa do óvulo fecundado como início de um processo já individualizado, outros descrevem o embrião como um amontoado de células. Habermas comenta que ambas tentam "estabelecer um início 'absoluto' e definitivo, também no aspecto normativo, a partir de preposições ontológicas".[32] Numa matéria desse porte, prefiro pressupostos ontológicos a "preposições" meramente biológicas. Ao se correr o risco de transformar a vida, que é um fim, em meio, utilizando embriões como "material curativo", todo cuidado é pouco. Se a dignidade humana é um princípio e um estatuto e não apenas um direito, então essa dignidade tem um valor não só de princípio, mas desde o princípio, um valor fundante.[33]

---

[31] Ammicht-Quinn, Regina. Quem possui dignidade intocável? O ser humano, a máquina e a dignidade. *Concilium*, vol. 2, nº 300, p. 31.

[32] Habermas, Jürgen. *Opere citato*, 2004, p. 45.

[33] Tiedemann, Paul. *Was ist Menschenwürde?* Eine Einführung. Darmstadt: Wissenschaftliche Buchgesellschaft, 2006, p. 21.

c) O conceito autônomo

O conceito autônomo ou autonomístico enfoca a capacidade humana de articular a dignidade humana através da vontade própria. No centro desses conceitos está não a liberdade da decisão humana de se subordinar a um modelo preestabelecido, mas o livre-arbítrio como liberdade de poder decidir e escolher como tal. Para Agostinho (354-430), a liberdade de poder escolher entre o bem e o mal configura a dignidade do homem e faz dele um ser moral.[34] Nessa ótica, a dignidade não depende da decisão tomada, mas da capacidade de poder decidir. No canavial, uma das poucas liberdades de decisão aponta para a saída do canavial, mas essa opção pode levar a uma maior penosidade, e o livre-arbítrio se reduziria à escolha entre duas mutilações.

Um milênio mais tarde, Pico della Mirandola (1463-1494) começa, também a partir do livre-arbítrio, a construir a visão renascentista do homem. Ele não pensa mais a liberdade como liberdade moral da escolha entre o bem e o mal, mas como liberdade de um poder criativo. Em sua autonomia, o homem seria semelhante a Deus porque é igualmente um criador sem pressupostos materiais (*ex nihilo*), tampouco depende de um plano criacional determinado. O homem é o escultor de sua vida, e a dignidade tornou-se autodeterminação individual no âmbito de um espaço sem critérios normativos generalizáveis. A dignidade humana, sempre segundo Mirandola, está na individualidade inconfundível da pessoa. A pessoa não deve tornar-se o que é, mas o que ela quer ser. A dignidade humana está, portanto, na liberdade da vontade criativa. Ela é universal e imperdível.[35]

---

[34] Agostinho de Hipona. *O livre-arbítrio*. São Paulo: Paulus, 1995, III, 15.

[35] Mirandola, Giovanni Pico Della. *Discurso sobre a dignidade do homem*. Lisboa/ Rio de Janeiro: Edições 70, 1989.

Entre os que pensam a dignidade humana rigorosamente como um conceito autonomístico, Immanuel Kant (1724-1804) assume um papel central. Semelhante ao estoicismo, ele percebe a dignidade como capacidade de não se deixar dominar por suas inclinações. Enquanto os estoicos orientam essa capacidade pela lei do *Logos*, Kant enfatiza apenas a independência do poder das inclinações. A dignidade humana não depende da decisão tomada – segundo a orientação do *Logos*, da imagem de Deus ou da "lei natural" –, mas da capacidade de decidir como tal. Para Kant, a moralidade dos homens, portanto, a dignidade humana, está no fato de que o homem, como ser racional, é aquele que dá a si mesmo a lei de sua ação. Ele é sujeito "da autonomia da vontade". A dignidade humana não encontra equivalência material, não tem valor de uso ou valor de troca. Ela é inalienável:

> No reino dos fins, tudo tem um preço ou uma dignidade. Quando uma coisa tem um preço, pode-se pôr em vez dela qualquer outra como equivalente; mas quando uma coisa está acima de todo o preço e, portanto, não permite equivalente, então tem ela dignidade. [...]
>
> Ora, a moralidade é a única condição que pode fazer de um ser racional um fim em si mesmo, pois só por ela lhe é possível ser membro legislador no reino dos fins. Portanto a moralidade e a humanidade enquanto capaz de moralidade são as únicas coisas que têm dignidade.[36]

Na terceira vertente do jusnaturalismo, que considera a "lei natural" operacionalizável, a partir da razão autônoma das pessoas, podemos situar a contribuição de Ernst Bloch. Em sua obra *Direito Natural e Dignidade Humana*, Bloch questiona muitas ilusões do direito natural da burguesia. Não

---

[36] Kant, Immanuel. *Fundamentação da metafísica dos costumes*. Lisboa: Edições 70, 2005, p. 77s.

existem, segundo Bloch, direitos inatos nem dignidade humana preestabelecida. Tudo foi um dia adquirido ou deve ser ainda conquistado pela luta.[37] Não existe dignidade humana, a não ser historicamente mediada e permanentemente vigiada. A causa jusnaturalista, segundo Bloch, é alcançada quando a todos é permitido andar de cabeça erguida.

Sintetizamos as duas correntes que contribuíram para a configuração do conceito de dignidade humana. Ambas as correntes se distinguem em sua fundamentação teórica por princípios de heteronomia e autonomia.[38] Como princípios, são imperativos inseridos em condições finitas e subordinados às restrições de uma existência histórica, social e corporal. O poder criativo, formulado por Pico della Mirandola, pode ser historicamente interrompido por alienação e heteronomia. A dignidade humana pode ser pisoteada. Seus princípios não impediram grandes catástrofes humanas no século passado, os genocídios de armênios e de judeus, de grupos hutu, tutsi e povos indígenas. Nesses grandes massacres se misturaram razões pré-modernas e modernas, princípios de heteronomia e autonomia.

Há formas silenciosas e culturalmente aceitas de se atentar contra a dignidade das pessoas. Não são menos nocivas como explica Comparato: "Analogamente, a transformação das pessoas em coisas realizou-se de modo menos espetacular, mas não menos trágico, com o desenvolvimento do sistema capitalista de produção".[39] Tanto a "imagem de Deus" como a "racionalidade dos homens", metafísica, ontológica ou discursivamente fundamentadas como princípios norteadores da dignidade humana, perderam a

---

[37] Bloch, Ernst. *Naturrecht und menschliche Würde*. Frankfurt a.M.: Suhrkamp, 1985, p. 115.

[38] Cf. Tiedemann, Paul. *Was ist Menschenwürde?* Eine Einführung. Darmstadt: Wissenschaftliche Buchgesellschaft, 2006, p. 51-67. Comparato, Fábio Konder, 2008, p. 24. Fundamentos dos direitos humanos. In: Marcílio, Maria Luiza; Pussoli, Lafaiete (orgs.). *Cultura dos direitos humanos*. São Paulo: LTr, 1998, p. 73.

[39] Comparato, Fábio Konder. *A afirmação histórica dos direitos humanos*. 6. ed. São Paulo: Saraiva, 2008, p. 24.

sua "inocência" e retiveram, ao mesmo tempo, capacidade de mobilização, segundo as estruturas sociais e mentais das respectivas sociedades.

Os cortadores de cana da região de Cosmópolis não falam em "princípios" ou "modelos" sociais que poderiam amparar seus sonhos, mas em medidas concretas que se referem a alojamento, transporte e salário, saúde e família. Nordestinos, os Guarani-Kaiowá do Mato Grosso Sul e sindicalistas, com passagem pela Escola Nacional Florestan Fernandes, do Movimento dos Sem Terra (MST) – muitos itinerários, credos e racionalidades se encontram nos canaviais do centro-oeste Paulista, com seus referenciais diferentes para descrever e justificar horizontes de sua "dignidade". A maioria tem noções daquilo que deve ser diferente em sua vida, na sociedade e no lugar onde se encontram empregados, porque a realidade atenta contra a sua dignidade. O ser social não tem necessariamente uma consciência falsa, como a primeira geração da Teoria Crítica sugeriu. O universo e imaginário religioso, que pertence à esfera da heteronomia, não produz necessariamente alienação. "Esperança", "justiça", "juízo final" e "ressurreição" fazem parte do imaginário religioso, alimentam a mística dos pobres com energias e os lembram de suas potencialidades. Certamente foram essas algumas das razões que levaram Horkheimer[40] e, recentemente, também Habermas[41] a atribuir à religião um papel importante na transformação social.[42] Contudo, nos canaviais de Cosmópolis, na cidade-mundo, a dignidade humana é ainda uma das potencialidades humanas não realizadas pela humanidade mutilada e impedidas pela humanidade privilegiada. Forst[43] aponta para razões e motivos de futuras lutas:

---

[40] Horkheimer, Max. *Opere citato*, 1972, p. 169.

[41] Habermas, Jürgen. *Opere citato*, 2005, p. 34s. Ver também, do mesmo autor: *Entre naturalismo e religião:* estudos filosóficos. Rio de Janeiro: Tempo Brasileiro, 2007, p. 115-128.

[42] Cf. Lutz-Bachmann, Matthias. Humanität und Religion. Zu Max Horkheimers Deutung des Christentums. In: Altwicker, Norbert; Schmidt, Alfred (org.). *Max Horkheimer*, 1986.

[43] Forst, Rainer. *Opere citato*, 2009, p. 164.

> Injustas são relações que não são suficientemente justificadas de uma maneira recíproca e generalizada; profundamente injustas são aquelas relações que estrangulam sistematicamente a práxis da justificação como tal. Acabar com tais relações é o motivo mais forte das lutas históricas. Nelas, em lugar central, emerge a palavra "dignidade".

Trata-se da dignidade de uma pessoa autônoma, que tem o direito de exigir explicações (justificações) sobre seu trabalho em situação de penosidade; de pessoas que não aceitam ser apenas um "fator humano" numa máquina produtiva que reorganiza sua relação de "custo-benefício"; uma pessoa que insiste junto a outras pessoas da humanidade mutilada em sua dignidade antes de qualquer interesse econômico e político. Essa dignidade é sua carteira de trabalho para reorganizar empresas e instituições que administram economia e política. Sem essa dignidade, também a outra parte da humanidade que vive um bem-estar privilegiado perde sua dignidade e ameaça seu próprio bem-estar. Condições vivenciais de dignidade privilegiada são condições sem dignidade que ameaçam o conjunto da sociedade. Com certo pragmatismo, a Organização Internacional do Trabalho (OIT) reunida em 1944 na Filadélfia se expressou assim: "A penúria, seja onde for, constitui um perigo para a prosperidade geral",[44] e no Preâmbulo de sua Constituição reza que "a paz para ser universal e duradoura deve assentar-se sobre a justiça social".[45]

---

[44] MARTINS, Sergio Pinto. *Convenções da OIT*. São Paulo: Atlas, p. 22.

[45] *Ibidem*, p. 4.

5.3. Disparidade entre o legal e o real

A questão da dignidade humana nos faz repensar o modelo de desenvolvimento baseado no crescimento, na aceleração da produção e na acumulação privilegiada do capital. Como pensar um desenvolvimento para todos, dentro dos limites impostos pela ecologia natural e social? A comunidade humana, em suas instituições internacionais, já refletiu essas questões, propôs normas amplamente aplaudidas e formalmente aceitas. Não somos obrigados a reinventar a roda. A Declaração Universal dos Direitos Humanos proclamada pela ONU, em 1948, em seus Artigos XXIII, XXIV e XXV, moldura a dignidade humana no trabalho:

> Artigo XXIII:
>
> 1. Toda pessoa tem direito ao trabalho, à livre escolha de emprego, a condições justas e favoráveis de trabalho e à proteção contra o desemprego.
> 2. Toda pessoa, sem qualquer distinção, tem direito a igual remuneração por igual trabalho.
> 3. Toda pessoa que trabalhe tem direito a uma remuneração justa e satisfatória, que lhe assegure, assim como à sua família, uma existência compatível com a dignidade humana, e a que se acrescentarão, se necessário, outros meios de proteção social.
> 4. Toda pessoa tem direito a organizar sindicatos e neles ingressar para proteção de seus interesses.
>
> Artigo XXIV:
>
> Toda pessoa tem direito a repouso e lazer, inclusive a limitação razoável das horas de trabalho e férias periódicas remuneradas.
>
> Artigo XXV:
>
> Toda pessoa tem direito a um padrão de vida capaz de assegurar a si e a sua família saúde e bem-estar, inclusive alimentação, vestuário, habitação, cuidados

> médicos e os serviços sociais indispensáveis, e direito à segurança em caso de desemprego, doença, invalidez, viuvez, velhice ou outros casos de perda dos meios de subsistência fora de seu controle.[46]

Trata-se, nesses artigos, não somente de garantir acesso a um emprego qualquer, mas do acesso a um trabalho "compatível com a dignidade humana", um "trabalho decente", tradução literal do inglês *decent work*, que propõe sanar as deficiências do "trabalho penoso". O "trabalho decente", segundo o Preâmbulo da Constituição da Organização Internacional do Trabalho – OIT (Montreal, 1946), deveria assegurar aos trabalhadores a "regulamentação das horas de trabalho", a "luta contra o desemprego", "um salário que assegure condições de existência convenientes", "proteção contra as moléstias graves ou profissionais e os acidentes do trabalho", "pensões de velhice e de invalidez", "para igual trabalho, mesmo salário" e "liberdade sindical".[47] Em sua "Declaração sobre os princípios e direitos fundamentais no trabalho", de 18 de junho de 1998, a OIT articula o progresso social com o crescimento econômico e inclui nos direitos fundamentais no trabalho a necessidade de "assegurar aos próprios interessados a possibilidade de reivindicar livremente e em igualdade de oportunidades uma participação justa nas riquezas a cuja criação têm contribuído".[48]

Em sua Convenção 111, de 1958, sobre a "Discriminação em matéria de emprego e ocupação", a OIT retoma a "Declaração de Filadélfia" (1944), que afirma "que todos os seres humanos, seja qual for a raça, credo ou sexo têm direito ao progresso material e desenvolvimento espiritual em liberdade e dignidade, em segurança econômica e com oportunidades iguais".[49] Por

---

[46] *Ibidem*, p. 711.

[47] *Ibidem*, p. 4.

[48] *Ibidem*, p. 621.

[49] *Ibidem*, p. 23. 252.

ocasião do "Dia Mundial da Justiça Social 2010", 20 de fevereiro, o Diretor-geral da OIT, o chileno Juan Somavia, resumiu esse debate com poucas palavras: "Uma das melhores maneiras de alcançar a justiça social é o trabalho decente. Dignidade do trabalho, dignidade do ser humano, estabilidade da família, paz na comunidade – disso trata o trabalho decente".

Também o governo brasileiro assumiu a proposta da OIT, com sua crença na possibilidade de um "trabalho decente" num sistema de lucro "indecente", sem hesitar. Ao apostar na possibilidade de harmonizar crescimento econômico e justiça social parecia se delinear um horizonte de superação da sociedade de classes. A partir de junho de 2003, com a assinatura, pelo Presidente da República e pelo diretor-geral da OIT, de um "Memorando de Entendimento", a promoção do "Trabalho Decente" passou a ser um compromisso a ser transformado em prioridades e ações. O passo seguinte da política trabalhista do governo brasileiro deu-se em direção à construção de uma "Agenda Nacional de Trabalho Decente" (ANTD), de 2006. A Agenda assumiu em grande parte compromissos e declarações da OIT, que, a partir de 2009, foram transformados em "Plano Nacional de Trabalho Decente".[50] "Memorando", "Agenda" e "Plano" representam compromissos do governo com a OIT para um empenho trabalhista focado no "trabalho decente". Sua instância de gestão é o Comitê Executivo já previsto no "Memorando de Entendimento" e coordenado pelo Ministério do Trabalho e Emprego (TEM). Segundo a ANTD, "entende-se por trabalho decente um trabalho adequadamente remunerado, exercido em condições de liberdade, equidade e segurança, capaz de garantir uma vida digna". Esse entendimento do "trabalho decente", segundo a OIT, se apoia em quatro pilares assumidos pela "Agência Nacional de Trabalho Decente (ANTD)":

---

[50] Agenda e Plano Nacionais de Trabalho Decente estão deisponíveis em: <www.mte.gov.br>. Acesso em: 10 fev. 2010.

a) respeito às normas internacionais e fundamentais do trabalho (liberdade sindical, negociação coletiva, eliminação de todas as formas de trabalho forçado, abolição de todas as formas de discriminação em matéria de emprego e ocupação);

b) promoção do emprego de qualidade;

c) extensão da proteção social;

d) diálogo social.

São três as prioridades que estruturam essa Agência:

1. Gerar mais e melhores empregos, com igualdade de oportunidade e de tratamento;

2. Erradicar o trabalho escravo e eliminar o trabalho infantil;

3. Fortalecer os atores tripartites (trabalhadores, empresários, Governo Federal) e o diálogo social como instrumento de governabilidade democrática.

Essas prioridades transformam o óbvio em programático e pouco afetam o trabalho dos canavieiros. A única prioridade que poderia aliviar a penosidade do canavial é a primeira, que propõe "melhores empregos". No item "Resultados Esperados", porém, revela-se a autoparalização da proposta da ANTD, sugerindo "metas de criação de emprego produtivo e de qualidade incorporadas nas estratégias nacionais de desenvolvimento econômico e social [...]". No canavial é impossível atender aos "dois senhores", o empregador e o empregado, que negociam produtividade e qualidade do emprego em condições de desigualdade. Um emprego de qualidade significa necessariamente certa redução de produtividade lucrativa, assim como desenvolvimento social significa limitar o desenvolvimento econômico assimétrico. Sem dar um passo além do "modelo" em curso, "fortalecer os atores tripartites", como reza a terceira prioridade, significa fortalecer a assimetria social. Mantida a hegemonia do capital, o chamado diálogo social entre os atores tripartites não é social nem democrático. Mesmo o "Compromisso nacional para aperfeiçoar as condições de trabalho na cana-de-açúcar", de

2008, que propôs "enfrentar o desafio do trabalho decente"[51] no conjunto do setor sucroalcooleiro, significa mais um "salvo-conduto" internacional do governo que um apoio efetivo para os canavieiros de Cosmópolis.

No âmbito de "salvo-conduto" compreendemos também o projeto do "Zoneamento Agroecológico da Cana-de-açúcar" (ZAE), oficializado pelo Decreto Presidencial 6.961/2009, em setembro 2009, e divulgado pelo próprio governo com o *slogan*: "Plantar cana com consciência para plantar sempre e mais".[52] Segundo um estudo técnico da Empresa Brasileira de Pesquisa Agropecuária (Embrapa), vinculada ao Ministério da Agricultura, o objetivo geral do Zoneamento Agroecológico é a "formulação de políticas públicas visando à expansão e produção sustentável de cana-de-açúcar no território brasileiro".[53] Foram excluídas dessa previsão de expansão principalmente:

a) as terras com declividade superior a 12%, por causa da mecanização prevista;

b) as áreas com cobertura vegetal nativa;

c) os biomas Amazônia, Pantanal e Bacia do Alto Paraguai;

d) áreas de proteção ambiental e

e) terras indígenas já identificadas ou demarcadas.[54]

As estimativas do referido estudo demonstram que o Brasil "dispõe de cerca de 64,7 milhões de hectares de áreas aptas à expansão do cultivo com cana-de-açúcar".[55] A mensagem do ZAE para empresários e investidores é a

---

[51] Secretaria-geral da Presidência da República – SGPR. *Opere citato*, 2008, p. 3.

[52] Disponível em: <http://blog.planalto.gov.br/zoneamento-agroecologico-cana-de--açucar–embrapa/>. Acesso em: 27 mar. 2010.

[53] Manzatto, Celso Vainer *et al* (orgs.). *Zoneamento agroecológico da cana-de-açúcar*: expandir a produção, preservar a vida, garantir o futuro. Rio de Janeiro: Embrapa Solos (Documentos 110), 2009, p. 7.

[54] Por isso ocorre grande pressão política que, por vezes, faz com que a Funai interrompa a demarcação de terras indígenas ou a produção de laudos antropológicos que identifiquem esses territórios.

[55] *Ibidem*, p. 7.

seguinte: podemos ampliar a área de plantio da cana sem prejudicar áreas que produzem alimentos, podemos conquistar um mercado internacional maior, pois o governo facilita subsídios e créditos para a expansão desse mercado.[56]

Diante de críticas levantadas em fóruns internacionais sobre a sustentabilidade ecológica e alimentar do etanol, o ZAE procura mostrar que o país pode expandir a produção do plantio da cana-de-açúcar sem afetar áreas "sensíveis" com cobertura nativa, pertencentes aos povos indígenas ou necessárias à produção de alimentos. Sendo asssim, o setor sucroalcooleiro está livre da acusação de ser predador do meio ambiente. Atualmente, o plantio da cana ocupa menos de 1% das terras agriculturáveis. Para manter o primeiro lugar como exportador mundial de açúcar e o segundo de etanol num mercado de concorrência acirrada, resta um território de 65 milhões de hectares.

A mitigação ambiental que se espera do projeto deverá ser alcançada, sobretudo, através da "produção de biocombustíveis de forma sustentável e ecologicamente limpa" e da "diminuição da emissão de gases de efeito estufa pela substituição progressiva da queimada pela colheita mecânica". Para se ter uma ideia da expansão projetada do setor sucroalcooleiro, vale a pena estudar o documento produzido por Embrapa/Unicamp sobre o "Aquecimento global e a nova geografia da produção agrícola no Brasil". A área potencial para o plantio da cana, em 2008, era estimada em 619.422 km^2, e a projeção para o

[56] Nos dias 4 e 5 de junho de 2007, empresários da União da Indústria de Cana-de--açúcar (UNICA) reuniram-se no World Trade Center, em São Paulo, para o "Ethanol Summit". Esse evento, nos dizeres do então vice-presidente da República, José de Alencar, marca o empenho do governo brasileiro em apoiar e desenvolver políticas nacionais e internacionais para disseminar o uso sustentável do etanol combustível. Nos cenários nacional e internacional, o país destaca-se pela produção do etanol como combustível renovável, barato, menos agressivo ao meio ambiente, gerador de postos de trabalho e divisas. Dos 500 mil postos de trabalho gerados de março a novembro de 2007 pelo corte da cana-de-açúcar para fazer etanol no Brasil, 300 mil se encontram no Estado de São Paulo, segundo Roberto Rodrigues, ex-ministro da Agricultura (cf. *International Herald Tribune* de 1º out. 2007, reproduzido por FOLHAONLINE, da BBC Brasil na mesma data).

ano 2020 é que esteja em torno de 1.610.000 km^2. Pelo ZAE e pelo aumento das temperaturas – fato que diminui as áreas de risco de geadas –, as áreas aptas ao plantio da cana devem triplicar. A extensão territorial do Brasil e as condições climáticas, com duas colheitas anuais, favorecem essa expansão.[57]

No item "impacto econômico-social", o projeto aponta para a organização dos fornecedores de cana em cooperativas, visando à colheita mecânica e à indução tecnológica na produção e colheita de cana-de-açúcar. Ao mesmo tempo prevê "o aumento da ocupação permanente da mão de obra local, com a substituição da colheita manual pela mecânica". A previsão para o setor é que ocorra uma diminuição da mão de obra cujo efeito de desemprego, por causa da expansão da lavoura canavieira em curso, só lentamente seja percebido. Nas entrelinhas pode-se entender que, a médio prazo, a mão de obra migrante será substituída pela local.[58] O canavieiro local será, como operador de máquinas, um ex-canavieiro. Sua qualificação em face da tecnificação progressiva do cultivo está prevista através de "investimentos públicos e privados em educação e treinamentos especializados". Em seu conjunto, a proposta do ZAE tem muitos elementos razoáveis, mas fica devendo uma resposta à tensão biodiversidade *versus* expansão da monocultura. O Decreto do ZAE, que foi transformado em projeto de lei (PL 6.077/2009), no início de 2010, ainda estava emperrado na Câmara dos Deputados, portanto longe de ser apreciado pelo Senado Federal.[59] Focos de resistência contra esse projeto de lei estão se articulan-

[57] De setembro a abril, a colheita ocorre nas regiões norte e nordeste, e de maio a dezembro no centro-sul. Em ambas as áreas, a colheita é realizada nos períodos de seca.

[58] Até agora, pode-se observar que a área incorporada no plantio da cana absorve os canavieiros desempregados pela mecanização em outra área. "Entre 2001 e 2007, por exemplo, o número de trabalhadores envolvidos com o cultivo da cana em São Paulo cresceu de 76 mil para 97 mil, uma alta de 27%, conforme dados do Ministério do Trabalho e Emprego" (Repórter Brasil, 2009, p. 15).

[59] O Projeto de Lei 6.077/2009 "dispõe sobre o cultivo sustentável da cana-de-açúcar destinada à produção de açúcar, etanol e demais biocombustíveis derivados da cana-de-açúcar, estabelece diretrizes para o zoneamento agroecológico nacional da cana-de-açúcar, e

do em torno da bancada ruralista e do governo do Mato Grosso do Sul.[60] Também os trâmites do Legislativo seriam uma oportunidade de incluir no texto uma emenda voltada à integração social e laboral dos canavieiros migrantes, que não serão mais esperados no canavial mecanizado e que precisam ser reintegrados em sua região de origem. Atualmente, o setor sucroalcooleiro do Brasil emprega, no decorrer de um ano, cerca de um milhão de canavieiros.

Problemas da economia interna tornam-se questões da política externa. Para a política externa, a substituição da mão de obra dos canavieiros pela máquina significa uma solução. Enquanto os empresários refletem sobre essa substituição, os canavieiros de Cosmópolis estão lutando por outra saída: a substituição do pagamento por produção, e regionalmente diferenciado segundo a força de barganha dos respectivos sindicatos, por um piso salarial nacional que corresponda aos padrões indicados pela OIT. Essa questão, no "Compromisso nacional para aperfeiçoar as condições de trabalho na cana-de-açúcar", foi delegada "às convenções coletivas ou acordos coletivos de trabalho que disciplinem a matéria".[61]

A "Convenção coletiva de trabalho – Setor Canavieiro", para a vigência de 1° de maio de 2007 até 30 de abril de 2008, negociada entre a Federação da Agricultura do Estado de São Paulo (Faesp) e os Sindicatos Rurais, estes representantes dos plantadores de cana, dos fornecedores de cana e das companhias agrícolas vinculadas às usinas de açúcar, estabeleceu as seguintes modalidades de remuneração:

---

dá outras providências". Fonte: www.planalto.gov.br/ (Legislação, Projetos de Lei 2009).

[60] Até setembro de 2008, 21 usinas de açúcar e álcool estavam instaladas no território do Mato Grosso do Sul. "A expectativa do governo estadual é que essa quantidade triplicasse em poucos anos, pois outras 21 usinas já possuem licenciamento ambiental para construção e há mais 48 pedidos de instalação de novas usinas em avaliação" (Repórter Brasil, 2009, p. 36).

[61] Secretaria-geral Da Presidência Da República – SGPR. *Opere citato*, 2008, p. 8.

- para o corte de cana de 18 meses é de R$ 2,70 por tonelada e para outros cortes é de R$ 2,56;
- o piso salarial é de R$ 445,00 por mês, R$ 14,83 por dia e R$ 2,02 por hora (Faesp, 2007, p. 2s).[62]

A relação entre salário mensal e diária mostra que está prevista uma jornada de 30 dias por mês (14,83 x 30 = 445). Para ganhar a diária de R$ 14,83, o canavieiro tem de cortar 5,5 toneladas de cana. Esse "piso salarial" não é realmente um piso que garantirá um "salário sustentável" nos termos das convenções internacionais e, por conseguinte, não garantirá um trabalho decente. Os canavieiros continuam submetidos ao sistema "trabalho por produção" para dobrar ou triplicar o previsto pelo chamado piso salarial. Isso significa que, em abril 2008, tiveram de cortar ao menos 12 toneladas de cana diariamente, o dobro da média cumprida no mesmo período há 10 anos.

Fica fácil verificar que normas, princípios, direitos de declarações internacionais têm função legitimatória para as respectivas instituições ou conferências, porém não chegam aos destinatários locais. São bloqueados nas comissões tripartites pelos representantes do capital que transformaram a autonomia das pessoas em autonomia do "livre mercado". O mesmo hiato entre o real microestrutural e os "grandes relatos" macroestruturais se observa no alcance do Poder Legislativo. Seus representantes são mormente representantes de interesses econômicos particulares. Tudo isso configura uma das causas da proximidade do trabalho dos canavieiros ao trabalho escravo. O escravo garantiu, independentemente de gênero e idade, sua subsistência com sua diária de trabalho. O mesmo não poderia afirmar-se de um sexagenário no canavial, que não consegue mais trazer 12 toneladas por dia à balança. Os avanços tecnológicos, pela ameaça de desemprego, implicaram em retrocessos sociais.

---

62 Cosmópolis-SP não faz parte dessa convenção.

Quando Henry Ford, em 1914, "introduziu seu dia de oito horas e cinco dólares como recompensa para os trabalhadores da linha automática de montagem de carros",[63] garantiu a subsistência deles, sem discriminação de idade. Na indústria canavieira, cuja expansão e produção andam aceleradas, os relógios do progresso social andam desacelerados, com muito atraso. Passivos sociais e ambientais exigem um discernimento entre governabilidade e submissão ao capital. Exigem um monitoramento compartilhado entre sociedade civil, sindicatos, movimentos sociais e governo federal. Exigem, além de acomodações críticas, o sonho de que um outro mundo é possível. Ao fazer críticas contundentes ao "modelo", Hélio Neves, presidente da Feraesp, põe o dedo numa ferida profunda, que atravessa a sociedade:

> A cultura da cana visa atingir terrenos planos e que contenham abundância de água. É um setor que cresce ocupando terras; isso não é desenvolvimento, isso é expansão territorial, pura e simplesmente. Goiás, Minas e Mato Grosso e Piracicaba registram trabalho escravo. O trabalho submetido em condições de penosidade é agravado pela exigência de produção. Os prefeitos acham que a chegada da usina representa desenvolvimento, no entanto ocorre um custo para a saúde e meio ambiente muito maior do que antes da chegada da Usina. [...] O número de atendimentos em hospitais públicos de cidades canavieiras sobe assustadoramente. A agricultura canavieira ocupa territórios que deveriam conter culturas de alimentos. São Paulo já importa boa parte da alimentação que consome. Existem dois movimentos de concentração. Ela avança externamente com a expansão territorial de cana plantada e avança internamente com a concentração do capital, como um verdadeiro cartel. Para que uma usina possa ad-

[63] Harvey, David. *Opere citato*, 2008, p. 121.

quirir boa rentabilidade ela deve ocupar uma área no mínimo de 30.000 hectares [...]. Alguns anos atrás havia a usina familiar. Hoje esse tipo de usina cedeu lugar para usina gerenciada pelo capital internacional. Nossa proposta não é destruir o setor, mas não permitir que ele nos destrua. Produção de energia não é sinônimo de desenvolvimento nem de qualidade de vida. O que e quem são os usineiros e o que eles devolvem para a sociedade? Agrotóxicos pulverizando as pequenas cidades do interior de São Paulo. [...] Devemos lutar para que as terras canavieiras sejam revertidas em terras para reforma agrária. As usinas devem 1 bilhão de reais para a Previdência e ainda recebem dinheiro do BNDES.[64]

Não somos obrigados a reinventar a roda, mas somos capazes de girá-la, controlar a sua velocidade e ajustar seu rumo.

5.4. Do consentimento à desconstrução[65]

A disparidade entre o legal e o real é grande. A distância entre o justo e o real é ainda maior, porque praticamente o que é justo nunca coincide com aquilo que é legalmente amparado na realidade social. Para sanar o "ilegal" no âmbito do canavial, seja na contratação dos canavieiros

[64] Palestra apresentada e por mim gravada no diretório do PT, no dia 27 de abril de 2007, em São Paulo. O evento contou com a participação de entidades como Federação dos Empregados Rurais Assalariados do Estado de São Paulo (Feraesp), Movimento dos trabalhadores Rurais Sem-Terra (MST), Federação da Agricultura Familiar (FAF) entre outros.

[65] Utilizamos a palavra "desconstrução" no sentido que o dicionário oferece (Houaiss: "desfazer para reconstruir de outro modo"), sem a conotação semântica, que recebeu a partir dos escritos de Jacques Derrida (cf. Nascimento, 2005).

ou na configuração do trabalho, análoga à de escravo, seja como fraude ou extorsão salarial ou pela sonegação de impostos, quase sempre existem instâncias formais de denúncia, direito e punição. O "ilegal", apesar de toda a morosidade e, por vezes, da parcialidade da justiça, pode ser transformado em "legal".[66]

A transformação do "injusto" em "justo" é mais complicada. O "injusto é estrutural. Não existe lei ou instância jurídica que transforme o modelo injusto de desenvolvimento, produção, consumo e acumulação ilimitados em modelo justo. Tampouco existe consenso interclassista sobre um modelo justo. A justiça veste roupas históricas, culturais e classistas. A questão justo-injusto cresce na medida em que um modelo de vida injusto não só atinge determinada classe social, mas a humanidade e o planeta Terra integralmente. A questão da viabilidade ou não do modelo de desenvolvimento e do projeto civilizacional em curso atinge toda a humanidade. Economia e ecologia se entrelaçam. Se o bem-estar e o consumo de cada um não são mais multiplicáveis com o número de pessoas que habitam o planeta Terra, então assistiremos a um acirramento da luta de classes por apropriações privilegiadas dos bens da natureza e um esgotamento do ecossistema em seu conjunto. Terra, água e ar se tornarão bens escassos e poluídos. Segundo o

---

[66] O "trabalho em condições análogas à de escravos" pode ser denunciado ao Ministério Público. A inclusão da Cosan (31 de dezembro de 2009) por uma semana na "lista suja" do setor sucroalcooleiro maculou a reputação da empresa. Com a incorporação da Nova América Agroenergia, da *holding* da família Rezende Barbosa, no dia 13 de março de 2009, a Cosan reforçou a sua posição de maior produtora de açúcar e álcool do mundo, agora administrando 23 usinas, com a capacidade de processamento anual de cerca de 56 milhões de toneladas de cana-de-açúcar, 10% do mercado brasileiro. Os 42 trabalhadores flagrados em "situação análoga à de escravos" foram contratados por uma empresa terceirizada. Por essa razão, o Tribunal Regional do Trabalho de Brasília permitiu a retirada do nome da Cosan da "lista suja". Por causa do estrago comercial, certamente não haverá mais trabalho escravo nos territórios da Cosan.
A sonegação fiscal no recolhimento de ICMS das usinas de açúcar e álcool em 2008 foi de cerca de R$ 1 bilhão. Não consta que foram aplicadas multas, mas "quem não pagava passou a pagar" (*Folha de S.Paulo*, 14 mar. 2010, caderno B9).

relatório "Mais calor e menos comida", coordenado pelo Instituto Internacional de Pesquisa de Política Alimentar, por volta de 2050 os então habitantes do planeta Terra vão enfrentar escassez de alimentos, principalmente em razão de uma alta especulativa de preços.[67] O aquecimento global vai causar queda de 20% a 30% na produção agrícola nos próximos 50 anos.[68]

Nessa situação, sem sujeito histórico que possa levar um projeto crítico de desenvolvimento adiante, estamos cercados por conformismo, fatalismo e pragmatismo. Em seu esboço "Utopias do pós-socialismo", Luis Felipe Miguel[69] sistematizou algumas propostas pragmáticas de escasso teor utópico, mas que estão sendo mundialmente discutidas:

a) o representante de um "socialismo de mercado" é John Roemer (1996), que procura articular a eficiência econômica do mercado com igualdade social, que considera "o coração ético do socialismo";

b) seguindo Marx, André Gorz (1987) propõe uma "sociedade de tempo liberado", que possibilite aos cidadãos "dispor de tempo livre, entendido como tempo de não trabalho";[70]

c) a proposta da "sociedade de tempo liberado" acompanha o postulado da "renda cidadã" ou "renda básica universal", cujo expoente maior a defendê-la é o economista Phillipe Van Parijs;[71]

d) a filósofa Barbara Goodwin (1992) propõe uma "sociedade lotérica", na qual os bens seriam distribuídos de forma aleatória, o que permi-

---

[67] Cf. reportagem da Fapesp. Disponível em: <www.ecodebate.com.br/2010/02/18/cientistas – Tb>. *Globo*, 1º out. 2009, Ciência, p. 36.

[68] Cf. *Science,* vol. 327. 12 fev. 2010. Disponível em: <www.siencemag.org>.

[69] Miguel, Luis Felipe. Utopias do pós-socialismo: esboços e projetos de reorganização radical da sociedade. *Revista Brasileira de Ciências Sociais*, vol. 21, nº 61, p. 110-114, jun. 2006.

[70] *Ibidem*, p. 92.

[71] Cf. Van Parijs, Phillipe. Basic income capitalism. *Ethics* (Chicago), 102, nº 3, p. 466, 1992. Ver também, do mesmo autor: *O que é uma sociedade justa*? São Paulo, Ática, 1997.

tiria dissociar a renda de *status* social e articular igualdade da sorte com a diversidade social de fato;

e) uma quinta proposta, que surge, segundo Luis Felipe Miguel, como consagração do *status quo*, é o "anarcocapitalismo", que propõe a universalização do mercado, que assume as funções básicas do Estado.[72]

Todas essas propostas estão sem sujeito histórico que as possa assumir; descartam ou não aprofundam a discussão em torno de um projeto pós-capitalista. A impossibilidade de pensar um projeto pós-capitalista e, ao mesmo tempo, a crítica radical do projeto capitalista unem também grande parte dos cientistas sociais brasileiros. A mera crítica reformista faz prevalecer na política brasileira questões gerenciais em torno de reestruturações institucionais do capitalismo sem tocar no modelo de desenvolvimento. Face à reestruturação do capitalismo, os canavieiros estão de pernas curtas e mãos vazias para poder inspirar um novo projeto de desenvolvimento que respeite os interesses de todos.

Apesar das advertências acerca das questões ambientais e alimentícias, a política brasileira procura incorporar-se com vento em popa no modelo desenvolvimentista universalmente em curso, que em seu conjunto já está hoje em crise e amanhã será inviável. Os cortadores de cana sentem essa inviabilidade antes dos usineiros, mas também estes serão atingidos pelos impasses do projeto que defendem como solução politicamente correta, de sustentabilidade ambiental e de integração acelerada no mercado mundial. O canavial é um sismógrafo: avisa e registra o terremoto sem poder escapar dele. Pela proposta como tal e pelo gerenciamento, o canavial não oferece solução ambiental. Ele faz parte da crise e não da solução.

---

[72] Cf. FRIEDMAN, Milton. *Capitalismo e liberdade*. São Paulo: Nova Cultural, 1985. E também: ROTHBARD, Murray. *Power and market*: government and the economy. Menlo Park/Califórnia: Institute for Human Studies, 1970.

A crise, que ainda é sentida de maneira desigual pelos diferentes setores da sociedade brasileira, encontrou uma chave mágica na proposta da "reestruturação". Assim como o "plantando dá", de Álvares Cabral, diferentes setores ideológicos propõem um "reestruturando dá". Na realidade trata-se de uma segunda reestruturação. A primeira significava precarização e flexibilização (cf. itens 3.5 e 4.1). A segunda está marcada por mecanização e internacionalização.[73] Nessa segunda reestruturação haverá menos trabalho penoso, porque haverá menos trabalho e boias-frias em campo. Com a reestruturação, segundo seus promotores, o capitalismo brasileiro se tornaria viável, decente e sustentável; viável por ser "competitivo", decente por ser "social" e sustentável por ser "ambiental". No discurso governamental sobre o etanol, são elencados quatro argumentos favoráveis para o país: primeiro, uma experiência de mais de 450 anos no cultivo da cana; segundo, a necessidade crescente no mercado mundial de energias renováveis; terceiro, a disponibilidade de terras e mão de obra para o cultivo da cana-de-açúcar como matéria-prima dessa energia; quarto, supostas vantagens ambientais do agrocombustível para a questão do aquecimento global. O afã de querer manter-se na liderança da produção do etanol poderá, com o aumento da monocultura da cana, causar grandes impactos sociais, tanto para os trabalhadores do setor como para o abastecimento agrícola do mercado interno. A segunda reestruturação é realizada sob as bandeiras de expansão, aceleração e gestão administrativa racional, que deveriam garantir os mercados nacionais e internacionais.

Esse quase consenso na discussão sobre a reestruturação do capitalismo brasileiro, que procura forjar a empresa competitiva e social no interior do modelo de desenvolvimento e do projeto civilizacional em curso, não

---

[73] Ao redor de 90% do bioetanol são produzidos no Brasil (de cana-de-açúcar) e nos Estados Unidos (de milho), enquanto na Alemanha e na França se produz principalmente o biodiesel.

aponta para uma solução, mas para a acentuação da crise.[74] O que marca a reorganização produtiva é o papel forte do Estado brasileiro a serviço e sob domínio da economia. Em sua política interna e nacional, disponibiliza um conjunto de fontes energéticas (hidrelétricas, etanol, petróleo do pré-sal) e infraestruturais. Via Banco Nacional de Desenvolvimento Econômico e Social (BNDES) e política fiscal, financia projetos aptos para expansão econômica e acomodação social. Através de empresas estatais, o próprio Estado assume o papel de investidor e empresário.

Nessa situação, a política externa tornou-se braço direito da política econômica globalizada. A promessa da abertura de mercados silencia os estadistas políticos sobre questões de direitos humanos. A competição não só baixa os salários e faz, pela aceleração, o trabalho mais penoso, a competição baixa também os padrões éticos da política nos balcões do mercado internacional. No mercado global e na conduta política, a corrosão do caráter é uma espécie de tradução do conformismo competitivo do varejo das relações sociais cotidianas do setor sucroalcooleiro ao atacado nos salões internacionais. Meios de comunicação, educação formal e o sistema jurídico são instrumentos do capital para produzir esse conformismo às "regras do jogo",[75] que é o canto firme de uma sociedade sem surpresas. Brecht[76] diria: "Aquele que ri apenas não recebeu ainda a terrível notícia".

A época de fim das utopias gerou o sentimento generalizado do pós. Tudo parece já ter acontecido e chegado a seu ponto final: a história, a modernidade e a metafísica. Vivemos num mundo pós-histórico, pós-moderno e pós-metafísico. Entre o "pré" e o "pós", entre pré-histórico e o pós-histórico, entre o pré-moderno e o pós-moderno se abre o abismo de alternativas perversas e fatais como: "independência ou morte", "Anhan-

---

[74] Cf. o número especial (nº 322, de 22 de março de 2010) da *Revista do Instituto Humanitas – Unisinos* sobre "Reestruturação do capitalismo brasileiro".

[75] Mészáros, István. *Opere citato*, 2005, p. 45.

[76] Brecht, Bertolt. *Poemas 1913-1956*. 6. ed. São Paulo: Ed. 34, 2001, p. 212.

guera[77] ou Anchieta", "canavieiro sobrevivente ou morador de rua". O povo dos canaviais de Cosmópolis não pode se dar ao luxo dessas dicotomias da burguesia esclarecida. Aprendeu sua alquimia religiosa e sua "mínima moralia" em casa; sabe como pode ser útil acender uma vela para Deus e outra para o diabo. Por causa dos cortadores de cana, como uma parcela da humanidade danificada, somos obrigados a buscar caminhos além desse pensamento bipolar que tanto em suas afirmações como em suas negações guardam uma "violência matricial" do colonialismo.[78]

A reestruturação do capitalismo também se dá através da incorporação de pequenas empresas em grandes corporações de capital nacional ou transnacional. No setor sucroalcooleiro, a Cosan, com uma produção de 1,7 bilhão de litros de álcool etílico (etanol) na safra de 2008/2009, é o protótipo da empresa que incorpora pequenos e expande com grandes (joint venture com a Shell). Observa-se hoje uma crescente concentração do capital na mão de um grupo com cada vez menor de empresários e a atuação transnacional das grandes empresas, sobretudo em países da América Latina, África e Ásia.[79]

O Estado a serviço das grandes empresas significa subordinação, não abandono, do campo social. O neokeynesianismo parece sanar alguns erros mais grosseiros do neoliberalismo. A reestruturação social se dá em meio a profundos equívocos. Configura-se como mitigação para compensar danos

---

77 Anhanguera significa Diabo Velho, cognome dado pelos índios ao bandeirante Bartolomeu Bueno da Silva pelo ardil de que se valeu para subjugá-los, pondo fogo na aguardente como demonstração de seu poder sobrenatural.

78 Santos, Boaventura de Sousa. *Renovar a teoria crítica e reinventar a emancipação social.* São Paulo: Boitempo, 2007, p. 58.

79 No dia 1º de abril de 2010 retornou uma delegação brasileira interministerial da China, tendo ido em busca de novas tecnologias para a produção de etanol e geração de energia solar. "A China tem condições de solo e clima limitadas para a produção de cana-de-açúcar, por isso outras matérias-primas vêm sendo pesquisadas, como a mandioca", informou José Nilton de Souza Vieira, que representou o Ministério da Agricultura, Pecuária e Abastecimento – Mapa. O grupo participou de seminário sobre energias renováveis na Universidade de Tsinghua, em Beijing. Disponível em: <www.noticiasagricolas.com.br>.

considerados inevitáveis e assistencialismo para os que perderam o bonde do projeto oficial. O empenho do Estado por maior integração social de setores marginalizados faz parte dessa reestruturação. Integração, nesse caso, não significa participação nem reconhecimento. Tentativas de integração são feitas pela redistribuição da renda, pelo aumento do número dos assalariados e do salário-mínimo, através de aposentadorias, de créditos a agricultores familiares (Programa Nacional de Fortalecimento da Agricultura Familiar – Pronaf), do programa Bolsa Família e muitas outras formas de assistencialismo. Ladislau Dowbor[80] aponta para esse empenho social do Estado, que configuraria a emergência de um capitalismo mais decente. Ainda segundo Dowbor, há avanços significativos na área ambiental. Na Amazônia, "o desmatamento caiu de 28 mil km^2 para 7 mil km^2. Continua sendo um desastre, a Mata Atlântica continua sendo prejudicada. Mas, no conjunto, há avanços".

Em todo caso, precisamos registrar que a reestruturação no interior do modelo produtivista e expansionista só vai dar resultados razoáveis onde o próprio capital abrir mão de seus privilégios, o que é improvável. Redistribuição da renda significa desconstruir privilégios para que todos tenham acesso às fontes de vida. Redistribuição de renda sem mexer nos privilégios das elites e sem romper com o círculo "produção, emprego, consumo" estabiliza a desigualdade e produz a exclusão. Inclusão significa não apenas acesso ao mercado de consumo ou superação da desigualdade, mas reconhecimento da dignidade da pessoa, de direitos e deveres recíprocos. O "trabalho penoso" não é apenas uma questão de salários desiguais, mas de dignidade humana. É possível, através de medidas compensatórias e mitigações, tornar esse trabalho decente ou digno? Eis a pergunta que me inquietou, não só durante a estadia no campo como trabalhador, mas também como pesquisador. De imediato, e aparentemente, dois caminhos estão abertos: saídas no canavial e saídas do canavial.

---

80 Dowbor, Ladislau. De um capitalismo selvagem para um capitalismo decente: a evolução brasileira (entrevista). *Revista do Instituto Humanitas Unisinos*, IHU On--line, nº 322, (22 mar. 2010), p. 19.

A longo prazo, com a mecanização da lavoura canavieira em curso, o trabalho dos cortadores de cana é um trabalho em vias de extinção. O argumento ambiental de que a lavoura manual, ao contrário da colheita mecanizada, necessita de queimadas prévias, pressiona na mesma direção. Para o tempo que resta no canavial, dona Maria pondera:

> Pra começá acho que a gente tinha que ganhá mais. Também queria ficar mais tempo em casa. Se a gente trabalha 6 horas por dia seria bem melhor. O tempo no serviço é puxado. Acho que quando falam que o nosso serviço vai acabá por causa da máquina eu não acredito não. Isso é só pra gente não reclamá muito. Mas mesmo que se acabá daqui 5 anos ou 10 anos ainda tem esse tempo todo que pode fazer alguma coisa pra melhorar pra gente aqui. Pedi a gente pede, escuta quem quer (M.R.G.O.).

Há ainda cerca de 1 milhão de pessoas nos canaviais do país. Não estão lá por motivos humanitários ou sociais dos usineiros. A única razão por que o trabalho manual dos canavieiros ainda não foi extinto: sua maior rentabilidade em comparação ao da cortadeira. O crescimento da rentabilidade do canavieiro tem limites, mas seu trabalho manual permite incluir nessa lavoura terras íngremes, que a máquina não alcança. Os canavieiros, como tantos outros trabalhadores, continuam a ser "meio", não "fim". Seu reconhecimento oficial está em sua utilidade.

Ao situar-nos historicamente entre os dois caminhos aparentemente abertos – saídas no canavial ou saídas do canavial –, não podemos escolher um e descartar o outro. A totalidade não tem exterioridade, portanto, tampouco tem saídas. "Totalidade" e "saída" podem ser compreendidas meramente em sua dimensão geográfica ou territorial. Nesse contexto, porém, eu os compreendo a partir de um horizonte multidimensional. Portanto, a saída geográfica do canavial, a substituição do "fator humano" pela máquina nesta ou naquela usina de açúcar e álcool, que fecha postos de trabalho, tem importância relativa para nossa reflexão, enquanto o trabalho penoso no canavial da grande Cosmópolis continua. Na migração de um lugar para o outro podem fundamentar-se fantasias de ascensão social, mas não verdadeiras esperanças utópicas. O igualitarismo mimético é experimentado pelo canavieiro, que anda de canavial em canavial, e pelo executivo globalizado, que em cada hotel encontra a mesma mobília, os mesmos padrões de recepção e despedida. A monocultura da cana aponta para a monocultura civilizacional.

No decorrer deste trabalho, o canavial tornou-se metáfora da totalidade da vida social e ambientalmente danificada. Adorno[81] diria, "alegoria da catástrofe" adocicada pela "ilusão do cotidiano inofensivo". Para poder avaliar nosso poder de barganha precisamos distinguir os diversos níveis e conotações semânticos do termo "saída", e ao mesmo tempo unificá-lo em torno do núcleo central da desconstrução. "Saída", portanto, não significa "fuga", "abandono" ou "migração" para paisagens mais promissoras nem "solução", "proposta" ou "alternativa". "Saída" em nosso contexto significa "desconstrução", abertura de fendas "no muro da necessidade",[82] "freio de emergência".[83]

Nessa óptica, compreendemos "saída" em sua dimensão multidimensional como tentativa de desconstrução, mesmo em doses homeopáticas, de um sistema que produz o desnecessário, de maneira irracional, sem pensar nas demandas reais da humanidade. No canavial repercutem todas as crises parciais, as crises econômicas, ecológicas, alimentares, energéticas e de sentido. Em seu conjunto, essas crises não são conjunturais. Configuram a crise do "modelo", que é uma crise civilizacional.

Trilhamos concomitantemente por duas saídas como modalidades de um único caminhar histórico, saídas de desconstrução sem fim e sem ponto de

---

[81] ADORNO, Theodor. *Opere citato*, 2001, p. 93.

[82] LÉVI-STRAUSS, Claude. *Tristes trópicos*. Lisboa: Edições 70, 1993, p. 394.

[83] BENJAMIN, Walter. Notizen und Vorarbeiten zu den Thesen "Über den Begriff der Geschichte". *Gesammelte Schriften*, vol. 1, t. III, Frankfurt a. M.: Suhrkamp, 1974, p. 1.232.

chegada. Nesse contexto, pode-se compreender "saída" como contribuição à luta contra barbárie, regressão e tutela. Não só pela manipulação genética, também pela degradação social se podem criar subespécies humanas. O sistema, no entanto, não consegue eliminar a dor e o desejo, que são nossos elos com a realidade e nos permitem pensar a própria alienação. Enquanto não embarcamos na nau da felicidade e da virtude do *Admirável Mundo Novo*,[84] onde todos amam o que são obrigados a fazer e se submetem a seu destino social para o qual foram programados, a luta será humana e historicamente promissora. A crença na criatividade da dor e do desejo, os quais vão além de análises macroeconômicas; essa dor, que é sinal de vida, que cria consciência, e esse desejo, que sempre encontra caminhos inusitados e que rompe com a solidão porque precisa do outro para poder caminhar de cabeça erguida, essa dor e esse desejo serão nossa estrela-d´álva nessa noite do consentimento geral com a nova e avassaladora ordem econômica mundial, que exige competitividade eliminatória dos que querem sobreviver.

[84] Huxley, Aldous. *Admirável mundo novo*. São Paulo: Globo, 2009, p. 44.

Considerações finais

> "Há um mínimo de dignidade
> que o homem não pode negociar,
> nem mesmo em troca de liberdade.
> Nem mesmo em troca do sol."
> (GOMES, Dias. *O Santo Inquérito*, p. 138)

Ao percorrer o canavial 20 anos depois da minha primeira passagem por ele, cheguei em casa fisicamente exausto, porém cientificamente mais informado para transformar no banco da vida minhas diárias em renda flexível, e na banca acadêmica meu diário em prestação de contas. Já não seria mais capaz de cortar as 12 toneladas de cana-de-açúcar por dia. Aprendi a fazer outros cortes para enfrentar o canavial da vida. Com o facão da Teoria Crítica procurei fazer cortes na história brasileira e na realidade do mundo, nas aparências e nas racionalidades, nas ideologias e nos interesses. Para esses e outros cortes epistemológicos, o mundo pós-metafísico, em que deixamos "o céu para os anjos e os pardais",[1] nos remete à história e ao mundo físico de hoje, real e palpável.

Não se trata de cortes cartesianos da realidade que separam a verdade da mentira e a "vida correta" da "vida falsa". As ponderações, no início deste estudo (cf. item 1.3), sobre a possível escolha dos próprios canavieiros entre "exclusão", "acomodação" e "transformação" se revelaram tipológicas. No canavial "como realidade e metáfora", com suas dimensões sistêmicas e vivenciais, se entrelaçam e se sobrepõem em combinações dialéticas sem fim. Tenho mais claro para mim que a "vida correta" e a

---

[1] FREUD, Sigmund. O futuro de uma ilusão. In: _____. *Edição Standard Brasileira das Obras Psicológicas Completas*, vol. XXI. Rio de Janeiro: Imago, 1969b, p. 58.

"vida falsa" são inseparáveis. A cada dia procuro aceitar a ambivalência da vida, do canavial e do canavieiro e, ao mesmo tempo, lutar contra essa ambivalência em sua forma de racionalidade mutilada e vida degradada. Escrever é uma forma de lutar contra a vida falsa, programada, burocratizada, unidimensional e colonizada. "Escrever é procurar entender, é procurar reproduzir o irreproduzível".[2] Nossos cortes não são tão certeiros que nos impeçam de permanecer devedores diante dos enigmas da realidade e da ciência. Fazemos parte da realidade mutilada que queremos desvendar.

I.

Para não sucumbir na repetição fatal e mitológica, a luta por compreensão e interpretação históricas da realidade remete autor e leitor ao trabalho de luto, de perdas de uma visão grosseira da realidade. Autor, leitor e sujeitos dessa pesquisa também são prisioneiros – assim o nosso diagnóstico – que se encontram, como numa sala de espelhos, sempre diante de novas prisões. Essas prisões se distinguem apenas em seu grau de sofisticação simulada e penosidade real. "Também a ira pela injustiça torna a voz rouca. E nós, que queríamos preparar o chão para a fraternidade, não pudemos nós mesmos ser fraternos".[3]

Não existe exterioridade face à prisão do capitalismo e suas deformações patológicas. Na nossa afirmação não se trata de um ceticismo subjetivo, uma espécie de vírus que passou da fundamentação teórica, via Teoria Crítica, para o autor deste estudo. Procuramos não confundir "considerações finais" com "soluções" ou "propostas finais". A nossa atitude austera

[2] Lispector, Clarice. *A descoberta do mundo*. Rio de Janeiro: Francisco Alves, 1984, p. 191.

[3] Brecht, Bertolt. *Poemas 1913-1956*. 6. ed. São Paulo: Editora 34, 2011, p. 214.

em apresentar soluções ou fazer propostas, talvez para uma nova reestruturação ou até para a abolição da indústria canavieira, também é metodológica. Procurei evitar, nas costas e à custa dos canavieiros, ir mais longe do que eles mesmos e, ao mesmo tempo, fazer apenas uma filmagem para um documentário ou arquivo morto. Fiz uma "leitura estratégica" que não oferece um justo meio entre as partes ou situações conflitantes, mas uma empatia solidária e, assim o espero, esclarecida aos companheiros do canavial.

II.

A seguir procuro tecer algumas considerações finais sobre o canavial como realidade e metáfora, como lugar sem saída e como ponto de partida. Como a vida, também o canavial é um lugar de contradições e, por causa de sua racionalidade instrumental, com esparsas razões vivenciais de felicidade. As contradições não se conseguem dissolver com dialética materialista nem com idealismo romântico. Estamos navegando entre Squilla e Caribdis. Também o recurso ao mito de Ulisses, para caracterizar essa contradição, é contraditório.

Os cortadores de cana-de-açúcar não foram apenas os sujeitos de um estudo de caso situado nos canaviais de Cosmópolis-SP. Esses canavieiros, cujo trabalho é sinônimo de "trabalho penoso", representam também uma Cosmópolis com o significado de "cidade-universo"; representam a causa universal de trabalhadores submetidos a um "trabalho penoso" em busca de sua "dignidade no trabalho".

Não só Cosmópolis é "realidade e metáfora". Também o produto final de seus canaviais é realidade e metáfora. A monocultura da cana, que produz açúcar e etanol, é metáfora de doçura e movimento acelerado, de ideologia adocicada e produção acelerada. A aceleração da produção do etanol como produto estratégico e geopolítico é uma das causas principais da coisificação dos canavieiros e da penosidade de seu trabalho. Nas estruturas, que atravessam o canavial, revela-se o protótipo das formas hegemônicas e patológicas de objetividade e subjetividade da sociedade contemporânea.

III.

A questão central deste estudo – Como fazer vencer a "dignidade no trabalho" sobre o "trabalho penoso" nas condições da nova morfologia do trabalho imposta pelo capitalismo tardio? – produziu três grandes voltas pelo canavial. Uma resultou na reconstrução histórica do trabalho canavieiro (cap. 2). A outra trouxe narrativas dos canavieiros de hoje e chaves de leitura de suas falas (cap. 3 e 4). A terceira, a "leitura estratégica" proposta para este trabalho, visou sondar as possibilidades objetivas de transformações conjunturais e estruturais e o grau de amparo que essas transformações poderiam receber dos próprios canavieiros e da sociedade civil (cap. 5). A leitura de "realidade" e "metáfora" do canavial, que procurou decifrar em sua microestrutura a gramática de patologias macroestruturais, nos confrontou com um imperativo permanente para sua transformação real.

Para poder compreender as estruturas que produzem etanol e açúcar como explicadores do Brasil contemporâneo, era preciso percorrer a gênese que as forjou. Vicissitudes e patologias sociais de hoje têm uma longa história na qual se entrelaçam exploração e sofrimento, trabalho em condições de escravidão e livre mercado. Os canavieiros de Cosmópolis são descendentes de índios escravizados, de escravos africanos e de imigrantes europeus empobrecidos. Engenhos antigos e usinas modernas sempre estiveram cercados por colonização, monocultura, trabalho escravo metamorfoseado em trabalho penoso, por miséria generalizada e riqueza privilegiada. O capitalismo como sistema e a máquina como concorrente tornaram dispensáveis não somente as terras indígenas e as dos pequenos agricultores, mas as pessoas, o escravo e o boia-fria.

Os primeiros engenhos no Brasil, sobretudo os de São Vicente e Pernambuco, datam do início da década de 1530. Segundo Antonil, o nome "engenho" lhe foi dado por ter sido considerado "uns dos principais partos e invenções" do "engenho humano". Desde a passagem de Martim Afonso, em 1532, o Brasil se tornou uma colônia açucareira. A finalidade dessa colonização pelo açúcar não foi a subsistência dos colonos, mas a exportação de um produto rentável para os mercados europeus. Desde os primórdios, a indústria açucareira no Brasil favoreceu a estrutura latifundiária com grande extensão de terras para a monocultura, e mão de obra escrava, seja indígena ou africana. A escravidão foi desde o início não apenas condição de sobrevivência para os colonos, mas para a colonização como tal. Os índios reagiram cedo contra o caráter prisional do engenho. Frei Vicente do Salvador nos informa como queimaram quatro engenhos de açúcar na capitania do Espírito Santo e mataram seu capataz e voltaram a suas matas.[4] Mais tarde, os tapuia destruíram outros engenhos.[5] Também as fugas de escravos africanos do engenho para o quilombo devem ser registradas. Mas nem aldeias ou quilombos representavam ilhas seguras de refúgio.

A herança colonial é profunda e tem muitos rostos: a estrutura latifundiária é inimiga da reforma agrária; a monocultura destrói a economia familiar; a mão de obra escrava continua presente, às vezes, como trabalho análogo à escravidão, às vezes como trabalho penoso; o mercado exterior continua privilegiado e protegido pelo Estado; a fuga de capitais para o exterior é outra constante na história do Brasil. As rupturas políticas –

---

[4] SALVADOR, frei Vicente Do. *História do Brasil: 1500-1627.* 7. ed. Belo Horizonte / São Paulo: Itatiaia/ EDUSP, 1982, p. 108.

[5] LEITE, Serafim. *História da Companhia de Jesus no Brasil.* 4 vols., 10 tomos. São Paulo: Loyola, 2004, t. 1, p. 74.

nem revoluções locais nem Independência nacional – não romperam com as estruturas econômicas ou sociais perversas. O modelo de colonização portuguesa, que se pautava em grandes extensões de propriedades rurais com cultivos voltados para a exportação, continua presente no agronegócio do século XXI. Como "foi o açúcar que constituiu a base econômica da implantação definitiva do europeu no Brasil",[6] assim aponta o agronegócio e a participação do capital internacional na implantação e gestão das usinas de álcool para uma privatização internacional via financeirização da economia. Éramos e na perspectiva metafórica continuamos a ser uma "colônia açucareira". Já faz tempo que a esfera econômica, com seus pilares de expansão e aceleração, incorporou a esfera cultural. Indústria cultural e meios de comunicação continuam colonizando a quase totalidade do nosso mundo vivencial. Para a compreensão dessa continuidade e prefiguração estrutural da "colônia açucareira", a reconstrução da gênese histórica do canavial se revelou esclarecedora e relevante, pois nos permitiu ver no caso concreto de Cosmópolis um explicador do Brasil contemporâneo e a metáfora de uma causa universal da cidade-universo. No DNA da célula social estão registradas a história e estrutura do corpo social inteiro.

IV.

Da segunda volta ao canavial eu trouxe as narrativas dos canavieiros de hoje. Precisava compreender o significado dessas vozes, suas queixas e dores, no contexto do complexo sucroalcooleiro e no contexto mais amplo da nova morfologia mundial do trabalho, onde essas narrativas estão inseridas. Era preciso destrinchar significados contraditórios da realidade trabalhista: o significado de uma atividade vil, presente no trabalho

[6] Simonsen, Roberto C. *História econômica do Brasil (1500/1820)*. 3. ed. São Paulo: Nacional, 1957, t. 1, p. 170.

escravo e penoso, e o significado de uma atividade que representa uma promessa de libertação da humanidade das contingências da natureza e da penosidade imposta por ela. Essa dialética da atividade laboral, desejável e detestável ao mesmo tempo, nos levou a perscrutar gênese, estrutura e nova morfologia do trabalho, cuja penosidade e alienação são metabolizadas no setor sucroalcooleiro. Cada transformação de um modo de produção é inovadora e herdeira, local e universal.

Os contornos semânticos do conceito "trabalho" nos permitiram identificar os traços essenciais do trabalho pré-industrial e pré-capitalista para a melhor compreensão das "racionalizações" introduzidas pelo capitalismo na era industrial. A linha de montagem fordista não teve uma aplicação direta no canavial, mas vimos como a sua lógica de aceleração e alienação contribuiu para a transformação do papel do Estado. Não será a polícia que irá garantir a paz social, mas as mitigações e compensações que fazem os trabalhadores aceitarem aceleração de produção e alienação do produto em troca de maior participação no mercado e consumo. O Estado de bem-estar social é o amortecedor da revolta social.

A chamada "reestruturação industrial", a partir dos anos 1970, nos introduziu na era do Estado neoliberal. Este permitiu ao capital ampliar a sua cota de acumulação, sobretudo através de novas técnicas organizacionais (toyotismo) e de um novo modelo de Estado, o "Estado mínimo". É uma época de crescente disparidade social. Depois da volta pelo mundo do trabalho, nos debruçamos novamente sobre o setor sucroalcooleiro e os reflexos das diferentes reestruturações nele promovidas. Através de entrevistas abertas, agora não com historiadores, mas com cortadores de cana-de-açúcar, sindicalistas e engenheiros da usina, procuramos aferir nosso material conceitual e verificar a evolução do dossiê histórico até os dias de hoje.

As falas no campo nos confrontam com o risco da pobreza pelo desemprego, com o trabalho precário sem grandes perspectivas, com a frieza da competitividade imposta pela lucratividade e, indiretamente, com a tesoura que se abre cada vez mais entre os salários dos trabalhadores e os lucros empresariais. A interlocução com os sujeitos desse processo histórico de exploração e transformação não produz respostas ou soluções simples, mas perguntas e, talvez, melhor compreensão da complexidade da questão em foco sem aquele desespero que insiste na negação de outra organização social ou até de outro mundo possível.

Os contatos com os cortadores de cana da região de Cosmópolis, com seu sindicato e a usina de álcool da cidade mostraram as relações entre política agrária e política industrial. A reestruturação do trabalho industrial tem impacto imediato sobre a reestruturação do trabalho no campo. E a reestruturação da usina de álcool é reflexo da reestruturação do trabalho no mundo globalizado.

Essa reestruturação no interior do Estado mínimo, que projeta suas racionalidades sobre a situação laboral e social dos cortadores de cana, trouxe mais autonomia para o capital e mais controle e exploração para o trabalho. O Estado mínimo configurado pelo neoliberalismo confirmou novamente o canavial não como "opção", mas como necessidade contraditória. Ficar na cana é ruim, voltar para a terra de origem é pior. O canavial tem algo de prisão. Ficar na cana é como "ficar em cana".

Procuramos verificar se é possível passar do nível dos fatos ao nível das possibilidades. Perguntamo-nos se é possível romper o círculo vicioso entre mão de obra barata procedente do campo, de onde foi expulsa de seus poucos alqueires de terra que sustentavam sua família, e uma produtividade do corte manual de cana em disputa com as máquinas. No contexto, que oscila entre o sonho da emancipação e a vida real alienada, lutar por revindicações intrassistêmicas, que aliviam a dor, mas não curam a doença, é proposta paliativa do *mais* em vez do *diferente*. Não garantem a "dignidade no trabalho".

"Quem não participa da transição à força irracional e bruta se vê na vizinhança daquele reformismo que, por sua vez, é cúmplice da totalidade imprestável. Mas nenhum curto-circuito ajuda, e o que ajuda está encoberto."[7] Incendiar os canaviais, como os índios fizeram, era um desses curto-circuitos. A interlocução com os próprios cortadores de cana-de-açúcar não apontou para soluções inusitadas, mas para mudar as fronteiras entre trabalho penoso e trabalho decente. Eles sabem que diminuir a parte "penosa" do trabalho não significa eliminar o trabalho penoso, mas reduz a sensação subjetiva de sua penosidade. Mediações indicadas pelos próprios canavieiros para diminuir a penosidade foram: salário, aposentadoria, proteção da saúde, seguro-desemprego, redução do horário, contrato de trabalho supervisionado pelo sindicato. Fazer cessar a pressão sobre a produtividade e seu pagamento por produção, que estão na origem de vidas ceifadas e de agravos à saúde, é uma das reivindicações principais no canavial. Também o "Plano Nacional de Trabalho Decente", de 2009, poderia ser mais do que promessa e propaganda. O resultado efetivo de muitas propostas para diminuir a penosidade depende da inclusão dos canavieiros na gestão do trabalho, de seu controle do processo laboral e da aplicação da legislação trabalhista. Os canavieiros sabem que não são apenas "vítimas" de uma situação de penosidade. Eles se consideram também atores de "melhorias". Vieram de longe, não para deixar o canavial, mas para executar um "trabalho decente". Com suas suas intervenções conseguiram vitórias, transformações, melhorias. Tudo que produz subjetividade e consciência é importante. Essa subjetividade não se constrói com base em destino, fatalidade, paternalismo, mas numa longa marcha que envolve aliados, denúncias, cobranças e compromissos da sociedade civil, das esferas política e jurídica. Sim, em tudo o que é possível trata-se de intervenções intrassistêmicas. Quem não tem cão para derrubar o sistema, caça com gato. E gato pode virar onça.

---

[7] Adorno, Theodor. Marginalien zu Theorie und Praxis. In: *Gesammelte Schrtiften*, Band 10/2 (Kulturkritik und Gesellschaft. Frankfurt a.M.: Suhrkamp, 1997b, p. 770.

V.

Com o dossiê histórico, conceitual e vivencial na mochila, faço a terceira volta ao canavial. Bem cedo sento-me numa colina nos limites entre canavial e usina. A colina me permite ver os canavieiros e a rotina de seu dia. No silêncio dessa manhã procuro pensar seu futuro. Começo a organizar minhas perguntas; parece que são mais do que quando fui pela primeira vez. Agora não posso mais terceirizar essas perguntas através de entrevistas aos cortadores de cana, aos sindicalistas ou aos autores que constam na bibliografia. Agora estou sozinho com minhas dúvidas e meu diagnóstico. Preciso responder para mim mesmo se existem "saídas" no canavial ou não? Os canavieiros me sinalizaram que a pergunta estava mal formulada. Ao serem perguntados se querem sair do canavial, responderam que "não". Escuto um coro uníssono de trabalhadores sazonais, migrantes nordestinos, paulistanos empobrecidos e comunidades Guarani-Kaiowá do Mato Grosso do Sul: "Não queremos sair do canavial porque não podemos sair". Afinal, o canavial é seu ganha-pão de cada dia. Não tem nada a ver com felicidade. Contudo, suas respostas não dispensam minha pergunta e reflexão em torno delas.

Em poucos anos, provavelmente, a pergunta sobre saídas no canavial será liquidada. A resposta final será do capital e da máquina a seu serviço, não dos trabalhadores. Com algumas exceções, a mecanização vai substituir o canavieiro. Seu trabalho vai entrar para a história como trabalho pré-industrial e "fator humano" de alto risco para o capital. Para o milhão de pessoas que no ano de 2010 ainda trabalhavam nos perímetros dos canaviais do país, as revindicações acima mencionadas (salário, aposentadoria, seguro-desemprego, redução do horário etc.) dificilmente transformam o trabalho penoso em trabalho digno. Podem diminuir o grau de penosidade, mas não transformam o trabalho penoso em si. Os canavieiros podem consolar-se com aquele que disse que não há consolo para ninguém, Freud, que mediante os três sofrimentos humanos provenientes da natureza, da sociedade e do organismo humano ponderou: "Se não podemos afastar todo o sofrimento, podemos afastar um pouco dele e mitigar outro tanto".[8] Numa perspectiva essencialista pode-se até questionar o nexo entre penosidade e dignidade humana que não é adquirida, mas inata. Também um criminoso é sujeito de dignidade humana. A penosidade não faz perder a dignidade do trabalhador, mas a dignidade do trabalho.

Desse modo, procuro ver o lado oposto da penosidade do trabalho não na "dignidade humana", mas na dignidade do trabalho. A dignidade do trabalho, obviamente, recebe seus parâmetros normativos da dignidade humana, porém não é idêntica a ela. Por conseguinte, a meta seria transformar o trabalho penoso não propriamente em "dignidade no trabalho", que é a dignidade indestrutível do trabalhador, mas em trabalho digno, decente, não alienado. As reivindicações dos canavieiros que se transformaram em lutas sociais teriam esta meta: transformar o trabalho penoso em trabalho digno. No entanto, aumento de salário, aposentadoria, redução de horário e autogestão não garantem essa transformação. Ganhando R$ 8 em vez de R$ 4 por tonelada de cana cortada pode-se reduzir consequências da penosidade do trabalho, porque permite cortar menos cana para garantir a subsistência, mas não elimina a penosidade do trabalho como tal.

A percepção subjetiva da penosidade pelos canavieiros não é explicitamente orientada pelo princípio abstrato da dignidade humana. Num primeiro momento da espontaneidade, refere-se ao nível físico do corte da cana como um trabalho pesado, sujo, repetitivo, controlado por relógio e capataz, exposto a sol e chuva, frio e calor. Além disso, o trabalho do canavieiro traz pouco reconhecimento ou até não reconhecimento e desprezo social.

---

8 Freud, Sigmund. *Opere citato*, 1969c, p. 93.

VI.

Para chegar a uma conclusão plausível sobre a relação entre trabalho penoso, trabalho digno e dignidade no trabalho, e sobre a possibilidade ou não de uma "saída no canavial", precisamos distinguir três níveis diferentes e inseparáveis que estão entrelaçados na penosidade do trabalho:

a) o nível universal e legal da dignidade humana;

b) o nível cultural, que pode variar de uma região para outra, e

c) o nível pragmático do trabalho em si, no qual está localizada a penosidade invariável imposta pela natureza.

Vamos esmiuçar cada um deles abaixo.

a) A compreensão normativa da pessoa humana e de sua dignidade nos permite insistir em reivindicações morais e legais consagradas. Sobre o trabalho análogo ao de escravo, por exemplo, cai o veredito da dignidade humana, dos direitos humanos e de leis constitucionais. Também medidas de proteção à saúde, velhice e outros dispositivos legais podem ser considerados direitos humanos. O respeito a essas normas preserva o trabalho de sua degradação que se converteria em penosidade.

b) Ao lado dos direitos humanos universais existem leis culturais, regionalmente variáveis, que influenciam na percepção subjetiva e social da penosidade. Nos horários, salários, formas de gestão, comida, alojamentos e reconhecimento social pode haver expectativas e exigências culturais diferentes. O sistema de trabalho 5 por 1: cinco dias corridos de trabalho, um dia de descanso, que a usina queria impor, feriu em primeiro lugar sentimentos culturais que dizem respeito à família e ao descanso dominical (cf. item 4.4). A respeito do alojamento, os Guarani-Kaiowá do Mato Grosso do Sul apresentam muito menos exigências que os canavieiros paulistanos.

c) No nível pragmático do trabalho está localizada a penosidade imposta pela natureza. É onde se encontra o trabalho penoso "puro", que é pesado, sujo, repetitivo, exposto a sol e chuva. Essa penosidade se encontra em todos os canaviais do país. Só pode ser substituído ou remediado pela máquina, cuja função cultural é auxiliar as pessoas na luta contra as arbitrariedades e adversidades da natureza.

Numa sociedade de classes, a colhedeira, como toda a tecnologia, não tem mais essa dimensão emancipatória, que livraria o canavieiro da fatalidade e da penosidade da natureza na qual está embutido o núcleo pragmático de seu trabalho penoso. O dono do latifúndio e da usina não adquiriu a máquina para eliminar a penosidade do trabalho, mas para garantir a acumulação do capital pela redução de custos. Cada máquina pode substituir 40 pessoas (cf. item 4.1.). Como a competitividade do produto e a acumulação do capital, que literalmente estão sem limites, entraram na civilização padrões éticos subordinados ao lucro sem limites e fronteiras. A Teoria Crítica apontou para a existência de uma patologia social generalizada numa sociedade que reprime o potencial racional, presente nas forças produtivas. Em outras palavras: o bem possível através da máquina é socialmente destruído pela apropriação privilegiada desses benefícios pelo capital globalizado.

A grande luta do canavial como realidade e metáfora não se trava no nível da dignidade humana em sua forma abstrata. Tampouco se trava no nível de variantes culturais que são lentamente absorvidas pela homogeneização dos próprios trabalhadores ou por concessões secundárias do capital. A grande luta contra o trabalho penoso ou pelo trabalho digno se trava no terceiro nível da penosidade propriamente dita. Será a luta entre canavieiros que querem com a máquina sanar a penosidade de seu trabalho, mas não perder seu trabalho, e os usineiros que procuram substituir o trabalho do canavieiro/trabalhador pela máquina. Na primeira instância do tribunal da história contemporânea, essa batalha foi perdida.

A distinção desses três níveis nos permite avaliar possibilidades e limites de lutas reivindicatórias no canavial. Já que a luta no terceiro nível, onde se localiza a penosidade crua e decisiva, foi perdida, não existe saída satisfatória no canavial através dos outros níveis. Se as saídas *no* canavial estão fechadas, como vimos, a "saída *do* canavial" poderia, num primeiro momento, aparecer como alívio de sua penosidade específica. Mas não existem "saídas" do capitalismo como sistema de exploração e alienação. Tampouco existem saídas do canavial como sistema de precariedade do trabalho e da alienação do trabalhador. O sistema de produção vigente absorveu todos os espaços de exterioridade.

VII.

Resta perguntar se a saída do canavial de Cosmópolis paulistano e cidade-universo é fatalmente uma saída para um reencontro com o mesmo ou para a terra de ninguém. O fato de não haver saídas sistêmicas por falta daquele ponto arquimédico fora do sistema não significa o fim da história. Nem a luz messiânica de Adorno, que clama por redenção e proíbe fazer imagens do futuro, nem o universalismo kantiano de Habermas, que procura dissolver os problemas em prolegômenos infinitos, porque os sujeitos iguais para fazer os verdadeiros discursos não existem, representam indicadores práticos para as transformações da estrutura produtiva do canavial.

A saída que resta é a permanência e a aposta na autodestruição parcial do sistema. Esse sistema, que parece representar uma totalidade, está fragmentado e rachado por suas próprias contradições. Depois do fim das grandes narrativas, a pluralidade de razões culturais não mais permite insistir na unidade de uma razão, que poderia ser totalmente bloqueada pela organização patológica da sociedade. Encontram-se nela – através das próprias contradições, do sofrimento, do diálogo, do freio de emergência imbutido na realidade, da própria crítica que ainda sou capaz de fazer e das lutas sociais – estilhaços de racionalidade e fragmentos de esperança.

Poder pensar, talvez não a partir do sistema, mas a partir do mundo vivencial, a própria alienação, perceber o sofrimento social como desnecessário e apoiar uma luta social como mediadora entre o irracional e o racional – tudo isso já significa resistir contra a acomodação induzida, significa, afinal, emancipação. A percepção da dor historicamente imposta, portanto, não pela natureza, mas pela sociedade, permite pensar a desconstrução da penosidade estrutural do trabalho como possibilidade racional.

O futuro do trabalho não está em sua penosidade. Provavelmente, o trabalho salarial será cada vez mais uma forma secundária do "mundo do trabalho". Na história da humanidade, a atividade produtiva e a atividade humana em geral não foram idênticas ao trabalho remunerado, mas não nos podemos antecipar neste momento à palavra e à ação dos canavieiros nem à história. Em sua experiência coletiva e em seu sofrimento acumulado, está embutida a oportunidade de resistência, que pode "dar uma nova face às esperanças frustradas".[9]

O sofrimento mantém acesa a tocha de restos do imaginário que resistem em nós contra a submissão e o consentimento do "sim, senhor". Esse imaginário permite constelar os fragmentos em configurações sociais novas, óbvias: a coincidência do real com o racional. Numa dessas configurações será devolvida à máquina seu significado original de meio auxiliar do trabalhador e não de seu concorrente eliminatório. Isso trará uma mudança que afetará profundamente todo o projeto civilizatório: os meios desvirtuados em fins se tornariam novamente meios. A desconstrução do trabalho penoso pode ser ponto de partida para que sejam repensados os fins do projeto civilizatório. Sentado na minha colina, parece que comecei a cochilar e a sonhar.

Agora, já acordado, vejo novamente a minha frente os canavieiros, cuja permanência no canavial não é opção, mas necessidade. Freud re-

---

[9] Gagnebin, Jeanne Marie. Walter Benjamin ou a história aberta. In: Benjamin, W. *Obras escolhidas: magia e técnica, arte e política*. 7. ed. São Paulo: Brasiliense, 1994, p. 8.

constrói da mitologia grega o Deus-Necessidade, *Ananke*, como irmão gêmeo do *Logos*, o Deus-Razão, que remete à ciência.[10] Em *O Mal-estar na civilização*, *Ananke* é um aliado de *Eros* e ambos, o Deus-Necessidade e o Deus-Amor, são considerados os "pais da civilização".[11] Entre os gêmeos Ananke e Logos, entre o Deus-Necessidade e o Deus-Razão, que nos fazem enfrentar a fome, a doença, a arbitrariedade da natureza, o destino e a finitude da vida, há uma guerra quase eliminatória. A necessidade (Ananke) assumiu o papel da irracionalidade e está permanentemente empenhada na expulsão da racionalidade (Logos) da vida social. Mas, para cumprir seu papel de guardiã do princípio da realidade, para erotizar o mundo assim como é, Ananke-Necessidade se aliou ao Eros-Amor, princípio do prazer, e procurou subjugá-lo. Ananke e Eros têm uma função em comum: juntar as pessoas em comunidade para superar a fome e ser feliz. A humanidade, diz Ananke, deve sentir prazer em sua prisão de necessidades. A sociedade das mercadorias e de mercados é expressão dessa prisão. Num nível "mais elevado" ou "análogo", pode-se dizer que o mercado de trabalho é a continuação do mercado de escravos, o mundo vivencial colonizado é o engenho 400 anos depois.

Nessa luta entre os gêmeos, que representam o princípio de prazer e realidade, Eros peneirado por Ananke sempre ressurge e se alia ao desejo do diferente, lutando para não deixar reduzir o princípio de prazer ao princípio de realidade. Os canavieiros da Cosmópolis, cidade-universo, são "escravos da precisão" e "filhos do prazer". Seu

---

[10] Freud, Sigmund. O problema econômico do masoquismo. In: ______. *Edição Standard Brasileira das Obras Psicológicas Completas*, vol. XIX. Rio de Janeiro: Imago, 1969a, p. 186. Ver também, do mesmo autor: O futuro de uma ilusão. In: ______. *Edição Standard Brasileira das Obras Psicológicas Completas*, vol. XXI. Rio de Janeiro: Imago, 1969b, p. 62.

[11] *Idem*. O mal-estar na civilização. In:__. *Edição Standard Brasileira das Obras Psicológicas Completas*, vol. XXI. Rio de Janeiro: Imago, 1969c, p. 106.

futuro depende da conquista do Eros reconciliado com Ananke e Logos para sua causa individual e coletiva, que é de pão, justiça e felicidade para todos. Ao assumir o conflito social por redistribuição dos bens e reconhecimento do outro, o "engenho humano" pode dar conta dos três.

Estou descendo de minha colina. Jogo um aceno discreto aos cortadores de cana. O sol já está forte. Adeus canavieiros! Sua luta pelo pão é o primeiro passo de uma longa caminhada. Esse "pan del mañana, para todas las bocas, sagrado y consagrado [...] sera el producto de la más larga y de la más dura lucha humana" (Pablo Neruda).

Referências bibliográficas

ADORNO, Theodor W. *Acerca da relación entre sociologia y psicologia*. In: HENSEN, H. (org.). *Teoria crítica del sujeto*. Buenos Aires: Siglo XXI, 1986, p. 36-83.

______. Zur *Dialektik des Engagements*. Aufsätze zur Literatur des 20. Jahrhunderst II. Frankfurt a. M.: Suhrkamp, 1973.

______. *Minima moralia:* reflexões a partir da vida danificada. 2. ed. São Paulo: Ática, 1993.

______. Bemerkungen über Politik und Neurose. In: *Gesammelte Schriften*, Band 8 (Soziologische Schriften I). Frankfurt a. M.: Suhrkamp, 1997a, p. 434-439.

______. Marginalien zu Theorie und Praxis. In: *Gesammelte Schriften*, Band 10/2 (Kulturkritik und Gesellschaft). Frankfurt a. M.: Suhrkamp, 1997b, p. 759-782.

______. *Educação e emancipação*. 2. ed. São Paulo: Paz e Terra, 2000.

______. Aldous Huxley e a utopia. In: ______. *Prismas:* crítica cultural e sociedade. São Paulo: Ática, 2001, p. 91-115.

______. *Dialética negativa*. Rio de Janeiro: Zahar, 2009.

______; HORKHEIMER, Max. *Dialética do esclarecimento:* fragmentos filosóficos. Rio de Janeiro: Jorge Zahar, 1985.

AGOSTINHO DE HIPONA. *O livre-arbítrio*. São Paulo: Paulus, 1995.

ALBRECHT, Sofia Mentz. *A dignidade da pessoa humana como fundamento da ordem constitucional*. Tese (Doutorado em Direito). Universidade de São Paulo/USP, São Paulo: 2006.

ALENCASTRO, Luiz Felipe de. *O trato dos viventes: formação do Brasil no Atlântico Sul, séculos* XVI e XVII. São Paulo: Companhia das Letras, 2000.

ALESSI, Neiry Primo; NAVARRO, Vera Lucia. Saúde e trabalho rural: o caso dos trabalhadores da cultura canavieira na região de Ribeirão Preto, São Paulo. *Cadernos de Saúde Pública*, Rio de Janeiro, vol. 13, supl. 2, p. 111-121, 1997.

ALTWICKER, Norbert; SCHMIDT, Alfred (org.). *Max Horkheimer heute:* Werk und Wirkung. Frankfurt a. M: Fischer, 1986.

ALVES, Francisco José da Costa. Diagnóstico e propostas de políticas públicas para o complexo agroindustrial canavieiro na macrorregião de Ribeirão Preto. In: MORAES, Márcia Azanha Dias Ferraz de; SHIKIDA, Pery Francisco Assis (orgs.). *Agroindústria canavieira no Brasil*: evolução, desenvolvimento e desafios. São Paulo: Atlas, 2002, p. 327-353.

______. Por que morrem os cortadores de cana? *Saúde e Sociedade*, São Paulo, vol. 15, nº 3, p. 90-98, set.-dez. 2006.

______. Migração de trabalhadores rurais do Maranhão e Piauí para o corte de cana em São Paulo. In: ______; NOVAES, José Roberto (orgs.). *Migrantes*: trabalho e trabalhadores no complexo agroindustrial canavieiro. São Carlos, SP: EdUFSCar, 2007, p. 21-54.

______. Processo de trabalho e danos à saúde dos cortadores de cana. *INTERACEHS*, *Revista de Gestão Integrada em Saúde do Trabalho e Meio Ambiente*, vol. 3, nº 2, Artigo 2, abril/agosto 2008. Disponível em: <www.interfacehs.sp.senac.br>. Acesso em: 11 out. 2009.

______; NOVAES, José Roberto. Os trabalhadores(as) da cana: falas e imagens. In: ______. *No eito da cana:* exploração do trabalho e luta por direitos na região de Ribeirão Preto, SP. Realização: Feraesp; Serviço Pastoral do Migrante; UFRJ (Instituto Econmia); UFSCar (Depto. Engenharia de Produção), Rio de Janeiro, 2003.

______ (orgs.). *Migrantes*: trabalho e trabalhadores no complexo agroindustrial canavieiro. São Carlos, SP: EdUFSCar, 2007.

AMMICHT-QUINN, Regina. Quem possui dignidade intocável? O ser humano, a máquina e a dignidade. *Concilium*, vol. 2, nº 300, p. 31-44, 2003.

ANCHIETA, José de. *Obras Completas 6*. Cartas: correspondência ativa e passiva. 2. ed., organizado por H. A. Viotti. São Paulo: Loyola, 1984.

______. *Cartas:* informações, fragmentos históricos e sermões. São Paulo: Edusp, 1988.

ANDERSON, Perry. Balanço do neoliberalismo. In: GENTILI, Pablo; SADER, Emir (orgs.). *Pós-neoliberalismo*: as políticas sociais e o Estado democrático. Rio de Janeiro: Paz e Terra, 1995, p. 9-23.

ANDRADE, Arlete Fonseca. *Cana e crack:* sintoma ou problema? Um estudo sobre os trabalhadores no corte de cana e consumo de crack. Dissertação (Mestrado em Psicologia Social). PUC/SP, São Paulo: 2003.

ANDRADE, Manuel Correia de. O açúcar e a formação da sociedade nordestina. In: MUSEU DO AÇÚCAR (org.). *História social da agro-indústria canavieira.* Recife: IAA, 1974, p. 9-20.

ANTONIL, André João. *Cultura e opulência do Brasil.* 3. ed. São Paulo: Universidade de São Paulo, 1982.

ANTUNES, Ricardo; SILVA, Maria Aparecida de Moraes (orgs.). *O avesso do trabalho.* São Paulo: Expressão Popular, 2004.

ANTUNES, Ricardo. *Adeus ao trabalho?* Ensaio sobre as metamorfoses e a centralidade do mundo do trabalho. São Paulo: Cortez, 1995.

______. *O caracol e sua concha.* Ensaios sobre a nova morfologia do trabalho. São Paulo: Boitempo, 2005.

______. *Riqueza e miséria do trabalho no Brasil.* São Paulo: Boitempo, 2006.

______. *Os sentidos do trabalho.* Ensaio sobre a afirmação e a negação do trabalho. 8ª reimpressão. São Paulo: Boitempo, 2007.

ARAÚJO, João Lizardo R. H. de; OLIVEIRA, Adilson; ROSA, Luiz Pinguelli. Impasse atual e perspectivas a longo prazo da política energética no Brasil. In: SILVEIRA, Ênio *et alii. Encontros com a civilização brasileira.* Rio de Janeiro: Civilização brasileira, 1980, p. 19-30.

ARAÚJO, Tatiana Brito de. *Os engenhos centrais e a produção açucareira do Recôncavo Baiano.* Salvador: Federação das Indústrias do Estado da Bahia (FIEB), 2002.

ARENDT, Hannah. *A condição humana.* 10. ed. Rio de Janeiro: Forense Universitária, 2004.

ARISTÓTELES. *Política.* 2. ed. Brasília: UnB, 1988.

ARRUDA, Roldão. Canaviais empregam mais índios. *O Estado de S. Paulo*, São Paulo, cad. Nacional, p. A6, 11 fev. 2008.

______. Agronegócio reage e clima no MS é de violência. *O Estado de S. Paulo*, 23 de março de 2009, Nacional, p. A5.

Azevedo, Fernando de. *Canaviais e engenhos na vida política do Brasil*: ensaio sociológico sobre o elemento político na civilização do açúcar. 2. ed. Obras Completas, vol. XI, São Paulo: Melhoramentos, 1958.

Azzi, Riolando; Rezende, Maria Valéria V. A vida religiosa feminina no Brasil colonial. In: ______ (org.). *A vida religiosa no Brasil:* enfoques históricos. São Paulo: Paulinas, 1983, p. 24-60.

Baccarin, José Giacomo. A constituição da nova regulamentação sucroalcooleira. *Cadernos do Ceam*, vol. 5, nº 22, São Paulo: Unesp, 2005.

Barbosa, Alexandre de Freitas. *A formação do mercado de trabalho no Brasil.* São Paulo: Alameda, 2008.

Barros, Francisco Borges de. Catálogo de documentos, notas e comentários para a história da agricultura na Bahia. *Anais do Arquivo Público da Bahia*, nº 14, 1925.

Bastos, Aureliano Cândido Tavares. *O vale do Amazonas*: a livre navegação do Amazonas, estatística, produção, comércio, questões fiscais do vale do Amazonas. 3. ed. São Paulo/Brasília: Nacional/INL (Brasiliana, vol. 106), 1975.

Beck, Ulrich. *Liberdade ou capitalismo.* Ulrich Beck conversa com Johannes Willms. São Paulo: Unesp, 2003.

Beerhorst, Joachim; Demirovic, Alex; Guggemos, Michael (orgs.). *Kritische Theorie im gesellschaftlichen Strukturwandel.* Frankfurt a. M.: Suhrkamp (sv 2382), 2004.

Benci, Jorge. *Economia cristã dos senhores no governo dos escravos.* São Paulo: Grijalbo, 1977 [Roma, 1705].

Benjamin, Walter; Horkheimer, Max; Adorno, Theodor; Habermas, Jürgen. *Textos escolhidos.* São Paulo: Abril (Os Pensadores 48), 1975.

Benjamin, Walter. *Gesammelte Schriften*, 7 vols., Frankfurt a. M.: Suhrkamp, 1991.

______. Notizen und Vorarbeiten zu den Thesen "Über den Begriff der Geschichte". *Gesammelte Schriften*, vol. 1, tomo III, Frankfurt a. M.: Suhrkamp, 1974, p. 1.223-1.266.

______. Sobre o conceito de história. In: Löwy, Michael. *Walter Benjamin:* aviso de incêndio. Uma leitura das teses "Sobre o conceito de história". São Paulo: Boitempo, 2005, p. 41-146.

BEOZZO, José Oscar. *Leis e regimentos das missões:* política indigenista no Brasil. São Paulo: Loyola, 1983.

BIHR, Alain. *Da grande noite à alternativa:* o movimento operário europeu em crise. São Paulo: Boitempo, 1998.

BLOCH, Ernst. *Naturrecht und menschliche Würde.* Frankfurt a.M.: Suhrkamp, 1985.

BOTTOMORE, Tom (org.). *Dicionário do pensamento marxista.* Rio de Janeiro: Zahar, 2001.

BOURDIEU, Pierre. *A economia das trocas linguísticas:* o que falar quer dizer. São Paulo: Edusp, 1996.

______. Gênese e estrutura do campo religioso. In: ______. *A economia das trocas simbólicas.* 6. ed. São Paulo: Perspectiva, 2005a, p. 27-78.

______. *As regras da arte:* gênese e estrutura do campo literário. 2. ed. São Paulo: Companhia das Letras, 2005b.

BOXER, Charles Ralph. *O império colonial português (1415-1825).* Lisboa/São Paulo: Edições 70, 1981.

BRANDÃO, Júlio de Freitas. O escravo e o direito. Breve abordagem histórico-jurídica. In: PAULA, Eurípedes Simões de (org.). Anais do VI Simpósio Nacional dos Professores Universitários de História. Vol I. *Trabalho livre e trabalho escravo.* São Paulo, 1973, p. 255-283.

BRECHT, Bertolt. *Poemas 1913-1956.* 6. ed. São Paulo: Editora 34, 2001.

BRITO FILHO, José Claudio Monteiro de. *Trabalho decente:* análise jurídica da exploração, trabalho forçado e outras formas de trabalho indigno. São Paulo: LTr, 2004.

BRONNER, Stephen Eric. *Da teoria crítica e seus teóricos.* Campinas/SP: Papirus, 1997.

BUHL, Kathrin; KOROL, Claudia (orgs.). *Criminalização dos protestos e movimentos sociais.* São Paulo: Instituto Rosa Luxemburg Stiftung; Rede Social de Justiça e Direitos Humanos, 2008.

BURGHARDT, Peter. Alles auf Zucker. Ethanol, der Treibstoff der Zukunft: Brasilien berauscht sich am Boom. *Süddeutsche Zeitung,* München, 2007, nº 133, p. 3.

BUTLER, Judith. *Kritik der ethischen Gewalt.* Frankfurt a. M.: Suhrkamp (stw 1792), 2007.

CALMON, Pedro. *História do Brasil.* 7 vols., Rio de Janeiro: José Olympio, 1959.

CAMPREGHER, Gláucia. Das novas possibilidades do trabalho coletivo. *Economia*, vol. 5, nº 1, Niterói, RJ, p. 123-159, jan./jun. 2004.

CARDIM, Fernão. *Tratados da terra e gente do Brasil.* Belo Horizonte/São Paulo, Itatiaia/Edusp, 1980.

CARVALHO, Edgard Assis (org.). *Antropologia econômica.* São Paulo: Ciências Humanas, 1978.

CARVALHO, Horácio Martins de. *O campesinato no século XXI.* Possibilidades e condicionantes do desenvolvimento do campesinato no Brasil. Petrópolis: Vozes, 2005.

CASCUDO, Luís da Câmara. *Viagens ao nordeste do Brasil.* São Paulo: Nacional, 1942.

______. *Sociologia do açúcar.* Pesquisa e dedução. Rio de Janeiro: Instituto do Açúcar e do Álcool. Coleção canavieira nº 5, 1971.

CASTEL, Robert. *As metamorfoses da questão social:* uma crônica do salário. 7. ed. Petrópolis: Vozes, 2008.

CASTRO, Eduardo Viveiros de. *Araweté: os deuses canibais.* Rio de Janeiro, Zahar/ANPOCS, 1986.

CASTRO, Josué de. *Geografia da fome.* O dilema brasileiro: pão ou aço. 6. ed. Rio de Janeiro: Civilização Brasileira, 2006.

CESAR, Mônica de Jesus. Serviço social e reestruturação industrial: requisições, competências e condições de trabalho profissional. In.: MOTA, Ana Elizabete Mota (org.). *A nova fábrica de consensos:* ensaios sobre a reestruturação empresarial, o trabalho e as demandas ao serviço social. 2. ed. São Paulo: Cortez, 2000, p. 115-148.

CHAMBERS, Simone. A política da Teoria Crítica. In: RUSH, Fred (org.). *Teoria crítica.* Aparecida, SP: Ideias & Letras, 2008, p. 263-294.

CHAUÍ, Marilena. *Conformismo e resistência.* Aspectos da cultura popular no Brasil. São Paulo: Brasiliense, 1986.

Cícero. *Dos deveres* (De officiis). Lisboa: Edições 70, 2000.

Clastres, Pierre. *A sociedade contra o Estado.* 2. ed. Rio de Janeiro: Francisco Alves, 1982.

______. *Arqueologia da violência.* Pesquisas de antropologia política. São Paulo: Cosac & Naify, 2004.

Clot, Yves. *A função psicológica do trabalho.* Petrópolis: Vozes, 2006.

Comissão Permanente de Investigação e Fiscalização das Condições de Trabalho no Estado do Mato Grosso do Sul/Cpif. *Relatórios de inspeção:* 1999 a 2004, Campo Grande, MS.

Comparato, Fábio Konder. Fundamentos dos direitos humanos. In: Marcílio, Maria Luiza; Pussoli, Lafaiete (orgs.). *Cultura dos direitos humanos.* São Paulo: LTr, 1998.

______. *A afirmação histórica dos direitos humanos.* 6. ed. São Paulo: Saraiva, 2008.

Confederação Nacional dos Trabalhadores na Agricultura (Contag). *A lavoura canavieira do Brasil e a situação dos seus trabalhadores, com especial referência ao problema do Geran* [Grupo Especial da Racionalização da Agroindústria Açúcareira do Nordeste]. Trabalho apresentado ao I Encontro Regional dos Trabalhadores da Lavoura Canavieira, realizado em Carpina, Pernambuco, de 9 a 11 de março de 1967.

Costa, Helena Regina Lobo da. *A dignidade humana e as teorias de prevenção geral positiva.* Dissertação (Mestrado em Direito). Universidade de São Paulo/USP, São Paulo: 2003.

Crepop – Centro de Referência Técnica em Psicologia e Políticas Públicas. *Saúde do trabalhador no âmbito da saúde pública:* referências para a atuação do(a) psicólogo(a). Brasília: Conselho Regional de Psicologia (CRP), 2008, disponível em: <http://crepop.pol.org.br>.

Crochík, José Leon. Notas sobre a psicologia social de T. W. Adorno. *Psicologia e Sociedade,* vol. 8 (1), p. 43-62, jan./jun. 1996.

Cunha, Manuela Carneiro da; Castro, Eduardo Viveiros de. Vingança e temporalidade: os Tupinambá. *Anuário antropológico,* Rio de Janeiro, vol. 85, p. 57-78, 1985.

DALLARI, Dalmo de Abreu. A dignidade da criança na sociedade. *Gazeta Mercantil*, São Paulo, p. A13, 28 e 30 de outubro de 2005.

______. Direito ao emprego e dignidade humana. *Jornal Trabalhista Consulex,* Brasília, ano 23, nº 1116, p. 13, 24 abr. 2006.

DAMATTA, Roberto. *O que faz o Brasil, Brasil?* 3. ed. Rio de Janeiro: Rocco, 1989.

DAWSEY, John Cowart. "Caindo na cana" com Marilyn Monroe: tempo, espaço e "boias-frias". *Revista Antropologia*, 40 (1), 1997, p. 183-225.

DEJOURS, Christophe. *A loucura do trabalho:* estudo de psicopatologia do trabalho. 5. ed. São Paulo: Cortez/Oboré, 1992.

______. *O fator humano.* 5. ed. Rio de Janeiro: Fundação Getúlio Vargas, 2007a.

______. *A banalização da injustiça social.* 7. ed. Rio de Janeiro: Fundação Getúlio Vargas, 2007b.

______. Sofrimento e prazer no trabalho: a abordagem pela psicopatologia do trabalho. In: LANCMAN, Selma; SZNELWAR, Laerte Idal (orgs.). *Christophe Dejours*: da psicopatologia à psicodinâmica do trabalho. 2. ed. Rio de Janeiro/Brasília: Fiocruz/Paralelo 15, 2008, p. 143-157.

______. Suizid am Arbeitsplatz. Zur Psychopathologie der modernen Arbeitswelt. *POLAR*, Berlin, nº 4, p. 51-54, Frühjahr 2008.

DIGNITATIS HUMANAE. Declaração "Dignitatis Humanae" sobre a liberdade religiosa. *Compêndio do Vaticano II*: constituições, decretos, declarações. 14. ed. Petrópolis, Vozes, 1969, p. 599-616.

DOBB, Maurice. *A evolução do capitalismo.* Rio de Janeiro: Zahar, 1965.

DOWBOR, Ladislau. De um capitalismo selvagem para um capitalismo decente: a evolução brasileira (entrevista). *Revista do Instituto Humanitas Unisinos*, IHU On-line, nº 322, 22 mar. 2010, p. 19-23.

DRUCK, Graça; FRANCO, Tânia (orgs.). *A perda da razão social do trabalho:* terceirização e precarização. São Paulo: Boitempo, 2007.

DUPAS, Gilberto. A lógica econômica global e a revisão do welfare state: a urgência de um novo pacto. In: PEREIRA, Luiz Carlos Bresser; WILHEIM, Jorge; SOLA, Lourdes (orgs.). *Sociedade e Estado em transformação.* São Paulo: Unesp, 1999, p. 219-232.

DURKHEIM, Émile. *As regras do método sociológico*. 2. ed. São Paulo: Martins Fontes, 1999.

EISENBERG, Peter L. *Modernização sem mudança:* a indústria açucareira em Pernambuco, 1840-1910. Rio de Janeiro: Paz e Terra, 1977.

EMBRAPA; UNICAMP. *Aquecimento global e a nova geografia da produção agrícola no Brasil.* Brasília, 2008. Disponível em: <www.embrapa.br> (publicações, ténico-científicos, aquecimento global).

ENGELS, Friedrich. *A origem da família, da propriedade privada e do Estado.* Rio de Janeiro: Civilização Brasileira, 1979.

______. Sobre o papel do trabalho na transformação do macaco em homem. In: ANTUNES, Ricardo (org.). *A dialética do trabalho.* Escritos de Marx e Engels. São Paulo: Expressão Popular, 2007, p. 13-34.

______. *A revolução antes da revolução*: as guerras camponesas na Alemanha. Revolução e contrarrevolução na Alemanha. São Paulo: Expressão Popular, 2008.

FEDERAÇÃO DA AGRICULTURA DO ESTADO DE SÃO PAULO (Faesp); SINDICATOS RURAIS. Convenção coletiva de trabalho "Setor Canavieiro" para a vigência de 1° de maio 2007 até 30 de abril 2008, São Paulo, 2007. Disponível em: <www.faespsenar.com.br> (jurídico). Acesso em: 25 mar. 2010.

FAORO, Raymundo. *Os donos do poder*: formação do patronato político brasileiro. 2. ed. Porto Alegre/São Paulo: Globo/Edusp, 1975.

FASE – Federação de Órgãos para Assistência Social e Educacional. Agronegócio e monoculturas. *Le Monde Diplomatique Brasil.* São Pauo, janeiro 2008, p. 22s.

FAUSTO, Carlos. Fragmentos de história e cultura tupinambá. Da etnologia como instrumento crítico de conhecimento etno-histórico. In: CUNHA, Manuela Carneiro da (org.). *História dos índios no Brasil.* São Paulo, Companhia das Letras, 1992, p. 381-396.

FERLINI, Vera Lúcia Amaral. Açúcar, terras e escravos no Brasil colonial: as capitanias do sul. *Estudos de história.* Revista do programa de pós-graduação em história. Franca: Unesp, 1994–2001, p.151-171.

FERNANDES, Eda. *Qualidade de vida no trabalho:* como medir para melhorar. Salvador: Casa da Qualidade, 1996.

FERRAZ JÚNIOR, Tercio Sampaio. *Introdução ao estudo do direito*: técnica, decisão, dominação. 2. ed. São Paulo: Atlas, 1995.

FERREIRA, Janete Aparecida. *Migrante sazonal:* o eterno ausente. São Paulo: Loyola, 1995.

FERREIRA, Ademir Pacelli. A psicanálise no terreno do outro. In: ______; PÓVOA NETO, Helion (orgs.). *Cruzando fronteiras disciplinares*: um panorama dos estudos migratórios. Rio de Janeiro: Revan, 2005, p. 155-160.

FIGUEIRA, Ricardo Rezende. *Pisando fora da própria sombra.* A escravidão por dívida no Brasil contemporâneo. Rio de Janeiro: Civilização Brasileira, 2004.

FORD, Henry. *Henry Ford:* por ele mesmo. Sumaré: Martin Claret, 1995, p. 107-159.

FORSCHUNG FRANKFURT. *Wissenschaftsmagazin der Universität Frankfurt*, t. 26, nº 1, 2008, p. 107.

FORST, Rainer. *Das Recht auf Rechtfertigung*: elemente einer konstruktivistischen Theorie der Gerechtigkeit. Frankfurt a. M.: Suhrkamp, 2007.

______. Der Grund der Kritik. Zum Begriff der Menschenwürde in sozialen Rechtferigungsordnungen. In: JAEGGI, Rahel; WESCHE, Tilo (orgs.). *Was ist Kritik?* Frankfurt a. M.: Suhrkamp (stw 1885), 2009, p. 150-164.

FRANÇA, A. C. Limongi. Qualidade de vida no trabalho: conceitos, abordagens, inovações e desafios nas empresas brasileiras. *I SEMEAD, Seminários em Administração Programa de Pós-Graduação em Administração.* Anais da Faculdade de Economia e Administração, FEA-USP. São Paulo: FEA-USP, 1996, p. 958-970.

______. Qualidade de vida no trabalho: conceitos, abordagens, inovações e desafios nas empresas brasileiras. *Revista Brasileira de Medicina Psicossomática.* Rio de Janeiro, vol. 1, nº 2, p. 79-83, 1997.

FRASER, Nancy; HONNETH, Axel. *Umverteilung oder Anerkennung?* Eine politisch-philosophische Kontroverse. Frankfurt a. M.: Suhrkamp, 2003.

FREITAG, Barbara. *A teoria crítica:* ontem e hoje. 5. ed. São Paulo: Brasiliense, 2004.

FREUD, Sigmund. O problema econômico do masoquismo. In: ______. *Edição Standard Brasileira das Obras Psicológicas Completas*, vol. XIX. Rio de Janeiro: Imago, 1969a, p. 177-188.

______. O futuro de uma ilusão. In: ______. *Edição Standard Brasileira das Obras Psicológicas Completas*, vol. XXI. Rio de Janeiro: Imago, 1969b, p. 15-71.

______. O mal-estar na civilização. In: ______. *Edição Standard Brasileira das Obras Psicológicas Completas*, vol. XXI. Rio de Janeiro: Imago, 1969c, p. 73-148.

______. Esboço de psicanálise. In: ______. *Edição Standard Brasileira das Obras Psicológicas Completas*, vol. XXIII. Rio de Janeiro: Imago, 1969d, p. 157-221.

FREYRE, Gilberto. *Casa grande & senzala:* formação da família brasileira sob o regime da economia patriarcal. 17. ed. Rio de Janeiro: José Olympio, 1975.

______. *Nordeste:* aspectos da influência da cana sobre a vida e a paisagem do nordeste do Brasil. 7. ed. São Paulo: Global, 2004.

FRIEDMAN, Milton. *Capitalismo e liberdade.* São Paulo: Nova Cultural, 1985.

FURTADO, André Tosi; SCANDIFFIO, Mirna Ivonne Gaya. A energia do futuro: como combater o aquecimento global sem prejudicar a economia. *Scientific American Brasil.* Álcool no Brasil: uma longa história, vol. 5, nº 53, São Paulo: Ediouro, outubro 2006, p. 66-71.

FURTADO, Celso. *Formação econômica do Brasil.* 34. ed. São Paulo: Companhia das Letras, 2007.

GAGNEBIN, Jeanne Marie. Walter Benjamin ou a história aberta. In: BENJAMIN, W. *Obras escolhidas:* magia e técnica, arte e política. 7. ed. São Paulo: Brasiliense, 1994.

GÂNDAVO, Pero de Magalhães. *Tratado da Terra do Brasil:* História da Província Santa Cruz. Belo Horizonte/São Paulo: Itatiaia/Edusp, 1980.

GAUDIUM ET SPES. Constituição Pastoral "Gaudium et Spes" sobre a Igreja no mundo de hoje. In: *Compêndio do Vaticano II*: constituições, decretos, declarações. 14. ed. Petrópolis: Vozes, p. 141-256.

GODELIER, Maurice. Partes mortas, ideias vivas do pensamento de Marx sobre sociedades primitivas, marxismo e evolucionismo. In: CARVALHO,

Edgard Assis (org.). *Antropologia econômica.* São Paulo: Ciências Humanas, 1978, p. 101-135.

GOMES, Frederico Pimentel; LIMA, Urgel de Almeida. A cana-de-açúcar no mundo. In: *Cultura e adubação da cana-de-açúcar.* São Paulo: Instituto Brasileiro de Potassa, 1964.

GOMES, José Agnaldo. *A comuna da terra:* utopia e alternative. Itinerários de sentidos e marchas de pessoas em situação de rua que buscam sua participação social. Quito: Abya-Yala, 2005.

GOMES, Dias. *O santo inquérito.* 26. ed. Rio de Janeiro: Bertrand Brasil, 2009.

GOODWIN, Bárbara. *Justice by lottery.* Chicago: The University of Chicago Press, 1992.

GORENDER, Jacob. *A escravidão reabilitada.* São Paulo: Ática, 1990.

______. *O escravismo colonial.* 5. ed. São Paulo: Ática, 1992.

GORZ, André. *Adeus ao proletariado:* para além do socialismo. Rio de Janeiro: Forense Universitária, 1987.

______. *Metamorfose do trabalho:* crítica da razão econômica. São Paulo: Annablume, 2003.

GORZONI, Priscila. Admirável trabalho novo? *Sociologia* – Ciência e Vida, São Paulo, nº 27, p. 26-35, 2010.

GOUNET, Thomas. *Fordismo e toyotismo na civilização do automóvel.* São Paulo: Boitempo, 1999.

GRÃ, Luís da. Carta a Santo Inácio, Piratininga, 8 de junho de 1556. In: NÓBREGA, Manuel da. *Diálogo sobre a conversão do gentio.* Lisboa: Comissão do IV Centenário da Cidade de São Paulo, 1954, p. 109-119.

GRAMSCI, Antonio. Americanismo e fordismo. *Cadernos do cárcere.* Vol. 4: temas de cultura. Ação católica. Rio de Janeiro: Civilização Brasileira, 2001.

GROPPO, Luís Antonio. Das origens ao colapso do Estado de bem-estar: uma recapitulação desmistificadora. *Revista HISTEDBR On-line*, Campinas, nº 20, p. 68-75, dezembro 2005.

HABERMAS, Jürgen. *Legitimationsprobleme im Spätkapitalismus.* 3. ed. Frankfurt a.M.: Suhrkamp, 1975.

HABERMAS, Jürgen. Die Krise des Wohlfahrtsstaates und die Erschöpfung utopischer Energien. In: ______. *Die Neue Unübersichtichkeit.* Kleine Politische Schriften V, Frankfurt a. M.: Suhrkamp, 1985 , p. 141-163.

______. Bemerkungen zur Entwicklungsgeschichte des Horkheimerschen Werkes. In: ALTWICKER, Norbert; SCHMIDT, Alfred (org.). *Max Horkheimer,* 1986, p. 163-179.

______. *Teoria de la acción comunicativa I:* racionalidad de la acción y racionalización social. Madri: Taurus, 1987a.

______. *Teoria de la acción comunicativa II:* crítica de la razón funcionalista. Madri: Taurus, 1987b.

______. A unidade da razão na multiplicidade de suas vozes. In: ______. *Pensamento pós-metafísico.* Estudos filosóficos. 2 ed. Frankfurt a. M.: Suhrkamp, 2002a, p. 151-182.

______. Excurso sobre o envelhecimento do paradigma da produção. In: ______. *O discurso filosófico da modernidade:* doze lições. São Paulo: Martins Fontes, 2002b, p. 109-119.

______. *O futuro da natureza humana*: a caminho de uma eugenia liberal? São Paulo: Martins Fontes, 2004.

______. A crise do Estado do bem-estar e o esgotamento das energias utópicas. In: ______. *Diagnósticos do tempo*: seis ensaios. Rio de Janeiro: Tempo Brasileiro, 2005, p. 9-36.

______. *Entre naturalismo e religião:* estudos filosóficos. Rio de Janeiro: Tempo Brasileiro, 2007.

HAESBAERT, Rogério. Migração e desterritorialização. In: PÓVOA NETO, Helion; FERREIRA, Ademir Pacelli (orgs.). *Cruzando fronteiras disciplinares*: um panorama dos estudos migratórios. Rio de Janeiro: Revan, 2005, p. 35-44.

HALLACK, Fernanda Sansão; SILVA, Claúdia Osório. A reclamação nas organizações do trabalho: estratégia defensiva e evocação do sofrimento. *Psicologia e Sociedade*, Rio de Janeiro, vol. 17 (3), p. 74-79, set.-dez, 2005. Disponível em: <http://scielo.bvs-psi.org.br>.

HANDELMANN, Heinrich Gottfried. *História do Brasil.* 3. ed. 2 vol. São Paulo: Melhoramentos, 1978.

HARVEY, David. *Condição pós-moderna*: uma pesquisa sobre as origens da mudança cultural. 17. ed. São Paulo: Loyola, 2008.

HEIDEGGER, Martin. *Vom Wesen des Grundes*. 8. ed. Frankfurt a. M., Vittorio Klostermann, 1995.

______. *Vorträge und Aufsätze*. 10. ed. Stuttgart: Klett-Cotta, 2004.

HERRERA, Antonio. *Historia General de los hechos de los Castellanos em las Islas y Tierra Firme*. Madrid: Oficina Real de Rodríguez Franco, 1730.

HOBSBAWM, Eric. Introdução. In: MARX, Karl. *Formações econômicas pré-capitalistas*. 7. ed. São Paulo: Paz e Terra, 2006, p. 13-64.

______. *A era das revoluções*: 1789-1848. Rio de Janeiro: Paz e Terra, 2009.

HOLANDA, Sérgio Buarque de. *A época colonial*. Do descobrimento à expansão territorial. 5. ed. 1° vol., São Paulo/Rio de Janeiro: Difel, 1976.

______. *Raízes do Brasil*. 26. ed. São Paulo: Companhia das Letras, 2000.

HONNETH, Axel. *Kampf um Anerkennung*. Zur moralischen Grammatik sozialer Konflikte. Frankfurt a. M.: Suhrkamp, 1992.

______. Eine ontologische Rettung der Revolution. Zur Gesellschaftstheorie von Cornelius Castoriadis. In: ______. *Die zerrissene Welt des Sozialen*, l.c. p. 144-164.

______. Die Pointe der Anerkennung. Eine Entgegnung auf die Entgegnung. In: FRASER, Nancy; HONNETH, Axel. *Umverteilung oder Anerkennung?* Eine politisch-philosophische Kontroverse. Frankfurt a. M.: Suhrkamp, 2003, p. 271-305.

______ (org.). Dialektik der Freiheit: Frankfurter Adorno-Konferenz 2003. Frankfurt a. M.: Suhrkamp, 2005.

______. Eine soziale Pathologie der Vernunft. Zur intellektuellen Erbschaft der Kritischen Theorie. In: ______. *Pathologien der Vernunft*. Geschichte und Gegenwart der Kritischen Theorie. Frankfurt a. M.: Suhrkamp, 2007, p. 28-56.

______. Arbeit und Anerkennung. Versuch einer Neubstimmung. *Polar*, Berlin, n° 4, p. 13-20, 2008.

______. *Luta por reconhecimento*: a gramática moral dos conflitos sociais. 2. ed. São Paulo: ed. 34, 2009.

HONNETH, Axel. Vom schwierigen Geschäft der Traditionswahrung. Zur Zukunft des Instituts für Sozialforschung. In: BOLL, Monika; Gross, Raphael (Orgs). *Die Frankfurter Schule und Frankfurt.* Eine Rückkehr nach Deutschland. Göttingen; Frankfurt a. M.: Wallstein; Jüdisches Museum, 2009, p. 288-297.

______; WELLMER, Albrecht (org.). *Die Frankfurter Schule und die Folgen.* Referate eines Symposiums der Alexander von Humboldt-Stiftung (10.-15.12.1984, Ludwigsburg), Berlin; New York, 1986.

HORKHEIMER, Max. Vorwort zur Neupublikation. In: *Traditionelle und kritische Theorie:* Vier Aufsätze. Frankfurt a.M.: Fischer Taschenbuch 6015, 1970, p. 7-11.

______. Kritische Theorie gestern und heute. In: ______. *Gesellschaft im Übergang:* Aufsätze, Reden und Vorträge 1942-1970. Frankfurt a. M.: Athenäum Fischer, 1972, p. 162-176. [Fragmentos desse texto publicados em: MATOS, 2005, p. 78-80.].

______. Teoria tradicional e teoria crítica. In: ADORNO, Theodor W.; Theodor; BENJAMIN, Walter; HABERMAS, Jürgen; Horkheimer, Max. *Textos escolhidos.* São Paulo: Abril (Os Pensadores 48), 1975a, p. 125-162.

______. Filosofia e teoria crítica. In: ADORNO, Theodor W.; BENJAMIN, Walter; HABERMAS, Jürgen; HORKHEIMER, Max. *Textos escolhidos.* São Paulo: Abril (Os Pensadores 48), 1975b, p. 163-169.

______. Materialismo e metafísica. In: *Teoria crítica:* uma documentação. Tomo I, São Paulo: Perspectiva, 2003, p. 31-58.

HUXLEY, Aldous. *Admirável mundo novo.* São Paulo: Globo, 2009.

INÁCIO, Alexandre. Conab prevê safra recorde de cana. *Folha de S.Paulo*, caderno Agricultura (01.06.2007), p. B20.

INSTITUTO DO AÇÚCAR E DO ÁLCOOL. *Documentos para a história do açúcar.* Vol I. Legislação (1534-1596). Rio de Janeiro: IAA (Serviço Especial de Documentação Histórica), 1954.

______. Divisão administrativa: serviço de documentação. Coleção Canavieira. *Brasil/Açúcar.* Rio de Janeiro: Sociedade Gráfica Vida Doméstica Ltda, 1972.

JAEGGI, Rahel. *Entfremdung.* Zur Aktualität eines soziaophilosophischen Problems. Frankfurt a. M.; New York: Campus, 2005.

JAEGGI, Rahel. WESCHE, Tilo (orgs.). *Was ist Kritik?* Frankfurt a. M.: Suhrkamp (stw 1885), 2009.

JAY, Martin. *Dialektische Phantasie*: die Geschichte der Frankfurter Schule und des Instituts für Sozialforschung, 1923-1950. Frankfurt a.M.: Fischer, 1981.

KANT, Immanuel. *Fundamentação da metafísica dos costumes*. Lisboa: Edições 70, 2005.

KOCKA, Jürgen; OFFE, Claus (orgs). *Geschichte und Zukunft der Arbeit*. Frankfurt a. M.: Campus, 2000.

KOSTER, Henry. *Travels in Brasil*. London: Longman, Hurst, Rees, Orme, and Brown, 1816.

KURZ, Robert. *Mais-valia absoluta*. In: <http://obeco.planetaclix.pt/rkurz190.htm> (18 fev. 2005).

LACAZ, Francisco Antônio de Castro. Qualidade de vida no trabalho e saúde/doença. *Ciência & Saúde Coletiva*, Rio de Janeiro, vol. 5, nº 1, Rio de Janeiro, 2000, p. 151-161.

LANCMAN, Selma; SZNELWAR, Laerte Idal (orgs.). *Christophe Dejours*: da psicopatologia à psicodinâmica do trabalho. 2. ed. Rio de Janeiro/Brasília: Fiocruz/Paralelo 15, 2008.

LAZZARESCHI, Noêmia. *Trabalho ou emprego?* São Paulo: Paulus, 2007.

LEAL, Victor Nunes. *Coronelismo, enxada e voto*. São Paulo: Alfa-Omega, 1978.

LEITE, Márcia Paula. *Trabalho e sociedade em transformação*: mudanças produtivas e atores sociais. São Paulo: Fundação Perseu Abramo, 2003.

LEITE, Serafim. *História da Companhia de Jesus no Brasil*. 4 vols., 10 tomos, São Paulo: Loyola, 2004.

______ (org.). *Cartas dos primeiros jesuítas do Brasil*. Coimbra/São Paulo: Comissão do IV Centenário da Cidade de São Paulo, 3 vols., 1956.

LESSA, Carlos. *A questão energética*. In: SILVEIRA, Ênio et alii. Coleção Encontros com a civilização brasileira. Rio de Janeiro: Civilização brasileira, 1980, p. 11-18.

LESSA, Sergio. *Trabalho e proletariado no capitalismo contemporâneo*. São Paulo: Cortez, 2007.

LESSA, Sergio; TONET, Ivo. *Introdução à filosofia de Marx*. São Paulo: Expressão Popular, 2008.

LÉVI-STRAUSS, Claude. *Tristes trópicos*. Lisboa: Edições 70, 1993.

LIMA, João Heraldo. "Trabalho produtivo e excedente", segundo Paul Singer: um comentário. *Revista de Economia Política*, vol. 1, nº 3, p. 125-128, jul.-set. 1981.

LINS DO REGO, José. *Fogo morto*. São Paulo: Edição O Estado de S. Paulo. São Paulo: Klick Editora, s/d.

LIPPMANN, Edmund O. von. *História do açúcar*. Desde a época mais remota até o começo da fabricação do açúcar de beterraba. Rio de Janeiro: Edição do Instituto do Açúcar e do Álcool, 1942.

LISPECTOR, Clarice. *A descoberta do mundo*. Rio de Janeiro: Francisco Alves, 1984.

LOPES, José Sergio Leite. *O vapor do diabo:* o trabalho dos operários do açúcar. Rio de Janeiro: Paz e Terra, 1976.

LÖWY, Michael. *Método dialético e teoria política*. 4. ed. Rio de Janeiro: Paz e Terra, 1989.

______. *Walter Benjamin:* aviso de incêndio. Uma leitura das teses "Sobre o conceito de história". São Paulo: Boitempo, 2005.

LUKÁCS, Georg. *História e consciência de classe*. Estudos sobre a dialética marxista. São Paulo: Martins Fontes, 2003.

LUTZ-BACHMANN, Matthias. Humanität und Religion. Zu Max Horkheimers Deutung des Christentums. In: ALTWICKER, Norbert; SCHMIDT, Alfred (org.). *Max Horkheimer*, 1986, p. 108-128.

MAGALHÃES, Basílio de. *O açúcar nos primórdios do Brasil colonial*. Rio de Janeiro: IAA., 1953.

MALHEIRO, Perdigão. *A escravidão no Brasil:* ensaio histórico, jurídico, social. 3. ed., vol. 1. Petrópolis: INL/Vozes, 1976.

MANZATTO, Celso Vainer *et alii* (orgs.). *Zoneamento agroecológico da cana-de-açúcar*: expandir a produção, preservar a vida, garantir o futuro. Rio de Janeiro: Embrapa Solos (Documentos 110), 2009.

MARCELINO, Paula Regina Pereira. *A logística da precarização*. Terceirização do trabalho na Honda do Brasil. São Paulo: Expressão Popular, 2004.

MARCUSE, Herbert. *Ideologia da sociedade industrial.* Rio de Janeiro: Zahar, 1967.

MARTINS, José de Souza. *A aparição do demônio na fábrica*: origens sociais do Eu dividido no subúrbio operário. São Paulo: Editora 34, 2008.

MARTINS, Sergio Pinto. *Convenções da OIT.* São Paulo: Atlas, 2009.

MARX, Karl. *Grundrisse der Kritik der politischen Ökonomie* (Rohentwurf), 1857-1858. Anhang, 1850-1859. Berlin: Dietz, 1953.

______. *Teorias da mais-valia.* História crítica do pensamento econômico (Livro 4 de *O Capital*). Vol. 1. Rio de Janeiro: Civilização Brasileira, 1980.

______. *Manuscritos econômico-filosóficos.* São Paulo: Boitempo, 2004a.

______. Salário, preço e lucro. In: ANTUNES, Ricardo (org.). *A dialética do trabalho.* Escritos de Marx e Engels. São Paulo: Expressão Popular, 2004b, p. 71-123.

______. Trabalho assalariado e capital. In: ______. *Trabalho assalariado e capital & salário, preço e lucro.* São Paulo: Expressão Popular, 2006a, p. 31-68.

______. *Formações econômicas pré-capitalistas.* 7. ed. São Paulo: Paz e Terra, 2006b.

______. *O capital.* Crítica da economia política. Livro primeiro: o processo de produção do capital. 25. ed., vol. 1; 22. ed., vol. 2. Rio de Janeiro: Civilização Brasileira, 2008a.

______. *Contribuição à crítica da economia política.* 2. ed. São Paulo: Expressão Popular, 2008b.

______. Introdução à contribuição à crítica da economia política. In: ______. *Contribuição à crítica da economia política.* 2. ed. São Paulo: Expressão Popular, 2008b, p. 237-272.

______. *Miséria da filosofia:* resposta à filosofia da miséria do senhor Proudhon. São Paulo: Livraria Exposição do Livro, s.d.

______; ENGELS, Friedrich. *A ideologia alemã.* 3. ed. São Paulo: Martins Fontes, 2007.

MATOS, Olgária C. F. *A Escola de Frankfurt*: luzes e sombras do iluminismo. 2. ed. São Paulo: Moderna, 2005.

MATTOSO, Kátia de Queiroz. Bahia 1798: os panfletos revolucionários. Proposta de uma nova leitura. In: COGGIOLA, Osvaldo (org.). *A Revolução Francesa e seu impacto na América Latina*. São Paulo: Edusp, 1990, p. 341-356.

MELO, Mário Lacerda de. *O açúcar e o homem:* problemas sociais e econômicos do nordeste canavieiro. Recife: MEC/Instituto Joaquim Nabuco de Pesquisas Sociais, 1975.

MELLO, Sylvia Leser de. *Trabalho e sobrevivência:* mulheres do campo e da periferia de São Paulo. São Paulo: Ática, 1988.

MENEZES DRUMMOND, A. A. O primeiro engenho brasileiro. *Brasil Açucareiro,* IX/17 (1941/1): 36–39.

MÉSZÁROS, István. *O século XXI:* socialismo ou barbárie. São Paulo: Boitempo, 2003.

______. *A educação para além do capital.* São Paulo: Boitempo, 2005.

______. *A teoria da alienação em Marx.* São Paulo: Boitempo, 2006a

______. Desemprego e precarização: um grande desafio para a esquerda. In: ANTUNES, Ricardo (org.) *Riqueza e miséria do trabalho no Brasil.* São Paulo: Boitempo, 2006b, p. 27-44.

______. *O desafio e o fardo do tempo histórico.* O socialismo no século XXI. São Paulo: Boitempo, 2007a.

______. A crise estrutural da política. *Revista Margem Esquerda.* São Paulo, nº 9, jun. 2007b, p. 96-113.

MIGUEL, Luis Felipe. Utopias do pós-socialismo: esboços e projetos de reorganização radical da sociedade. *Revista Brasileira de Ciências Sociais*, vol. 21, nº 61, p. 91-114, jun. 2006.

MINISTÉRIO PÚBLICO DA UNIÃO – MPU; MINISTÉRIO PÚBLICO DO TRABALHO – MPT. Relatório de atuação do programa de combate nacional às irregularidades no setor sucroalcooleiro nos estados de Pernambuco e Rio Grande do Norte. Brasília, 2009.

MINISTÉRIO PÚBLICO DO TRABALHO – MPT; PROCURADORIA REGIONAL DO TRABALHO DA 6ª REGIÃO – PRT. Termo de compromisso e ajustamento de conduta pela preservação do trabalho decente e um meio ambiente de trabalho sadio e seguro no setor sucroalcooleiro no Estado de Pernambuco. Recife, 2009.

MIRANDOLA, Giovanni Pico Della. *Discurso sobre a dignidade do homem*. Lisboa/Rio de Janeiro: Edições 70, 1989.

MONTEIRO, John. O escravo índio, esse desconhecido. In: GRUPIONI, Luís Donisete Benzi. *Índios no Brasil*. Brasília: Ministério da Educação e do Desporto, 1994, p. 105-134.

MORAES, Márcia Azanha Dias Ferraz de; SHIKIDA, Pery Francisco Assis (orgs.). *Agroindústria canavieira no Brasil*: evolução, desenvolvimento e desafios. São Paulo: Atlas, 2002.

______ *et al.* Migração espontânea de trabalhadores no setor sucroalcooleiro. Relatório de pesquisa do grupo de extensão em mercado de trabalho da Escola Superior de Agricultura Luiz de Queiroz, da Universidade de São Paulo. Piracicaba, SP: ESALQ/USP, abr. 2008, mimeo, 22p.

MOURA, Flávia de Almeida. *Escravos da precisão*: economia familiar e estratégias de sobrevivência de trabalhadores rurais em Codó, MA. São Luís: EDUFMA, 2009.

MUSEU DO AÇÚCAR (org.). *História social da agro-indústria canavieira*. Curso sobre história social da agro-indústria canavieira. Recife: IAA, 1974.

NABUCO, Joaquim. *Obras Completas*. Vol. 7. São Paulo: Progresso, 1949.

NASCIMENTO, Evando (org.). *Jacques Derrida:* pensar a desconstrução. São Paulo: Estação Liberdade, 2005.

NEGT, Oskar. O irrepetível: as mudanças no conceito cultural da dignidade. *Concilium*, vol. 2, nº 300, p. 20-30, 2003.

NERI, Aguinaldo A. Aspectos conceituais e metodológicos de qualidade de vida. *1º Encontro internacional de gestão de competências em qualidade de vida no trabalho.* Faculdade de Economia e Administração, FEA-USP, 1998, p. 46-48.

NINIO, Marcelo. Só Brasil pode ter álcool sem subsídios, afirma OCDE. *Folha de S.Paulo*, caderno Dinheiro (24 out. 2007), p. B9.

NOBRE, Marcos (org.). *Curso livre de Teoria Crítica*. Campinas: Papirus, 2008a.

______. Teoria crítica hoje. In: PERES, Daniel Tourinho *et al. Tensões e passagens:* filosofia crítica e modernidade. São Paulo: Singular/Esfera Pública, 2008b, p. 265-283.

NOBRE, Marcos. Luta por reconhecimento: Axel Honneth e a Teoria Crítica (Apresentação). In: HONNETH, Axel. *Luta por reconhecimento*: a gramática moral dos conflitos sociais. 2. ed. São Paulo: Editora 34, 2009, p. 7-19.

NÓBREGA, Manuel da. *Diálogo sobre a conversão do gentio*. Lisboa: Comissão do IV Centenário da Cidade de São Paulo, 1954.

NOVAES, José Roberto. *Quadra fechada*, DVD, Rio de Janeiro: Universidade Federal do Rio de Janeiro (UFRJ), Instituto de Economia, e Sindicato dos Empregados Rurais (SER) de Cosmópolis e Região, 2007a.

______. Idas e vindas: disparidades e conexões regionais. Um estudo sobre o trabalho temporário de nordestinos na safra de cana paulista. In: ALVES, Francisco; NOVAES, José Roberto (orgs.). *Migrantes*: trabalho e trabalhadores no complexo agroindustrial canavieiro. São Carlos: EdUFSCar, 2007b, p. 87-117.

NOVAIS, Fernando A. *Portugal e Brasil na crise do antigo sistema colonial (1777-1808)*. São Paulo: Hucitec, 1979.

OEXLE, Otto Gerhard. Arbeit, Armut, "Stand" im Mittelalter. In: KOCKA, Jürgen; OFFE, Claus (eds.). *Geschichte und Zukunft der Arbeit*. Frankfurt a. M.: Campus, 2000, p. 67-79.

OFFE, Claus. Arbeit als soziologische Schlüsselkategorie? In: ______. *Arbeitsgesellschaft*. Strukturprobleme und Zukunfsperspektive. Frankfurt a. M: Campus, 1984, p. 13-44.

OLIVEIRA, Ana Maria Soares de. O processo de reordenamento territorial e produtivo do capital agroindustrial canavieiro e a nova geografia do trabalho migrante no Brasil. Comunicação livre na VIII Jornada do Trabalho, Unesp, 29 a 31 de outubro 2007, 18 p. Disponível em: <www4.fct.unesp.br/ceget>. Acesso em: 10 jan. 2010.

OLIVEIRA, Carlos Roberto de. *História do trabalho*. 5. ed. São Paulo: Ática, 2006.

OLIVEIRA, José Eduardo Dutra de; OLIVEIRA, Maria Helena Silva Dutra de. *Boias-frias:* uma realidade brasileira. São Paulo: CNPq. Academia de Ciências do Estado de São Paulo, 1981.

ORGANISTA, José Henrique Carvalho. *O debate sobre a centralidade do trabalho*. São Paulo: Expressão Popular, 2006.

PAIVA, Geraldo José de. Significado do trabalho e suas implicações de realização e bem-estar pessoal. *Primeiro encontro internacional de gestão de competências em qualidade de vida no trabalho.* Faculdade de Economia e Administração, FEA-USP, 1998, p. 126-130.

PANG, Eul-Soo. Tecnologia e escravocracia no Brasil durante o século XIX: uma reinterpretação. *Anais do Museu Paulista.* São Paulo, Universidade de São Paulo, 1980/1981.

PEREIRA, José Matias. Repensando a administração pública: o futuro do Estado de bem-estar. *Revista de Informação Legislativa*, Brasília, 36, nº 142, p. 239-250, abr.-jun. 1999.

PEREIRA, Luiz Carlos Bresser; WILHEIM, Jorge; SOLA, Lourdes (orgs.). *Sociedade e Estado em transformação.* São Paulo: Unesp, 1999.

PEREIRA, Nilo. Últimos vestígios da sociedade patriarcal. In: MUSEU DO AÇÚCAR (org.). *História social da agro-indústria canavieira.* Recife: IAA, 1974, p. 55-63.

PERRONE-MOISÉS, Beatriz. Índios livres e índios escravos. Os princípios da legislação indigenista do período colonial (séculos XVI a XVIII). In: CUNHA, Manuela Carneiro. *História dos índios no Brasil.* São Paulo: Companhia das Letras, 1992, p. 115-132.

PETRONE, Maria Thereza Schorer. *Lavoura canavieira em São Paulo:* expansão e declínio, 1765-1851. São Paulo: Difusão Europeia do Livro, 1968.

PIERSON, Donald. *Brancos e pretos na Bahia.* Estudo de contato racial. São Paulo: Companhia Editora Nacional, 1945.

PINASSI, Maria Orlanda. *Da miséria ideológica à crise do capital*: uma reconciliação histórica. São Paulo: Boitempo, 2009.

PINTO, Geraldo Augusto. *A organização do trabalho no século 20.* Taylorismo, Fordismo e Toyotismo. São Paulo: Expressão Popular, 2007.

PIO, Fernando. Senhores de engenho e negros cativos. In: SILVA, Leonardo Dantas. *Estudos sobre a escravidão negra.* Vol I. Recife: Massangana, 1988, p. 453-469.

PÓVOA NETO, Helion; FERREIRA, Ademir Pacelli (orgs.). *Cruzando fronteiras disciplinares*: um panorama dos estudos migratórios. Rio de Janeiro: Revan, 2005.

PRADO JÚNIOR, Caio. *Formação do Brasil contemporâneo*. São Paulo: Martins Fontes, 1942.

______. *História econômica do Brasil*. 16. ed. São Paulo: Brasiliense, 1973.

RABELLO, Tânia. Carros flex puxam a expansão dos canaviais: novas usinas em construção para abastecer o mercado. *O Estado de S. Paulo*, caderno Novo Mapa do Brasil, 19 mar. 2006), p. H-26.

RAWLS, John. *Uma teoria da justiça*. 2. ed. São Paulo: Martins Fontes, 2002.

REDER, Michael; SCHMIDT, Josef. *Ein Bewußtsein von dem, was fehlt*. Eine Diskussion mit Jürgen Habermas. Frankfurt a. M: Suhrkamp, 2008.

REPÓRTER BRASIL. O Brasil dos agrocombustíveis. Cana 2009. Impactos das lavouras sobre a terra, o meio e a sociedade. Disponível em: <www.agrocombustiveis.org.br> (relatórios). Acesso em: 25 mar. 2010.

REYNOL, Fábio. Bagaço de qualidade. *Pesquisa Fapesp*, São Paulo, nº 167, p. 72-73, janeiro 2010.

RODRIGUES, José Honório. *História da história do Brasil*. 1ª Parte: Historiografia Colonial. 2. ed. São Paulo: Nacional, 1979.

ROEMER, John E. A future for socialism. In: WRIGHT, Erik Olin (ed.). *Equal shares*: making market socialism work. Londres: Verso, 1996.

ROSA, Hartmut. Kritik der Zeitverhältnisse. Beschleunigung und Entfremdung als Schlüsselbegriffe der Sozialkritik. In: JAEGGI, Rahel; WESCHE, Tilo (orgs.). *Was ist Kritik?* Frankfurt a. M.: Suhrkamp (stw 1885), 2009, p. 23-114.

ROSDOLSKY, Roman. *Gênese e estrutura de "O capital" de Karl Marx*. Rio de Janeiro: EDUERJ/Contraponto, 2001.

ROTHBARD, Murray. *Power and market*: government and the economy. Menlo Park/Califórnia: Institute for Human Studies, 1970.

ROUANET, Sérgio Paulo. *Teoria crítica e psicanálise*. 4. ed. Rio de Janeiro: Tempo Brasileiro, 1998.

RUMIN, Cassiano Ricardo; NAVARRO, Vera Lucia; PERIOTO, Nelson Wanderley. Trabalho e saúde no agrobusiness paulista: estudo com colhedores manuais de cana-de-açúcar da região oeste do Estado de São Paulo. *Cadernos de Psicologia Social do Trabalho*, vol. 11, nº 2, p. 193-207, 2008.

RUSH, Fred (org.). *Teoria crítica*. Aparecida, SP: Ideias & Letras, 2008.

SALVADOR, Frei Vicente do. *História do Brasil:* 1500-1627. 7. ed. Belo Horizonte/São Paulo: Itatiaia/EDUSP, 1982.

SAMPAIO, Teodoro. São Paulo no tempo de Anchieta. In: ______. *São Paulo no século XIX e outros ciclos*. Petrópolis: Vozes/Secretaria da Cultura, Ciência e Tecnologia do Estado de São Paulo, 1978 [1896], p. 218-243.

SANDER, Letícia. Ao citar álcool, Lula ataca antecessores. *Folha de S.Paulo*, (10 ago. 2007), p. A7.

SÃO TOMÁS DE AQUINO. *Santo Tomás*, II-II, qu. 64, Art. 2 resp. ad 3.

SANTOS, Boaventura de Sousa. Para uma reinvenção solidária e participativa do Estado. In: PEREIRA, Luiz Carlos Bresser; WILHEIM, Jorge; SOLA, Lourdes (orgs.). *Sociedade e Estado em transformação*. São Paulo: Unesp, 1999, p. 243-271.

______. *Renovar a teoria crítica e reinventar a emancipação social.* São Paulo: Boitempo, 2007.

SATO, Leny. *Abordagem psicossocial do trabalho penoso:* estudo de caso de motoristas de ônibus urbano. Mestrado em Psicologia Social. Pontifícia Universidade Católica de São Paulo (PUC/SP), 1991.

______. A representação social do trabalho penoso. In: SPINK, M. J. (org.). *O conhecimento no cotidiano.* As representações sociais na perspectiva da psicologia social. São Paulo: Brasiliense, 1993, p. 188-211.

______. Processos organizativos cotidianos e corriqueiros: a leitura da etnometodologia. *Psicologia e Sociedade.* Revista da Associação Brasileira de Psicologia Social (Abrapso), vol. 13, nº 1, p. 129-151, jan./jun. 2001.

______. Prevenção de agravos à saúde do trabalhador: replanejando o trabalho através das negociações cotidianas. *Cadernos de Saúde Pública,* Rio de Janeiro, vol. 18, nº 5, p. 1147-1166, 2002.

SCHWARTZ, Stuart B. *Segredos internos:* engenhos e escravos na sociedade colonial, 1550-1835. São Paulo: Companhia das Letras, 1988.

SCOPINHO, Rosemeire Aparecida; VALARELLI, Leandro (orgs.). Modernização e impactos sociais: o caso da agricultura sucroalcooleira na região de Ribeirão Preto (SP). São Paulo: Fase, 1995.

SCOPINHO, Rosemeire Aparecida. Qualidade total, saúde e trabalho: uma análise em empresas sucroalcooleiras paulistas. *RAC* (Revista de Administração Contemporânea), vol. 4, nº 1, p. 93-112, jan./abr. 2000.

SECRETARIA-GERAL DA PRESIDÊNCIA DA REPÚBLICA – SGPR. *Compromisso Nacional para aperfeiçoar as condições de trabalho na cana-de-açúcar*. Brasília, 2008.

SENNETT, Richard. *A corrosão do caráter:* as consequências pessoais do trabalho no novo capitalismo. Rio de Janeiro: Record, 1999.

______. *A cultura do novo capitalismo*. Rio de Janeiro: Record, 2006.

SER – SINDICATO DOS EMPREGADOS RURAIS DE COSMÓPOLIS. *Quadra fechada*. Como é possível o trabalhador controlar a metragem e a pesagem da cana cortada? Cosmópolis, 2009.

SHIKIDA, Pery Francisco Assis; NEVES, Marcos Fava; REZENDE, Ricardo Albuquerque. Notas sobre dinâmica tecnológica e agroindústria canavieira no Brasil. In: MORAES, Márcia Azanha Dias Ferraz de; SHIKIDA, Pery Francisco Assis (orgs.). *Agroindústria canavieira no Brasil*: evolução, desenvolvimento e desafios. São Paulo: Atlas, 2002, p. 120-138.

SILVA BRUNO, Ernani. *História do Brasil* – Geral e regional. Vol. 5: São Paulo e o Sul. São Paulo: Cultrix, 1967.

SILVA, Maria Aparecida de Moraes. Trabalho e trabalhadores na região do "mar de cana e do rio de álcool". *RELET* – Revista Latinoamericana de Estúdios Del Trabajo, nº 18, 2005.

______. A superexploração no trabalho rural. *IHU On-line,* edição 188, 10.07.2006a.

______. A morte ronda os canaviais paulistas. *Reforma Agrária* – Revista da Associação Brasileira de Reforma Agrária/ABRA, vol. 33, nº 2, p. 111-141, ago./dez. 2006b.

______. Introdução. A barbárie do i-mundo eito dos canaviais paulistas. In: FACIOLI, Inês *et al. Vozes do eito.* Coletânea de depoimentos sobre a vivência cotidiana de migrantes temporários rurais. Guariba: eco.das.letras, 2009, p. 7-15.

SILVA, Selma Cristina; FRANCO, Tânia. Flexibilização do trabalho: vulnerabilidade da prevenção e fragilização sindical. In: DRUCK, Graça; FRANCO, Tânia (orgs.). *A perda da razão social do trabalho:* terceirização e precarização. São Paulo: Boitempo, 2007, p. 119-146.

SIMONSEN, Roberto C. *História econômica do Brasil* (1500/1820). 3. ed. São Paulo: Nacional, 1957.

SINGER, Paul Israel. *Desenvolvimento econômico e evolução urbana*: análise da evolução econômica de São Paulo, Blumenau, Porto Alegre, Belo Horizonte e Recife. 2. ed. São Paulo: Nacional, 1977.

S. LEITE (org.). *Cartas dos primeiros jesuítas do Brasil.* Coimbra/São Paulo: Comissão do IV Centenário da Cidade de São Paulo, 3 vols, 1956.

SOARES, Rita de Cássia Murta Rocha. *A particularidade da responsabilidade social no setor sucroalcooleiro de Alagoas*. Dissertação (Mestrado em Serviço Social). Universidade Federal de Pernambuco, 2003.

SODRÉ, Nelson Werneck. *Formação histórica do Brasil.* 9. ed. Rio de Janeiro: Civilização Brasileira, 1976.

SOUSA, Gabriel Soares de. *Tratado descritivo do Brasil em 1587*. 4. ed. Brasiliana, vol. 117. São Paulo: Nacional/Edusp, 1971.

SUESS, Paulo (ed.). Introdução crítica. In: ROCHA, Manoel Ribeiro. *Etíope resgatado. Empenhado, sustentado, corrigido, instruído e libertado.* Discurso teológico-jurídico sobre a libertação dos escravos no Brasil em 1758. Petrópolis: Vozes, 1992, p. VII-LIII.

______. *Travessia com esperança:* memórias, diagnósticos, horizontes. Petrópolis: Vozes, 2001, p. 50-53.

______. A catequese nos primórdios do Brasil: Piratininga revisitado. In: ______ *et al. Conversão dos cativos*: povos indígenas e missão jesuítica. São Paulo: Nhanduti, 2009, p. 11-42.

TAYLOR, Frederick Winslow. *Princípios de administração científica.* 7. ed. São Paulo: Atlas, 1970.

THIOLLENT, Michel. *Metodologia da pesquisa-ação.* 5. ed. São Paulo: Cortez, 1992.

THOMAZ JÚNIOR, Antônio. *Por trás dos canaviais, os nós da cana:* uma contribuição ao entendimento da relação capital X trabalho e do movimento sindical dos trabalhadores na agroindústria canavieira paulista. Tese (Doutorado em Geografia). Universidade de São Paulo/ USP, São Paulo, 1996.

______. *Por trás dos canaviais, os nós da cana.* São Paulo: Annablume/Fapesp, 2002.

THOMAS, Georg. *Política indigenista dos portugueses no Brasil:* 1500-1640. São Paulo: Loyola, 1982.

TIEDEMANN, Paul. *Was ist Menschenwürde?* Eine Einführung. Darmstadt: Wissenschaftliche Buchgesellschaft, 2006.

TRIST, Eric; BAMFORTH, Ken W. Some social and psychological consequences of the long-wall method of coal getting. *Human Relations*, nº 4, 1951, p. 3-38.

______. QWL and the 80's. *The Social Engagement of Social Science*, vol II/2: Conceptual Developments, 1993.

UNITED NATIONS, Department of Economic and Social Affairs, Population Division. *International migrations policies*. Nova York: United Nations, 1998.

VALENTE, Rubens. Usineiros estão virando "heróis mundiais", diz Lula. *Folha de S.Paulo*, caderno Dinheiro (21 de março de 2007), p. B3.

VAN PARIJS, Phillipe. Basic income capitalism. *Ethics* (Chicago), 102, nº 3, p. 465-484, 1992.

______. *O que é uma sociedade justa?* São Paulo, Ática, 1997.

VARNHAGEN, Francisco Adolfo de. *História geral do Brasil:* antes da sua separação e independência de Portugal. 3 vol. 9. e 10. ed. São Paulo: Melhoramentos, 1978.

VASAPOLLO, Luciano. *O trabalho atípico e a precariedade*. São Paulo: Expressão Popular, 2005.

VILAR, Pierre. A transição do feudalismo ao capitalismo. In: CERM. *Sobre o feudalismo*. Lisboa: Estampa, 1973.

WALZER, Michael. *Esferas da justiça:* uma defesa do pluralismo e da igualdade. Tradução Jussara Simões. São Paulo: Martins Fontes, 2003.

WÄTJEN, Hermann. *O domínio colonial holandês no Brasil:* um capítulo da história colonial do século XVII. São Paulo: Companhia Editora Nacional, 1938.

WEBER, Max. *Economia e sociedade:* fundamentos da sociologia compreensiva. Vol. 1. Brasília: Universidade de Brasília, 1991.

______. *A ética protestante e o espírito do capitalismo.* São Paulo: Pioneira, 2001.

WELLMER, Albrecht. Die Bedeutung der Frankfurter Schule heute. In: HONNETH, Axel; WELLMER, Albrecht (org.). *Die Frankfurter Schule und die*

Folgen. Referate eines Symposiums der Alexander von Humboldt-Stiftung (10.15.12.1984, Ludwigsburg), Berlin; New York, 1986, p. 25-34.

WIGGERSHAUS, Rolf. *A Escola de Frankfurt:* história, desenvolvimento teórico, significação política. 2. ed. Rio de Janeiro: Difel, 2006.

ZAFALON, Mauro. Cortadores de cana têm vida útil de escravo em SP. *Folha de S.Paulo*, caderno Dinheiro, (29 abr. 2007), p. B1.

Zavattaro, Hely Aparecida. *A qualidade de vida no trabalho de profissionais da área de informática:* um estudo exploratório. Mestrado em Psicologia Social. Universidade de São Paulo (USP), 1999.

ZIZEK, Slavoj. Democracia corrompida. O potencial autêntico da democracia vem perdendo terreno hoje para a ascensão de um novo capitalismo autoritário. *Cult* 12/137, p. 51-55, jul. 2009.

Impressão e acabamento
Gráfica e Editora Santuário
Em Sistema CTcP
Capa: Supremo 250g
Miolo: Chamois 80g
Rua Pe. Claro Monteiro, 342
Fone 012 3104-2000 / Fax 012 3104-2036
12570-000 Aparecida-SP